विश्मृति के गर्भ में

विश्मृति के गर्भ में

राहुल सांकृत्यायन

GYAN

Published by

Gyan Publishing House
5, Ansari Road
Daryaganj, New Delhi-110002
Phone: 011-47034999, 9811692060
E-mail: books@gyanbooks.com

Distribution Network
gyanbooks.com
India, USA, Canada, UK, Australia

ISBN: 978-93-7097-264-3 (PB)
First Published, 1952

2nd Impression 2025

Printed at: Gyan Press, Delhi.

विश्मृति के गर्भ में

Author: **राहुल सांकृत्यायन**

८४४

रोमांचकारी उपन्यास

विस्मृतिके गर्भमें

राहुल सांकृत्यायन

सूची

विषय — पृष्ठ

विस्मृतिके गर्भमें

उपोद्‌घात

यदि मुझसे पहिले कोई कहता, कि तुम विद्याव्रत, प्राचीन इतिहासके अध्यापक, अपने पर्यटनके विषयमें एक ऐसा ग्रन्थ लिखोगे, जो बहुत कुछ उपन्यासकी भाँति होगा, तो मैं कदापि इसपर विश्वास न करता। मैंने कभी इसे सम्भाव न ख्याल किया था, कि लोगोंके सरल विश्वासको आकृष्ट करके, सत्यता और वास्तविकताके विषयमें मैं ख्याति लाभ करूँगा। और वह आकृष्ट करने का ढंग क्या?—यही, यदि असम्भव नहीं तो अयुक्त अवश्य, अनेक विचित्र घटनाओंको वर्णन करके, उन्हें सत्य स्वीकार करानेका प्रयत्न।

यद्यपि मुझे मिश्र के प्राचीन इतिहासका अच्छा ज्ञान है, मैं वहाँके प्राचीन अद्‌भुत कर्मकाण्डोंसे परिचित हूँ, और उस अद्‌भुत पुरातन सभ्यता के आश्चर्यमय दिव्य चमत्कारोंके विषयमें भी पूर्ण परिचय रखता हूँ; तथापि मेरा विश्वास इन दिव्य चमत्कारोंपर नहीं है। मैं पाठकोंको उन्हीं बातोंपर विश्वास करनेके लिये कहूँगा, जिनपर कि मेरा अपना विश्वास है—अर्थात्, पवित्र गोबरैलाने स्वयं हमलोगोंमेंसे किसीपर भी कुछ प्रभाव न डाला। और सचमुच यह मानना असम्भव है, कि एक पत्थरका ज़रा-सा टुकड़ा—कुछ तोला हरा चकमक—किसी प्रकार भी सरल मानव जातिके जीवन या भविष्यपर प्रभाव डाल सकता है। मेरी समझ में ऐसी प्रभाववाली सारी बातें घुणाक्षर न्यायसे घटित होती हैं। किन्तु तो भी इसका ग्रहण-अग्रहण मैं पाठकोंकी रुचिपर छोड़ता हूँ।

स्वभावतः मैं एक शान्तिप्रिय, विद्याप्रेमी, और विद्यार्थी मनुष्य हूँ। अपने अन्वेषणोंके सम्बन्धमें अनेक बार ,मैं नील नदीपर गया हूँ। तीन बार मसोपोतामिया, एक बार फिलिस्तीन और यूनान, भी गया हूँ। मेरे हृदयमें कभी ज़रा-सी भी इच्छा न होती रही, कि मैं किसी भयंकर पर्यटनमें हाथ डालूँ। सचमुच—क्योंकि मैं चाहता हूँ कि आप मुझे मेरे व्यवहारोंसे जाँचें—मैं इसे स्वीकार करता हूँ, कि मेरा हृदय दुर्बल है, अथवा दूसरे शब्दोंमें समझिये कि, मैं कायर हूँ।

हथियारके प्रयोगमें मुझे जरा भी अभ्यास नहीं है। मैं बहुत ही दुबला-पतला और निर्बल हूँ, इसका प्रमाण इसीसे मिल सकता है, कि मेरी ऊँचाई पाँच फीट चार इंच और वजन बिल्कुल एक मन बारह सेर है। इन्हीं सब कारणोंसे मुझे अपनी कथा आरम्भ करनेसे पूर्व दो-चार शब्द भूमिका अथवा उपोद्‌घातकी भाँति कहने की आवश्यकता पड़ी।

किसी-किसी समाजमें, मैं मानता हूँ, मेरी बहुत प्रसिद्धि है। किंतु मनुष्योंकी अधिकांश संख्या—विशेषकर वह लोग जो कि मेरी इस कथाको पढ़ेंगे—मेरे नामको न जान सकेंगे। अतः मुझे इसे कहनेमें जरा भी संकोच नहीं, कि मैं कौन हूँ; क्योंकि मैं उस यात्रामें जरा भी श्रेय नहीं लेना चाहता; जो कि मेरे और मेरे साथियोंके ऊपर, शवाधानीके[1] अन्वेषणमें, पड़ी थी। सचमुच मुझे उसमें कुछ भी श्रेय नहीं है। मैंने बिना जानेबूझे इस काममें हाथ डाला था। और जब मैंने अपनेको खतरेसे घिरा, कठिनाइयोंसे परास्त, पर्यटक और पड़तालकके पदपर बैठाया जाता पाया, तो सच कहता हूँ, मैंने समझा कि, मैं इसके योग्य नहीं हूँ, मैं सर्वथा इससे बाहर हूँ।

मेरे पास, अपने उन दोनों असाधारण वीर पुरुषोंकी प्रशंसाके लिये शब्द नहीं हैं; जो इन सारे ही संकटके दिनोंमें मेरे साथ थे। इन्हीं दोनों पुरुषोंके कारण मैं जीवित बचा। दोनों हीका मैं ऋणी हूँ,

---

[1] Sarcophagus.

और ऐसा ऋण जिससे उऋण होना इस जीवनमें मेरे लिये असम्भव है। कप्तान धीरेन्द्रनाथ ऐसे पुरुष हैं, कि जिनका सम्मान मैं हृदयसे करनेके लिये सर्वदा तैय्यार रहूँगा। उनकी हिम्मत, उनकी स्थिर मनस्कता—जो आफतके समय भी डगमग नहीं होती—उनकी आशा-वादिता और ईमानदारी, वह गुण है, जिनके कारण मुझे, अपने ऐसे मित्रका गर्व है। और महाशय चाङ्‌ !—मैं न व्यवहारकुशल मनुष्य हूँ; और न मानव प्रकृतिका वेत्ता; किन्तु तो भी मैं कह सकता हूँ, कि मैंने इस तरहका क्षिप्रचेता, क्षिप्रनिर्णयकर्त्ता मनुष्य कभी नहीं देखा। उनका परिणाम निकालनेका ढंग लोकोत्तर था। अपनी यात्रामें उनकी कल्पना शक्ति, उनके बौद्धिक तर्कके चमत्कारोंको देखनेके बहुतसे अवसर मुझे मिले। वह वैसे ही वीर थे, जैसे कि धीरेन्द्र और स्थूल होनेपर भी वह थकना जानते ही न थे। यह मेरा सौभाग्य था, जो अभी उस महाप्रस्थानमें कदम बढ़ाते ही यह दोनों महापुरुष मिल गये; मुझे यह सोचनेमें भी भय मालूम होता है, कि यदि यह दोनों व्यक्ति मेरे साथ न होते तो कैसे बीतती। निस्सन्देह मैं उस समय नुबियाकी मरुभूमिमें नष्ट हो जाता, और कभीको मेरी सूखी अस्थियाँ गिद्धों और चील्हों द्वारा चुन ली गई होतीं।

भाग्यने मुझे वह शक्ति न दी थी, कि मैं एक कर्मिष्ठ पुरुषके मार्ग-पर चलता। मेरे पास हिम्मत नहीं, मेरे पास शारीरिक बल नहीं; और सबसे बढ़कर मेरे हृदय में वीरत्व प्रदर्शन करनेकी आकांक्षा नहीं। बाल्य हीसे मैं निर्बल हूँ, चश्माधारी, पतली छातीवाला, और टेढ़ी कमर रखता हूँ। हाँ, एक शिर मुझे ऐसा मिला है, जो सम्पूर्ण शरीरकी अपेक्षा बड़ा और इसीलिये बेढंगा मालूम होता है। स्कूलमें, मैं एक प्रसिद्ध मेधावी विद्यार्थी था, मैंने बराबर इसके लिये अनेक पारितोषिक पाये; लेकिन क्रीड़ाक्षेत्रमें सफलता प्राप्त करनेके लिये न मेरेमें योग्यता ही थी, न इच्छा ही। जब मुझे कुछ-कुछ इतिहासका ज्ञान होने लगा, तभीसे मुझे मिश्रके इतिहाससे बड़ा प्रेम हो गया। यह भी मेरी-खुश-किस्मती थी,

कि मेरे पिता एक अच्छे धनिक पुरुष थे, इसलिये जीविकोपार्जनकी मुझे कुछ भी चिन्ता न थी। आठ ही वर्षकी अवस्थामें मैं पितृहीन हो गया। मेरी जायदादका प्रबन्ध कोर्ट-आफ-वार्डके हाथमें रहा; और जब बालिग हुआ, तो मैं अपनी सम्पत्तिका स्वामी हुआ। वह मेरी सीधी-साधी आवश्यकताओंसे कहीं अधिक थी।

पढ़ना और पढ़ाना, इसके अतिरिक्त मेरे हृदयमें कोई इच्छा न थी। अपनी आमदनीमेंसे मुझे उतने ही खर्चकी अवश्यकता थी, जो कि मेरे अध्ययनमें, मेरे विद्याव्यसनमें सहायक हो; और शेष बंकमें सूद-मूल लेकर बराबर बढ़ रही थी। चालीस वर्ष तक अपने प्रिय विषयपर अविरामतया मैं परिश्रम करता रहा जितना ही जितना मेरा ज्ञान बढ़ता जाता था, उतनी ही उतनी मेरी जिज्ञासा, मेरा विद्याप्रेम भी बढ़ता जाता था।

मैं विदेह-विश्वविद्यालयका प्रोफेसर, और नेपाल कालिजका प्रोफेसर हुआ था। मैं मिश्र-अन्वेषण-कोषकी कमीटीका भी मेम्बर था, और विदेह-विश्वविद्यालयका ऑनरेरी डी० सी० एल० भी। जब मैं पैंतीस ही वर्षका था, उसी समय मुझे नालन्दा-संग्रहालयका वर्तमान दायित्वपूर्ण पद मिला।

यह सब बातें मुझे इसलिये लिखनी पड़ीं, कि इस जगह वर्णन की जानेवाली घटनाओंको कोई मनगढ़न्त न समझ ले। उनको पता लग जाय, कि मेरे ऐसा प्रामाणिक और प्रतिष्ठित पुरुष वैसा करके कभी अपने पैरोंमें आप कुल्हाड़ी न मारेगा। मेरा काम यह नहीं, कि अपने छुट्टीके घंटोंमें जो कुछ भी गल्प, कथा गढ़ मारूँ। वैज्ञानिक सर्वदा सत्यके प्रेमी होते हैं। मेरे ऊपर पड़ी हुई घटनायें न अतिशयोक्तिपूर्ण हैं, न अधिक ही। यदि किसीको मेरे कथनपर सन्देह है, तो उसे मितनी-हर्षाके विचित्र नगरकी यात्रा करनी चाहिये। वहाँ राजप्रासादकी उत्तर दिशाके उद्यानमें वह सुंदर और सौम्य रानी मिलेगी; जो उस विचित्र देशपर शासन करती

है; और इससे भी अधिक उसे एक अद्भुत और उल्लेखनीय पुरुषकी मम्मी (सुरक्षित शव) मिलेगी, जो एक समय हमारे पटना हाई-कोर्टका वकील था।

—१—

थेबिसका राजकुमार सेराफिस; गोबरैलाका प्रथम दर्शन; शिवनाथ जौहरीकी रहस्यमयी हत्या

मैं पहिले उन कारणोंको बतला देना चाहता हूँ, जिनके कारण मैं इस अद्भुत यात्रामें घसीटा गया। हाँ, यहाँ मैं प्रकरणविरुद्ध मिश्रकी ऐतिहासिक नाना बातोंको न छेड़ूंगा। मेरे पाठकोंमेंसे बहुतसे शायद इन बातोंके विषयमें कुछ भी ज्ञान न रखते होंगे, अतः उनके फायदेके लिये यहाँ कुछ टिप्पणीके तौरपर कह देना बहुत अच्छा होगा। जहाँ तक हो सकेगा मैं इसे बहुत ही संक्षेपमें तथा स्पष्टतापूर्वक वर्णन करनेकी कोशिश करूँगा, जिसमें कि अनभ्यस्त मस्तिष्क भी उसे अच्छी प्रकार ग्रहण कर सकें।

अनेक वर्षों से मैं उन सुन्दर पट्टिकाओंको जानता हूँ, जिन्हें कार्नकके मन्दिरमें देखा जा सकता है, और जिनपर सेराफिस की श्मशान-यात्रा अंकित है। यह चित्र और उनके साथकी चित्रलिपि बतलाती है, कि सेराफिस थेबिसका एक राजकुमार और बड़ा धनाढ्य पुरुष था; और यह भी कि वह तत्कालीन फरऊन (मिश्र-सम्राट)का मित्र था। यह नहीं कहा जा सकता कि वह किसी राजवंशका था या नहीं; और इसका हमारे प्रकृत विषयके साथ कोई सम्बन्ध भी नहीं है। सम्भवतः वह धर्माचार्य या राजकीय उच्च कर्मचारी रहा होगा। यह बात लेकिन, बिलकुल निश्चित है, कि उसका शवसंस्कार किसी सम्राट् के शवसंस्कार की भाँति ही बड़े धूमधामसे किया गया था। उसके साथ एक बहुत परिमाणमें सोना भी समाधिस्थ किया गया। पीछेके

गिलास, कलश, पेटियाँ और मंजूषायें जिनमें भोजन, शस्त्र, शाही चोगा, आभूषण, राजदंड, सभी ही शुद्ध और ठोस सोनेके थे। और प्रत्येकपर 'थबिसका राजकुमार' और उसकी मुद्रा अङ्कित थी। यह सभी चीजें राजकुमारकी मम्मीके साथ कब्रमें ले जाई गईं। उक्त चित्र-माला की पाँचवी पट्टीमें गोबरैला भी चित्रित है। इस गोबरैलेको एक पुरोहित शोक मनानेवालों के आगे-आगे ले चलता था। यह पवित्र गोबरैला चित्रमें अपने असली रूपसे बहुत बड़ा करके दिखाया गया है।

अपनी मिश्रकी द्वितीय-यात्रा, जब कि थब्रिसकी खुदाईका काम बड़े जोरपर हो रहा था, मैंने स्वयं कार्नकका मन्दिर देखा, और सेरापिसके जनाजेके विषयमें खोदे हुए शिलालेखको भी पढ़ा। जो कुछ मैंने वहाँ देखा, उससे भी उसके विषयमें मैं बड़ा उत्सुक था; किन्तु मुझे स्मरण है, कि उस समय मुझे एक चीजने बहुत आकृष्ट किया था, वह यही कि सेराफिसका जनाजा जोड़े पर्वतों द्वारा संकेतित किया गया है। इनमेंसे एकके शिखरपर एक बाज बैठा है, और दूसरे शिखरपर एक गिद्ध; और पहाड़ोंकी जड़में देवी सर्प लिपटा हुआ है, और पास ही एक देवमूर्त्ति है जिसके शिरपर एक कमलका फूल है।

यवन ऐतिहासिक हेरोदोतुस्—जिसपर, सचमुच मिश्रके सम्बन्धमें विश्वास नहीं किया जा सकता—कहता है, कि नीलका उद्गम दो पर्वतों के बीचमें है। इन्हें माफी और क्राफी कहते हैं। यह सच है, कि शिलालेखमें उल्लिखित दोनों पर्वतोंको मैं नीलका उद्गम-स्थान न समझता, यदि पर्वतके नीचेकी मूर्ति न होती। मूर्ति निस्सन्देह नीलदेवता हपींकी थी और दोनों शिखरपरके पक्षी ऊपरी और निचली नदियोंके संकेत थे।

यह याद रखना चाहिये, कि इस परिणामपर मैं पहिले ही नहीं पहुँच गया। किन्तु आनेवाली घटनाओं—विशेषकर जब कि मुझे श्रीयुत चार्ल्सी तार्किक शक्ति और सम्मतिसे लाभ उठानेका मौका

मिला—ने सारे ही विषयको स्पष्ट कर दिया। कार्नकके मन्दिरने इस बातकी पूरी सूचना दे दी थी, कि सेराफिसका शव थेब्सिमें नहीं दफनाया गया, बल्कि उसकी समाधि, नुबियाके रेगिस्तानके उसपार नीलके उद्गमस्थानके पास है।

इस साक्ष्य-शृङ्खलाकी दूसरी कड़ी **मेने-पेपरस** द्वारा प्राप्त हुई है, जिसका कि अधिकांश पढ़ा नहीं जाता। जो कुछ इसका अंश पढ़ा जा चुका है, वह भी मेरे ही द्वारा। मुझे स्मरण है, कि उस समय मुझे कितना आश्चर्य हुआ था, जब कि मैंने वहाँ बारहवें राजवंशके समयमें थेबिसके राजकुमार सेराफिसका नाम फिर पाया।

यहाँ इस बातकी एक और साक्षी थी—यदि इसके देखनेके लिये मेरे पास आँख होती—कि सेराफिस, इथ्योपियामें दफनाया गया था; क्योंकि बारहवें राजवंशके शासनकाल हीमें थेबी सम्राटोंने, मध्य अफ्रीकाकी बड़ी झीलोंकी ओर, दक्षिणके जंगली प्रदेशका अधिक भाग विजय किया। बल्कि पेपरसका एक अत्यन्त सुपाठ्य भाग एक यात्राका भी वर्णन करता है, जिस यात्रापर ---- सेराफिस, फरऊनकी आज्ञासे गया था। यह यात्रा मेरोसे दक्षिणकी ओर अर्थात् नदियोंके संगम—जहाँ आजकल खर्तूम शहर है—के उस पारकी ओर हुई थी।

पेपरसने यह भी सूचित किया है, कि सेराफिसकी समाधि मितनीमें है। और मैं सिर्फ एक मितनी या मतानियाको जानता था, जो कि मेम्फिसके दक्षिण नाइफके नोममें है। यह निश्चय है कि कोई भी थेबीय सर्दार वहाँ नहीं दफनाया जा सकता। और विशेष बात यह थी, कि दूसरे स्थानपर उसका नाम 'मितनीहर्पी' लिया गया है। इस प्रकार एक बार और सेराफिसकी समाधि-भूमिका सम्बन्ध नीलके देवता हर्पीसे जोड़ा गया है।

इस विषयमें आगे बढ़ने और गोबरैलाके रहस्यकी ओर ध्यान दिलानेसे पूर्व, जो कुछ सामग्री, गोबरैलाके मासल्वा-संग्रहालयमें पहुँचनेसे पहिले, मेरे पास थी, जरा उसपर विचार करना चाहिये। थेबिस

राजकुमार सेराफिस अपने महान् कोषके साथ, मितनी-हर्पी नामक स्थानपर दफनाया गया, और यह स्थान न किसी मिश्रतत्त्ववेत्ताको मालूम है, और न कहीं किसी प्राचीन या अर्वाचीन नकशेपर उसका चिह्न है। तथापि यह माननेके लिये कई कारण हैं, कि यह स्थान इथ्योपिया देश—जिसे आजकल सूदान कहते हैं—में कहींपर है।

अब गोबरैलेकी बात देखनी है। मैं ठीक तारीख नहीं बतला सकता, किन्तु वह विचित्र प्रातःकाल मुझे अब भी अच्छी तरह स्मरण है। मैं नालन्दा-संग्रहालयके अपने कमरे में कुछ चित्र-लिपियोंकी तुलना कर रहा था उसी समय किसी कामसे मैं उस कोठरी में गया, जहाँ बहुत से अप्रदर्शित प्राचीन नमूने तालामें बन्द करके रक्खे रहते हैं। उत्सुकतावश मैंने वहाँ कई नमूनों को उठा-उठाकर देखना आरम्भ किया। वहाँ कितनी ही वस्तुयें कामकी मिलने लगीं, इसीलिये मैं और भी गौरसे प्रत्येक चीजकी देखभाल करने लगा। उसी समय मुझे एक तालाबन्द दराज मिला। मैंने उसकी चाभी खोजनी शुरू की, और कुछ परिश्रम के बाद मुझे वह एक लिफाफेमें बन्द मिली। जान पड़ता है, जान-बूझकर उसे छिपाने की कोशिश की गई थी। दराजके तालेको खोलकर देखा, तो उसमें एक बस्ता मिला, जो दो फीट लम्बा और छः इञ्च चौड़ा था। मैंने जब उसे हाथ में उठाया तो, उसका वजन भारी जान पड़ा। अब मेरा कौतूहल और बढ़ा मैंने तुरन्त उसे खोल डाला, और उस समय मेरे आश्चर्यकी सीमा न रही, जब कि मैंने अपने हाथोंमें एक हरा चकमक पत्थर देखा, जिसपर कि एक अत्यन्त सुन्दर गोबरैला अंकित था। मेरे सारे जीवन में यह एक अद्वितीय बात थी।

उसे भली-भाँति जाँच करने पर मुझे मालूम हुआ, कि यह सेराफिसका गोबरैला है। कैसी विचित्र बात, घूम-फिरकर वही सेराफिस फिर मेरे पास। मैंने प्रथम गोबरैलेकी चित्रलिपिको पढ़ना न चाहा, क्योंकि ऐसी दुर्लभ वस्तु की प्राप्ति से मेरे मन में नाना विचार उठने

लग पड़े। मुझे बड़ा आश्चर्य हुआ, कि क्यों नहीं इस दुर्लभ रत्नको सूची में लिखा गया और क्यों नहीं इसे आलमारी में रख कर प्रदर्शित किया गया? सेराफिसकी समाधि अब तक नहीं प्राप्त हुई, और न वह स्थान ही मालूम है, जहाँ वह है। और जहाँ तक आधुनिक वैज्ञानिक जगतको मालूम है, उस समाधिकी कोई भी वस्तु प्रकाशमें नहीं आई। और यहाँ मेरे सन्मुख स्वयं गोबरैला ही पड़ा हुआ है जो, जान पड़ता है, जादूके जोरसे कूदकर नालन्दा में पहुँच गया। कितने अफसोसकी बात है, कि मैं—ऐसी भारी ही ऐतिहासिक बहुमूल्य दुर्लभ सामग्रियोंको सुरक्षित रखनेका यहाँ जिम्मेवार हूँ—इसके विषयमें कुछ भी नहीं जानता: और यदि आज भी अकस्मात् मैं इधर न आता, तो कौन जानता है, कब तक यह उसी जगह अँधेरेमें पड़ा रहता?—

जब मैं इस प्रकार विचारमें मग्न था उसी समय मेरी दृष्टि उस कागजपर पड़ी, जिसमें वह लपेटा था। यह भी अच्छा हुआ, जो मैंने तारीख ही न नोट की, बल्कि उस कागजको ही रख छोड़ा? यह २६ जून सन् १८८१का 'मागध' था।

'गोबरैला' के निरीक्षणके पूर्व, यह जान लेनेकी बड़ी इच्छा हुई, कि यह कैसे नालन्दा-संग्रहालयमें आया; जहाँ कि, उसके देखनेसे पता लगता था, बहुत दिनोंसे पड़ा है? मैंने अपने क्लर्कको बुलाकर इस विषयमें बहुत कुछ पूछा किन्तु कोई भी बात मुझे अपने मतलबकी न मिली। हाँ, उसने बताया, कि पहिले यहाँ एक और रक्षक था, जिसका नाम रामेश्वर था। वह इस दराज और कोठरीका बहुत इस्तेमाल किया करता था। रामेश्वरको काम छोड़े हुए भी बहुत दिन बीत गये।

उस दिन शामके वक्त जब मैं अपने निवास-स्थानपर जाने लगा, सो साथ ही गोबरैलेको भी लेता गया। घर पहुँचकर मैंने उसे बड़े यत्नसे अपने लिखनेकी चौकीकी दराजमें रखकर ताला बन्द कर दिया। मुझे अपने क्लर्कसे यह भी मालूम हो गया था, कि रामेश्वर बिहारमें रहता

है। उसी रातको मैं विहार पहुँचा। संयोगसे रामेश्वर घर हीपर मिला। मेरे प्रश्न करनेपर पहिले वह हिचकिचाता-सा मालूम पड़ा। किन्तु धीरे-धीरे मैंने सारी बात एक-एक करके निकाल ली। सन् १८८१के वर्षाकालमें, तारीख नहीं मालूम, एक दिन जब कि रामेश्वर नालन्दा-संग्रहालयके मिश्रीय विभागमें अपनी ड्यूटीपर था; एक अधेड़ आदमीने; जो बहुत घबराया हुआ-सा था, दौड़कर उसकी बाँह पकड़ ली। अभी रामेश्वर उससे एक बात भी न करने पाया था, कि कोई चीज़ ढाई-तीन सेर भारी एक कपड़ेमें लिपटी उसके हाथमें रख दी गई। जब रामेश्वरने पूछा कि, यह क्या है; तो उस अपरिचित व्यक्तिने जवाब दिया—'भगवानके वास्ते, इसे लो। मैं इसे तुम्हें या किसीको देता हूँ! किन्तु ममारोसे खबरदार! यह कहते हुए वह आदमी, संग्रहालयकी सीढ़ियोंको जल्दी-जल्दी फाँदता फाटकके सामने खड़ी अपनी मोटर-साइकलपर पागल-सा बैठ गया। रामेश्वरने उस मनुष्यके विषयमें बतलाया। वह एक मध्य-वयस्क आदमी था। उसके रोम-रोमसे पता लगता था, कि कोई भारी शत्रु मृत्युकी भाँति उसका पीछा कर रहा है। उसका चेहरा धूपसे जला हुआ मालूम होता था, यद्यपि यह वर्षाका समय था। यद्यपि वह दूरसे आया जान पड़ता था, किन्तु उसके शिरपर न टोपी थी न साफा। बदनपर एक कुर्ता और धोती थी, पैर नंगा था। जान पड़ता था, किसी भयंकर स्थितिमें एक क्षणका मौका पाकर वह इस प्रकार भाग आया है।

रामेश्वरने इस रहस्यके छिपा रखनेमें कोई व्यक्तिगत भलाई समझी थी। इस बातको भी पूरे तौरपर कितने ही प्रश्नोत्तरोंके बाद निकाल पाया। बात यह थी। जब रामेश्वरने उस पोटलीको खोला तो उसके भीतर उसे एक हरा चकमक मिला। उसे गोबरैलेके विषयमें कुछ मालूम न था, अतः यह नहीं जान सका, कि वह कोई मूल्यवान वस्तु है। नालन्दा-विद्यालयके हाथमें बेचनेके ख्यालसे वह उसे पहिले अपने

घर ले गया, लेकिन उसी समयसे उसपर कई मुसीबतें पड़नी शुरू हुईं।

एक बार मकानकी छत गिर गई, जिससे उसके घरवाले बाल-बाल बचे। उसकी स्त्री बीमार हो गई, और कई सप्ताह तक उसके बचनेकी कोई आशा न थी। वह मुझे विश्वास दिला रहा था, कि डाक्टर और वैद्य उस रोगको पहिचान भी न सके थे। बेचारेने जो कुछ रुपये इतने दिन तक कमाकर बचाये थे, वह सारे ही बंकके दिवालेमें खतम हो गये। और अन्तमें, एक दिन जब नालन्दासे वह अपने घर विहार जा रहा था, तो गाड़ीसे उतरते वक्त उसका पैर प्लेटफार्मके नीचे पड़ गया, और वह धड़ामसे गाड़ीके पहियों के नीचे जा पड़ा। संयोग अच्छा था, जो गाड़ी न चल पड़ी, नहीं तो बस वहीं काम तमाम था, तो भी उसे बहुत चोट आई, और उसकी दाहिनी कलाई ही उखड़ गई इसके लिये कितने ही दिनों तक घर बैठा रहना पड़ा।

इतना सब भुगत लेनेपर वह इस परिणामपर पहुँचा, कि यह गोबरैला ही इन सारी आफतोंकी जड़ है। यह निष्कर्ष निकालनेके लिये क्या प्रमाण था, इसे मैं नहीं कह सकता। कमजोर दिमाग तथा मिथ्या-विश्वास रखनेवाले लोग, ऐसी आकस्मिक घटनाओंको लेकर, तरह-तरहके दकियानूसी ख्याल गढ़ लेनेमें बड़े उस्ताद होते हैं। अन्तमें उसने यही निश्चय किया, कि जैसे हो वैसे इस बलासे पिंड छुड़ाना चाहिये।

रामेश्वरने किसी प्रकार उस पट्टिकाको तीन सप्ताह रक्खा था। उसने उसपरके लपेटे हुए कपड़ेपर स्पष्ट शिवनाथ जौहरी लिखा देखा था। इसी समय शिवनाथ दानापुरमें अपने घरपर मार डाले गये। इस रहस्यमयी मृत्युको पढ़कर रामेश्वरके लिये अब एक घण्टा भी उसे अपने पास रखना कठिन था, और साथ ही इसके विषयमें किसीको कुछ सूचना देनेमें भी उसे भारी भय मालूम होता था। जब वह अच्छा होकर अपनी नौकरीपर लौटा, तो वह साथमें गोबरैलेको भी ले आया।

उसने उसे एक पुराने समाचार पत्रमें लपेटकर उसी दराज़में रखकर ताला बन्द कर दिया, जहाँ कि मैंने उसे पाया।

इस बातचीतमें, रातके नौ, विहार ह्हीमें बज गये थे। नालन्दा जाने-वाली गाड़ी निकल गई थी, और घंटे-दो घंटेके भीतर कोई ट्रेन जानेवाली भी न थी। मैंने झट एक तेज टमटम करके, तीन कोस जमीन बीस मिनटमें तै की। भोजन करनेके बाद ही, मैं अपने पढ़नेके कमरेमें चला गया। मैंने चौकीकी दराजको बाहर खींचा, और यह देखकर मेरे आश्चर्यका ठिकाना न रहा, कि गोबरैला वहाँसे उड़ गया। मैंने सारे कमरेको ढूँढ़ना आरम्भ किया, और अन्तमें उसे एक पुराने हैंडबेगमें पाया, जिसमें कि और भी कितने ही मिश्र और पुरातत्त्व सम्बन्धी कागज-पत्र थे।

मैं, इसे मानता हूँ, कि मैं इसके विषयमें कोई ठीक समाधान न पा सका, तथापि मैंने इसे सम्भव समझा, कि शायद मेरी स्मरण-शक्ति गलती खा रही है। मेरा यह ख्याल मजबूत था, कि मैंने पट्टिकाको दराजमें रक्खा था, हैंडबेगमें नहीं। यह भी सम्भव है, कि नौकरने उसे वहाँसे उठाकर यहाँ रख दिया हो; क्योंकि कुंजी तालेमें लगी ही हुई थी; लेकिन यह भी होना बहुत कठिन है, क्योंकि प्रथम तो ऐसा करनेकी जरूरत न थी, और दूसरे किसीको भी मेरे अध्ययन-गृहकी चीजोंको उलट-पलट करनेकी आज्ञा नहीं है।

मैं इस बातको और न सोच सका, और पट्टिकाको लेकर मसनदके सहारे गद्दीपर बैठ गया। बड़ी सावधानीसे मैंने पहिले उस कागजको खोला, जिसमें वह लिपटा हुआ था। जिस समय मैं यह कर रहा था, उसी समय मेरी आँखें इस सुर्खीपर पड़ीं :—

"दानापुरकी रहस्यमयी हत्या।"

एक ही क्षणमें, गोबरैला मेरे ख्यालसे उतर गया। मैं उस रहस्यमयी घटनाके विवरणको पढ़नेमें लग गया। शिवनाथ जौहरी एक सम्पन्न व्यक्ति थे। वह बहुत दिनों तक रेशमका व्यापार करते रहे, किंतु

मरनेसे कितने ही वर्ष पूर्व उन्होंने इस कारबारसे हाथ हटा लिया था। उन्होंने अपना विवाह न किया था। हत्याका कोई भी कारण नहीं मालूम होता। एक दिन रातको जब कि वह अकेले थे, और उनका एकमात्र नौकर रामदयाल अपनी माँके श्राद्धमें घर गया हुआ था, उसी समय वह मार डाले गये। उनका सारा घर रत्ती-रत्ती खोजा गया था। दराज, बक्स, ताक, आलमारी सभीके ताले तोड़ डाले गये थे, और एक-एक चीजको देख-देखकर जमीनपर फेंक दिया गया था। तोषक और तकिये टुकड़े-टुकड़े कर डाली गई थीं। कुर्सीपरकी गद्दियाँ भी फाड़-फाड़कर फेंक दी गई थीं। जिस पुलिस-जासूसने अपनी आँखोंसे घटना-स्थलका निरीक्षण किया था, उसका कहना है, कि खोज बहुत ही बाकायदा और बड़ी बारीकीके साथ की गई थी। ऐसा करनेमें कितने ही घंटे लगे होंगे। चाहे तो हत्याके पहिले तलाशी हुई होगी या हत्याके बाद। सबसे विचित्र बात यह थी, कि कोई भी चीज वहाँसे चोरी न गई थी; हालाँकि ताला तोड़ी पेटियोंमें बहुत-सी मूल्यवान् वस्तुयें, तथा रुपये भी थे।

मैं आप हीसे इसपर विचार करनेके लिये कहूँगा, कि उस रहस्यमयी हत्या और उसके अद्भुत विवरणको पढ़कर मेरे ऐसे शान्तिप्रिय और विद्याव्यसनी आदमीके चित्तमें क्या-क्या भाव उत्पन्न हुए होंगे। 'मागध' का दिया हुआ विवरण एक विचित्र उल्लेखके साथ समाप्त हुआ था। वह यद्यपि पुलिसके लिये निरर्थक था, किन्तु मेरे लिये बहुत कुछ अर्थ रखता था, यद्यपि उस समय, उसपर विश्वास करना मेरे लिये बहुत कठिन था।

जिस कमरेमें, मृत पुरुषकी लाश मिली उसके फर्शपर दूध छिड़का गया था यद्यपि उसे लानेके लिये हत्यारेको नीचे उतरकर रसोईघरमें जाना पड़ा होगा। और फर्शपर खड़ियासे एक मनुष्य-चित्र खींचा गया था, जिसका कि शिर लोमड़ीका था।

वह मुझे यह निश्चय करानेके लिये पर्याप्त था, कि हत्या ऐसे मनुष्यों द्वारा की गई थी, जो प्राचीन मिश्रकी रीति-रस्म, कर्मकांडके माननेवाले थे। फर्शपरकी आकृति और किसीकी न थी, यह स्वयं मिश्री देवता अनुबिस था यमराज थे। इस बातने मेरे मनमें ऐसे प्रश्नोंका ताँता बाँध दिया, जिनके उत्तरमें मैं पूर्णरूपेण असमर्थ था।

प्राचीन मिश्रकी सभ्यताका दीपक, ईसासे ४८७ वर्ष पूर्व ही, अर्थात् भगवान् गौतमबुद्धके निर्वाणके साथ-साथ संसारसे निर्वापित हो चुका। बारहवें राजवंशके अन्तिम थेबीय फरऊनके बादके पचपन राजाओंके सम्बन्धमें हमें लेख मिला है; किन्तु जहाँ तक हमें मालूम है, प्राचीन मिश्री सभ्यता, रस्म, धर्म और भाषा ईरानी विजयके बाद ही नष्ट हो गई। और तिसपर भी, मैं, विद्याव्रत, प्राचीन इतिहासका प्रोफेसर, ऐसी अकाट्य साक्षियोंको सामने पा रहा हूँ, कि चन्द साल ही पहिले, पटनाके पासके दानापुर शहरमें शिवनाथ जौहरी, ऐसे आदमियों द्वारा मार डाले गये, जो नील तटवर्ती प्राचीन मिश्रियोंके धर्म और रीतिको मानते हैं।

अब मैंने समाचार-पत्रको नीचे रख दिया और अपनी दृष्टिको गोबरैलेके हरे पालिश किये हुए तलपर डाली। वह पढ़नेके प्रदीपके प्रकाशसे चमक रहा था। मेरा हृदय उस समय आश्चर्य और आतंकसे भरा था। प्राचीन मिश्र सम्बन्धी और भी अनेक अद्भुत शिलालेखों और अन्य सामग्रियोंको उससे पहिले भी मैंने देखा था, और पीछे भी देखनेका अवसर मुझे प्राप्त हुआ, किन्तु अपने सारे जीवनमें मेरे मानसिक भाव कभी वैसे न हुए। जिस समय भली प्रकार देखनेके लिये उसे उठाकर लालटेनके पास किया, मैंने अच्छी तरह अनुभव किया, कि मेरा रोम-रोम काँप रहा है, हृदय सिहर रहा है, तथा जान पड़ता है, कोई आवाज मेरे कानोंमें स्पष्ट रूप से आ रही है, 'प्सारोसे खबरदार'।

—२—

गोबरैला-मूर्ति, और धनदास जौहरी वकीलसे मेरा परिचय

अब मैं गोबरैला-पट्टिकाकी बात कहने जा रहा हूँ। निस्सन्देह यह बहुत ही दुर्लभ, बहुत ही मूल्यवान् और बहुत ही मनोरंजक वीजक था। इसे भी मैं स्वीकार करता हूँ, कि यह अपनी किस्मका अद्वितीय पदार्थ था। किन्तु, पहिले अपरिचित पाठकोंको मैं यह बतला देना चाहता हूँ, कि गोबरैला क्या वस्तु है।

संक्षेपतः, गोबरैला एक काला-सा कीड़ा होता है, जिसे सभी ने देखा होगा। इसका एक विशेप वंश है, जिसके व्यक्तियों के शिर बड़े, और जबड़ोंके दोनों शिरोंपर समूरकी भाँति मुलायम रोमोंसे आच्छादित पट्टी होती है। जन्तु-विद्या-विशारद इसी गोबरैला वंशको **समूरी गोबरैला,** कहते हैं। इसी वंशके गोबरैलोंका एक परिवार है, **शोधक गोबरैला,** जो कि अपने भङ्गीके कामद्वारा मानव समाजकी बहुत कुछ सेवा करता है। यही **शोधक गोबरैला** मिश्रका पवित्र गोबरैला है।

यह निःसंशयास्पद है, कि प्राचीन मिश्री नीलनद-तटवर्ती बहु-संख्यक गोबरैलोंके उपकारसे परिचित थे। सभ्यताकी आरम्भिक अवस्थामें, सारे प्राकृतिक चमत्कार, सारे ही मनुष्योपकारक प्राणी और बनस्पति पवित्र मान लिये जाते हैं, और बहुधा उन्हें देवताका आकार दिया जाता है। इसीलिये प्राचीन मिश्रमें सूर्य और नील ही नहीं, बल्कि अनेक प्राणधारी जैसे वृषभ, जम्बुक, रश्मि (एक मिश्री पक्षी) और गोबरैला पवित्र और दैवी शक्तियोंसे युक्त माने जाते थे।

गोबरैला देवताका नाम **खोपरी** था, और उसकी आकृति अंकित की जाती थी, या तो एक गोलचक्रपर गोबरैलाकी मूर्ति, अथवा सम्पूर्ण शरीर मनुष्यका और शिर गोबरैलेका, जैसे कि जम्बुक-मुख **अनुबिस,** इबिस-मुख थात और श्येनमुख **होरस** थे।

खोपरी अक्सर, रा (सूर्य देवता) के नामसे वर्णित होता है; किन्तु मैं अवश्यकतासे अधिक पाठकोंको मिश्री पुराणोंमें नहीं ले जाना चाहता। यह पर्याप्त है, कि खोपरीके कुछ अपने दिव्य गुण थे। इस विषयमें मेरा एक अपना सिद्धांत है। गोबरैला क्षीणताका प्रतिद्वन्द्वी होता है। वह सड़ते हुए पदार्थोंको भी अपने उद्योगसे नवजीवन प्रदान करनेके योग्य बना देता है। सूर्यसदृश दीर्घजीवन और स्वास्थ्य प्रदान करनेसे, खोपरीको धातु या पत्थरकी प्रतिमा बराबर मृतकोंके साथ उनकी समाधिमें रख दी जाती थी। बहुत ही कम ऐसी मिश्री समाधियाँ मिली हैं, जिनमें गोबरैला-देवता न मिला हो।

आदिमी मिश्रियोंका अत्युत्तम शिल्प कौशल, गोबरैला-मूर्तियों द्वारा अच्छी तरह प्रमाणित हो जाता है, वह सङ्गखारा, चकमक और जेड ऐसे अति कठिन पत्थरोंपर बड़ी ही सुन्दरता, शुद्धता, अंग-अंगकी तारतम्यतापूर्वक बनाई गई हैं। मैं फिर भी कहता हूँ कि मुझे सेराफिसके गोबरैला-मूर्तिके समान सुन्दर और कोई भी गोबरैला मूर्ति देखनेमें न आई। यह पट्टिका, जैसा कि मैंने कहा दो फीट लंबी ६ इञ्च चौड़ी और बीचमें ४ इञ्ची, किनारोंपर कुछ कम मोटी थी। यह ऊपरकी ओर उन्नतोदर (Convex) और नीचेकी ओर चौरस था। उस-पर ऐसी सूक्ष्म चित्रलिपि लिखी हुई थी, कि मुझे उसके पढ़नेके लिये वृहद्दर्शक शीशा लगाना पड़ा। ऊपरकी तरफ नील नदीके जलपर नौकारूढ़ खोपरी देवताकी मूर्ति थी अर्थात् देवताके नीचे पंख फैलाये हुए, अपने पिछले दोनों पैरोंपर सीधे खड़े गोबरैला मूर्ति—खोपरीदेव उनकी दोनों ओर नावके माँगे और पूँछसे सुन्दर कमलके फूल निकल-कर झुके हुए थे, और सामने जम्बुक-मुख, मृत्युदेव अनुबिस बद्धांजलि खड़े थे। जिस सिंहासनपर खोपरीदेव विराजमान थे, उसपर लिखा था मितनी-हर्पी, जिसके कि नामसे मैं पहिले ही परिचित था।

तो भी यह निचला भाग था, जिसने मेरे ध्यानको देवमूर्तिकी अपेक्षा अधिक आकृष्ट किया, क्योंकि गोबरैला-प्रतिमा मैंने बहुत देखी

थीं। चित्रलिपि अत्यन्त सूक्ष्म थी, किन्तु बृहत्प्रदर्शक शीशेकी सहायतासे मुझे उसके पढ़नेमें कुछ कठिनाई न हुई। लिपि पूर्ण सुरक्षित अवस्थामें थी। मैं उसका शब्दानुवाद न करूँगा, न तो वह सम्भव है, और न उसकी अवश्यकता ही है। उसमें लिखे सन्देशका भाव बतला देना काफी है।

लेख मेराफिसकी समाधिके भीतर प्रवेश करनेकी युक्तिके साथ आरम्भ होता था, और कहीं-कहीं बहुत ही अस्पष्ट और समझनेमें टेढ़ा मालूम होता था। प्राचीन मिश्री लेखपट्टिकाओंपर अक्सर गोबरैला देवता सूर्यदेवता राके मुखपर बैठा हुआ दिखलाया गया है। समाधिके द्वारपर एक राकी मूर्ति तथा एक रहस्यमयी चित्रलिपिकी शिला है, जोकि किसी तरहपर इस गोबरैला मूर्तिसे सम्बद्ध है, उसे कुछ गुप्त ढंगोंसे मिलानेपर समाधिका द्वार स्वयं खुल जायगा।

यह शायद 'अलिफलैला' के 'खुलो शीशम' की भाँति मालूम होगा। मैं भी इसे छिपाना नहीं चाहता, कि मेरा भी उसके विषयमें पहिले पहिल यही विचार था। मिश्री सभ्यताका विद्यार्थी होनेसे, निश्चय ही मैं इसमें बहुत अनुरक्त था, लेकिन मैंने एक क्षणके लिये भी इसे सम्भव न स्वीकार किया। मैंने पीछे जाना, जिसे पाठक भी देख सकेंगे, कि यह बात बिल्कुल सीधी-सी थी। इसमें जादूमंतरकी कोई बात न थी। आज भी ऐसे ताले बाजारोंमें मिलते हैं, जिनमें कुंजीकी अवश्यकता नहीं, सिर्फ विशेष-विशेष अक्षरोंकी विशेष क्रम-योजनासे ताला स्वयं खुलता और बन्द होता है।

चित्र-लिपिका अधिकांश भाग 'गोबरैलेके' शापके विषयमें था। जब तक कि आप, प्राचीन मिश्री देवताओंके व्यक्तित्वसे परिचित न हों, और मिश्री पुनर्जन्म सिद्धान्तको न जानते हों, मैं समझता हूँ, तब तक उसका शब्दानुवाद निष्प्रयोजन होगा। यहाँ उसका एक नमूना देता हूँ।

गोबरैलेका शाप

"सेराफिसकी समाधिके रक्षक हमेशा बने रहेंगे और जागरूक रहेंगे। वह अन्त तक प्राचीन थेबिस राजकुमारकी मम्मीकी रक्षा करेंगे। जब रक्षक मार डाले जायँगे तो देवता स्वर्गके चारों कोनोंसे उतरेंगे।

उसपर गोबरैलेका शाप है, जो पहिले समाधिमें घुसनेका प्रयत्न करेगा। अनुबिस उसकी प्रतीक्षामें है, कि उसे उस नित्य छायामें ले जाय, जहाँ वह सदाके लिए यातना सहता रहेगा। जो गोबरैला-मूर्तिको इस अभिप्रायसे चुराता है, कि उसके द्वारा समाधिकी वस्तुओंपर अधिकार जमावे, वह खोपरी देवताके शापमें पड़ेगा। विपत्ति और सर्वनाश उसे कदम-कदमपर मिलेंगे। जब तक उसके पास गोबरैला-मूर्ति रहेगी वह कभी नहीं विश्राम, शांति और सुख पायेगा। वह संसारके एक छोरसे दूसरे छोर तक ढूँढकर मारा जायगा। वह जिस समय उस सूर्यकी भूमिको पार करने लगेगा जहाँ नीलका लाल पानी जन्मता है, और जहाँ रेगिस्तानके पक्षी भी नहीं बच सकते, उसी समय विनष्ट हो जायगा।"

मैं कबूल करता हूँ कि जिस समय मैंने सारा लेख पढ़ा जरा भी आतंकित न था। मैं मजबूत दिलका आदमी नहीं हूँ, यह मैंने पहिले ही कह दिया है, किन्तु मै इतने दिनोंमें मिश्री पौराणिक कथाओं और किम्बदन्तिओंसे इतना परिचित हो गया हूँ, कि मैं उसे वैज्ञानिक जिज्ञासा छोड़, दूसरे रूपमें नहीं ले सकता। मैंने एक क्षणके लिए भी यह विश्वास न किया, कि उसमें कुछ सत्यता है, और अब भी मैं यह नहीं कबूल कर सकता कि मेरा गोबरैलामें कोई विश्वास है।

मैं यह कहनेमें असमर्थ हूँ, कि मैं उसे क्या करना चाहता था। अब वह देखनेमें मेरी ही सम्पत्ति थी। निश्चय ही वह संग्रहालयका न था। उसका वास्तविक स्वामी—बूढ़ा रामेश्वर उससे कुछ भी सम्बन्ध रखनेसे साफ इन्कारी था। इसमें जरा भी सन्देह नहीं कि मैं उसी

दिन उसे नालन्दा-संग्रहालयको अर्पण कर दिये होता, यदि दूसरा संयोग न आ घटता।

मैं नाश्ता कर रहा था, उसी समय मेरे नौकरने सूचना दी, कि एक भद्रपुरुष मिलना चाहते हैं। मेरे दिलमें हुआ, यह मुलाकातका समय तो नहीं है। जब मैं वहाँ से उठकर अपने अध्ययन-गृहमें पहुँचा तो मैंने वहाँ असाधारण आकृतिके एक पुरुषको पाया। वह आकारमें बहुत लम्बा था। शिरका ऊपरी भाग गंजा, लेकिन जहाँ बाल थे, वहाँ बिल्कुल काले। चेहरेपर मोछ दाढ़ी न थी, लेकिन चिबुक और कपोलोंपर ऐसी श्यामता थी कि जिससे मालूम होता था, कि हजामत कई दिनकी बनी हुई है। उसकी आँखें बहुत बड़ी-बड़ी और चमकीली थीं। चेहरा भरा और गोल था, जिससे एक सुदृढ़ इच्छा शक्तिका परिचय मिल रहा था।

मैंने नमस्कारपूर्वक, उनसे नाम पूछा, और कहा, कि कैसे आपने मुझे अपने दर्शनोंसे कृतार्थ किया। उन्होंने इसका उत्तर गम्भीर और कुछ ऊँची आवाजमें दिया :—

मैं एक कानून-व्यवसायी, एक वकील हूँ। मुझे लोग धनदास जौहरी कहते हैं।

मैं—गुस्ताखी माफ कीजियेगा—आप महाशय शिवनाथ जौहरीके कोई सम्बन्धी तो नहीं हैं।

धनदास—'कोई गुस्ताखीकी बात नहीं, श्री शिवनाथ जौहरी जिनकी हत्या दानापुरमें सन् १८८१ ई० में हुई थी, मेरे खास चचा थे।'

मैं—'ठीक! आपके दर्शन देनेका सम्बन्ध उस बीभत्स कांडसे तो कुछ नहीं है न?'

धनदास—'क्षमा कीजियें, है। उसके साथ इसका अत्यधिक सम्बन्ध है।'

मैं बहुत चकित हो गया। सच कहूँ, मुझे उस समय बहुत असुख-सा भान होने लगा। तथापि, एक गृहपतिको जैसा कि अपने अतिथिके साथ रहना चाहिये, मैंने वैसी ही शान्ति और कोमलता प्रदर्शित करनी चाही।

मैं—'आपने मेरे हृदयमें बड़ा कौतूहल पैदा कर दिया। कृपया यहाँ बैठ जाइये।'

मैंने कुर्सीकी ओर संकेत किया। वह उसपर बैठ गये। और अपनी जेबसे बहुत-सी पुरानी नोटबुकें निकालकर उन्होंने छोटी मेज़पर रक्खीं। तब उन्होंने अपने गलेको साफ करके कहना आरम्भ किया।

धनदास—'प्रोफेसर विद्याव्रत, मेरा विश्वास है, कि इस वक्त जीवित व्यक्तियोंमें आप सबसे बड़े मिश्रतत्त्व-वेत्ता हैं?'

मैंने सिर्फ शिर झुका लिया, क्योंकि इस बातका कुछ उत्तर देना शिष्टता और नम्रताके विरुद्ध था।

धनदास—'आपको शायद इसका पता न होगा, कि मेरे चचा शिवनाथ उस विषयके बड़े प्रेमी थे, जिसमें कि आप सबसे बड़े प्रमाण माने जाते हैं। उन्होंने बहुत दूर-दूरकी यात्रा की थी। वह अपने रेशमके रोजगारके सम्बन्धमें बहुतसे देशोंमें फिरे, और जब उन्होंने रोजगारसे हाथ खींच लिया, तब भी वह बराबर यात्रा करते रहे। एक ख़ास बात थी जिसके लिये वह बहुत उत्सुक थे, तथा जिसके विषयमें उनको बहुत अच्छा ज्ञान था। अब, प्रोफेसर महाशय, मैं एक स्पष्ट प्रश्न पूछना चाहता हूँ, और एक प्रतिष्ठित तथा विद्वान् पुरुषके अनुरूप ही साफ उत्तर भी चाहता हूँ।' वह अपनी चुभनेवाली काली आँखोंको मेरे चेहरेपर गड़ाकर थोड़ी देर चुप हो गये।

मैंने अपनी जान बचानेके लिये कह दिया—'मैं आपकी सेवाके लिये तैयार हूँ।'

धनदासने पूछा—'क्या, आपको, सेराकिसकी गोबरैला मूर्त्ति मालूम है या नहीं?'

जिस समय धनदासने मुझसे यह पूछा, सचमुच उस समय मेरी दशा विचित्र हो गई थी। थोड़ी देर तक मैं कुछ भी न कह सका। मुझे अपने दिलमें यह निश्चय करनेमें भी बहुत कठिनाई हुई, कि मैं स्वप्न तो नहीं देख रहा हूँ। थेबिस राजकुमार सेराफिसको मरे कई हजार वर्ष हो गये, और तब भी जान पड़ता था, कि वह मेरे पीछे पड़ा है। मेरे दिलमें जरा भी इच्छा न हुई, कि मैं धनदाससे झूठ बोलूँ। जैसे ही मैं प्रकृतिस्थ हुआ, वैसे ही मैंने सच्चा उत्तर दिया—

मैं—'यदि कुछ ही दिन पहिले आप मुझसे यह प्रश्न पूछते, तो मुझे नहीं में उत्तर देना होता। और अब मैं कहता हूँ, कि मैं केवल सेराफिसकी गोबरैला मूर्त्तिको जानता ही नहीं हूँ, बल्कि वह इसी कमरेमें, जिसमें आप बैठे हैं, मौजूद है।'

यह सुनते ही वह एकदम खड़े हो गये। उनके चेहरेका रंग बदल गया था। वह मेरे सन्मुख सीधे खड़े थे, और व्याकुलतासे अंग-अंग काँप रहा था। उनकी आवाज किसी जंगली जानवरकी गर्ज-सी जान पड़ती थी। मैं भी उनकी इस दशाको देखकर घबड़ा गया।

गूँजती हुई आवाजसे उन्होंने कहा—'इसी कमरेमें! कहाँ है? जरा दिखाइये तो! अभी, जरा मैं देखूँ तो!'

मैंने एक बार उनके ऊपर आश्चर्यकी दृष्टि डाली, और उठकर अपने लिखनेकी चौकीके पास जा, उसके दराजको खोला; किन्तु वह मूर्त्ति वहाँ न थी। मैं हैंडबेगके पास गया, और फिर मैंने उसे वहाँ पाया। अब वह कागजमें लिपटा न था। मैंने उसे धनदासके हाथमें दे दिया।

जिस मामूली दृष्टिसे उन्होंने, पवित्र नदीमें खड़ी हुई नावके ऊपर सिंहासनासीन खोपरीकी मूर्तिको देखा, उससे मुझे मालूम हो गया, कि वह मिश्रतत्त्वके विषयमें कुछ भी नहीं जानते। उन्होंने फिर निचले चौरस भागको उलटकर देखा, जहाँपर कि चित्र-लिपि उत्कीर्ण थी।

धनदास—'क्या आप यह सब पढ़ सकते हैं ?'

मैं उनके इस प्रकारके औद्धत्यपूर्ण व्यवहारसे कुछ नाराज-सा हो गया। तो भी उनसे सिर्फ इतना ही कहा, कि मैं इस लेखको भली भाँति पढ़ सकता हूँ।

वह चिल्लासे उठे—'यह क्या कहता है ?'

मैंने उनसे कहा, कि आप शान्तिसे बात करें, कुर्सीपर बैठ जायँ। तब वह अपनी कुर्सीपर फिर बैठे। किन्तु उनके हाथ मसलने, अँगुलियों के हिलाने और देहको आगे-पीछे करनेसे, मैं जान रहा था, कि वह बहुत ही आतुर हैं।

तब मैंने उस लेखको पढ़पढ़कर शब्द-शब्द अनुवाद करना शुरू किया। बीच-बीचमें प्रकरण-प्राप्त मिश्री देवताओंके विषयमें भी मैं बतलाता जाता था। वह बड़ी सावधानी, बड़ी तन्मयतासे कान लगा-कर मेरी बातें सुन रहे थे। जब मैं सब सुना चुका, तो एक बार फिर उन्होंने हाथ बढ़ाकर उसे देखने के लिये माँगा।

उन्होंने सिंहासनपर लेखकी ओर इशारा करके पूछा—'इसका क्या मतलब है ?'

मैं—'यहाँ मितनी-हर्पी लिखा है। यह वही प्रदेश है, जहाँ सेरापिस समाधिस्थ किया गया है।'

धनदास—'बिल्कुल ठीक। और आप जानते हैं, कि यह मितनी-हर्पी कहाँ है ?'

मैंने शिर हिला दिया।

धनदास—'लेकिन, मैं जानता हूँ।'

मैंने आश्चर्यके साथ ऊपर देखा। सचमुच वहाँ आश्चर्य-परम्परा थी।

मैंने उन्हें सूचित किया, कि तब आप एक ऐसी बातको जान रहे हैं, जिसका पता बहुत टक्कर मार करके भी, आज तक किसी प्राचीन

मिश्रके इतिहासवेत्ताने, न लगा पाया। उन्होंने बिजलीकी तरह कड़कते हुए, अपने हाथको नोटबुकोंकी ढेरीपर पटककर कहा—

'यहाँ मेरे पास वह सारा विवरण लिखा पड़ा है, जिससे मैं कल यहाँ से मितनी-हर्पी को रवाना हो सकता हूँ।'

मैं—'आप वहाँ जानेका इरादा रखते हैं, क्या?'

धनदास—'हाँ, लेकिन एक शर्त्तपर।'

मैं—'वह क्या?'

धनदास—'यदि आप भी मेरे साथ चलनेके लिये तैयार हों।'

मैंने एक बार उनकी ओर देखा, मुझे वह आदमी पागल-सा मालूम होता था।

मैं—'लेकिन यह दूरकी बात है। मैं यहाँ नालन्दा विद्यालयमें प्रोफेसर और क्यूरेटर जैसे दायित्वपूर्ण पदपर हूँ।'

धनदास अपनी कुर्सीसे उठकर मेरे पास आये, और अपने पतले हाथको मेरे कन्धेपर रखकर बोले—

'प्रोफेसर विद्याव्रत, मेरा इरादा है, सेराफिसकी कब्र तक जानेका, और कितने ही कारण हैं, जिनसे मुझे आशा है, कि आप मेरे साथ होंगे। आप कृपया बैठें, मैं सारी बातको विस्तारपूर्वक कहता हूँ।'

उनका व्यवहार रूखा और औद्धत्यपूर्ण था। बोलनेका ढङ्ग भी नम्रतापूर्ण न था। उन्होंने मुझे पकड़कर मेरी कुर्सी पर बैठा दिया, और फिर अपनी कोटकी जेबसे कोई चीज निकाली, जिसे मैंने देखनेके साथ पहिचान लिया। वह एक प्राचीन मिश्री पेपरस* था; जिसके ऊपर चित्रलिपि लिखी हुई थी।

---

*अत्यन्त पुरातन मिश्री कागज़।

—३—

शिवनाथ जौहरीकी विचित्र यात्रा; मेरा अविचारपूर्ण निश्चय।

उन्होंने चोंगा बनाये हुए पेपरसको, नोटबुकोंकी छल्लीपर रख दिया, और फिर अपने दोनों हाथोंके पंजोंसे घुटनेको बाँधकर कुर्सीपर बैठ गये। उस वक्त मैंने उनके पंजोंको देखा उनसे अच्छी शारीरिक शक्तिका परिचय मिल रहा था।

धनदास—'बहुत दिन हुए, जब मेरे चचाने इस पेपरसको काहिरामें एक फेरीवालेसे खरीदा था। उन्हें उस समय इसकी उपयोगिताका कुछ भी ज्ञान न था। वह चित्रलिपि न पढ़ सकते थे, तो भी कौतूहलवश उन्होंने इसे खरीद लिया।

'चचाकी मृत्युके बाद मैं उनकी सम्पत्तिका उत्तराधिकारी हुआ। उनके पास एक बड़ा पुस्तकालय था, क्योंकि वह बड़े स्वाध्यायशील थे। किन्तु, मैं कानूनकी किताबों और समाचारपत्रोंको छोड़कर, और पुस्तकें बहुत कम पढ़ता हूँ।

'थोड़े ही दिन हुए, जब कि मैंने अपने चचाकी चीजोंमें इन नोटबुकोंको पाया। इनके लेखोंको पढ़कर मैं आश्चर्यसे भर गया। मेरे चचा बड़े भारी पर्यटक थे, यह मैं जानता था; किन्तु मुझे यह न मालूम था, कि उन्हें ऐसी-ऐसी असाधारण अवस्थाओंका सामना करना पड़ा था। इन नोटबुकोंमेंसे एक रोजनामचा या डायरीकी भाँति लिखी गई है। इसीसे मैंने इस कथाको जाना है, जिसे कि मैं आपको सुनाने जा रहा हूँ।'

'पेपरस—जिसे मैं नहीं पढ़ सकता—बड़े कामकी चीज है। इसमें सेराफिसके उस खज़ानेकी सूची है, जो उसकी मम्मीके साथ मितनी-हर्पमें दफनाया गया। मेरे चचाने अन्दाज लगाया था, कि यदि इसके पुरातन वस्तु होनेका ख्याल छोड़ भी दिया जाय, तो भी

बाज़ार भावसे सारे सोनेके बर्तन, आभूषण और अन्य चीजें तथा रत्नोंसे भरी डालियोंका मूल्य पाँच-छ अरबसे कभी भी कम नहीं हो सकता। क्या प्रोफेसर, आप इसे समझते हैं ?'

मैंने उत्तर दिया, कि इतना भारी खजाना किसी मिश्री समाधिमें मिलना बहुत कठिन है। लेकिन तो भी मैं असम्भव कहने के लिये तय्यार नहीं हूँ।

धनदास—'क्या यह ठीक है, कि तहखानों और कब्रोंसे निकली वस्तुपर मिश्री गवर्नमेण्टका अधिकार है ?'

मैं—'हाँ, निस्सन्देह।'

धनदास—'तब भी जब कि कब्र कहीं सोबातके उद्गमस्थानके पास हो ?'

मैं—'यह दूसरा प्रश्न है। मैं नहीं समझता, किसी व्यक्तिने अबतक सोबातके उद्गम-स्थानका खोज लगा पाया है। वह शायद अबीसीनियाके मोञ्जाला या काफा जिलेमें है।'

धनदास—'मैं भी नहीं जानता, कि वह कहाँ है, किन्तु मैं यह जानता हूँ, कि कैसे वहाँ जाया जा सकता है। और मैं जानेका इरादा रखता हूँ।'

मैं—'क्या मैं पूछ सकता हूँ—किस मतलबसे ?'

धनदास—'सैराफिसके खजानेको पानेके लिये।'

मैं—'इसका कहना करनेसे आसान है, यदि आप वहाँ जानेका रास्ता जानते हों तो भी। और कोई विशेष कारण है, जिससे आप मुझे भी साथ ले चलना चाहते हैं ?'

धनदास—'यहाँ आनेसे पूर्व मेरे पास इसके अनेक कारण थे। और अब एक और अधिक; वह यही कि आप इस गीमरैला-मूर्त्तिके मालिक हैं। यही कोषागारके खोलनेकी कुंजी है।'

मैंने शिर हिलाकर स्वीकारिता प्रकट की। मेरी उत्सुकता और बढ़ रही थी। धनकी प्राप्ति मेरे लिये आकर्षक न थी, किन्तु मैं यह खूब जान रहा था, कि इससे मैं, पुरातत्त्व और विज्ञानके सम्बन्धमें एक भारी आविष्कार करनेमें समर्थ होऊँगा। मैंने पूछा—

'और आपके दूसरे कारण?'

धनदास—'आप इस विषयके सर्वोपरि विद्वान् हैं। शायद आप प्राचीन मिश्रियोंकी भाषा समझ और बोल सकते होंगे।'

मैं—'यह ठीक है, किन्तु मुझे कभी भी ऐसा अवसर प्राप्त नहीं हो सकता। शताब्दियाँ गुजर गईं, जबसे प्राचीन मिश्री भाषा मृत है।'

धनदास—अपनी पीठको कुर्सीसे लगाकर बैठ गये और उन्होंने अपने हाथोंको शिरके पीछे ले जाकर बाँध लिया। इस तरह बैठे हुए उन्होंने बिना कुछ बोले थोड़ी देर तक मेरी ओर देखा, और फिर कहा—

'आप इस बातमें बिल्कुल गलत हैं। प्राचीन मिश्री भाषा मरी नहीं है। वह आज भी बोली जाती है। वह इस क्षण भी बोली जा रही है, जब कि यहाँ नालन्दामें हम आप बात कर रहे हैं।'

मैंने अविश्वासपूर्वक पूछा—'कहाँ?'

धनदास—'मितनी-हर्पीमें।'

मैं हरगिज इसपर विश्वास करनेके लिये तय्यार न था और यदि मुझे कुछ सन्देह हुआ, तो इसी कारण कि वह पुरुष जो कुछ कह रहा था, बड़ी गम्भीरता और जोरके साथ कह रहा था।

मैं—'आप इसे कैसे जानते हैं?'

धनदास—'सुनिये, मैं आपको सुनाता हूँ। किसी तरह मेरे चचाने यह पता लगा लिया कि मितनी-हर्पी कहाँ है। वह उन मनुष्योंमेंसे थे, जिन्हें कष्टमय और आपद्ग्रस्त यात्राओंमें आनन्द आता है। इस बातका कुछ भी ख्याल न करके, कि मैं किस दुस्तर और भयानक पथपर लात दे रहा हूँ, वह स्वयं उधरको चल पड़े। यह देखिये एक नकशा है।'

धनदासने यह कहते हुए एक मोमी कागज निकाला, और उसे फैलाकर मेजपर रख दिया। कागज कई जगह उड़ गया था। वहाँ दूसरे कागजके टुकड़े साट-साटकर मरम्मत किये गये थे। नकशा रंगीन था, तथा महाजनी पक्की स्याहीसे खींचा गया था। नाम लोहेकी कलमसे यद्यपि बड़े सूक्ष्म अक्षरोंमें लिखे गये थे, किन्तु वह सुपाठ्य थे। मैं अपनी कुर्सीसे उठकर उनके कन्धेपरसे झुककर उसे देखने लगा। धनदास अपने चचाकी यात्राके पथपर अपनी अँगुली चला रहे थे।

कितने ही वर्ष बीत गये, जब कि शिवनाथ जौहरी श्वेत नील नदीसे आगे बढ़कर सोबातकी उपत्यकामें प्रविष्ट हुए थे। तब वह अजक शहरसे आगे एक जंगली देशमें घूमते हुए एक जल-प्रपातपर पहुँचे। उस प्रपातके नीचे नीबकोंका एक गाँव था। यह नील तटवर्त्ती हब्शी अनेक बातोंमें शिलक जातिके सदृश थे। वह चालीस फीट व्यासवाले गोल शंकाकार झोंपड़ोंमें रहते थे, जिनकी कि छत फूसकी और दीवारें मिट्टीसे लिपी हुई फूसकी टट्टियोंकी होती थीं।

उस गाँवके दक्षिण और पश्चिम दिशाओंमें मरुभूमि थी, और यदि नकशामें परिमाण का भी ख्याल रक्खा गया है, तो वह सौ मीलसे अधिक लम्बा होगा। इस मरुभूमिपर न ओसीस*का निशान था, और न किसी गाँव, शहर, झरना, या पहाड़ीहीका कहीं चिन्ह दिया गया था। नकशेके इस कोरे स्थानपर यह वाक्य लिखा हुआ था

'यहाँ इस बालूकी भूमिपर सूर्य भट्ठेकी भाँति धधकता है।'

यह रेगिस्तान दक्षिण-पश्चिमकी ओर एक अधित्यका (Table-land) तक फैला हुआ था, और मरुभूमिके अन्तपर पहाड़की सीधी दीवार खड़ी थी, जो उत्तर और दक्षिण दिशाओंमें जहाँ तक दृष्टि जाती थी, फैली हुई थी।

नोटबुकोंमेंसे एकमें लिखा हुआ था, कि अधित्यकाके ऊपर पहुँचनेके लिये सिर्फ एक स्थान है, जहाँपर कि बास और अनुबिस

---

*मरुभूमिके बीचमें आसपासकी भूमिसे नीची हरी भूमि।

दोनों मिश्री देवताओंकी प्रकांड मूर्त्तियाँ पहाड़में बनी हुई हैं। इन दोनो मूर्त्तियोंके बीचसे नीचेसे ऊपर तक सीढ़ियाँ कटी हुई हैं। समय और वर्षाके प्रभावसे वह बहुत कुछ घिस गई हैं, तथापि दिनके प्रकाशमें इनपर चढ़ना कठिन नहीं है। शिवनाथकी दृष्टि इतनी बारीक थी, कि उन्होंने इन सीढ़ियोंको गिनकर उनकी संख्या भी लिख दी है, और यह सब तीन सौ पैंसठ अर्थात् सौर वर्षके दिनों के बराबर हैं। और दूसरे शब्दोंमें, यदि एक-एक सीढ़ी एक फुट ऊँची मान ली जाय, तो उस दीवारकी ऊँचाई तीन सौ पैंसठ फीट थी।

सीढ़ीके ऊपर पहुँचनेपर सामने हरी-भरी एक उर्वरा अधित्यका है, जो चालीस मील लंबी दक्षिणकी ओर अगले पहाड़ों तक पहुँच गई है। पुराने समयमें सीढ़ीके शिरसे अधित्यकाके दूसरे छोरके पर्वत तक एक सड़क बनी हुई थी किन्तु अब उसपर आसपासके स्थानोंकी भाँति ही घास जमी हुई है। तथापि उसका पहचानना आसान है, क्योंकि उसके दोनों ओर थोड़ी-थोड़ी दूरपर उपविष्ट लेखकोंकी वैसे ही मूर्त्तियाँ रक्खी हैं, जैसी कि गिज़ाके संग्रहालयमें देखनेमें आती हैं।

यह मार्ग यात्रीको उस स्थानपर पहुँचा देता है, जहाँ दक्षिणी पर्वतके नीचे मितनी-हर्पी नगर है। और जहाँ सूर्य देवताके मन्दिरके नीचे के तहखानेमें, थेबिस राजकुमारकी मम्मी और उसका खजाना रक्खा हुआ है, जैसा कि थेब्रिसके मन्दिर की शिलापर चित्रित किया गया है।

शिवनाथने मितनी-हर्पी नगरमें एक जातिको वास करते देखा, जो कि आकार-प्रकार, रीति-रवाज सभीमें नील उपत्यकावासी प्राचीन मिश्रियोंसे मिलती है। विशेषकर उनकी भाषा, उनकी पूजाका मन्दिर, उनके घर, महल और सड़कें, फरऊनकी प्रजाओंसे मिलती हैं। यदि नोटबुकका लिखना ठीक है, तो अवश्य शिवनाथका काम काबिल-रश्क था। उन्होंने अपनी आँखों से उस प्राचीन सभ्यताको देखा, मानो

उसका शरीर उठाकर अनेक शताब्दियों पीछे एक विस्मृत और विलुप्त जगत्में रख दिया गया हो।

या तो वह पागल थे, और सारी चीजें उनकी मस्तिष्ककी विकृति से उत्पन्न हुई थीं, अन्यथा वह अत्यंत सौभाग्यवान् पुरुष थे। तथापि उनकी डायरीसे पता लगा कि उन्हें इस विषयकी वैज्ञानिक महत्ता मालूम न थी। उन्हें न मालूम था, कि इसे प्रकाशितकर वह सारे जगतमें कैसी चिरस्थायिनी प्रतिष्ठा प्राप्त करेंगे। मरुभूमिके पार इस यात्रासे उनका मुख्य अभिप्राय था, धन प्राप्त करना, कब्रको लूटना।

यह उतना आसान काम न था, जैसा कि उन्होंने सोचा होगा। और यद्यपि इस विषयमें हमें कुछ भी लिखा न मिला, किन्तु लक्षणसे जान पड़ता है, कि समाधिपर रात-दिन बड़ी सावधानीसे, सुदृढ़ पुजारियोंका पहरा रहता है।

और यह एक कारण था, जिसने मुझे नोटबुकोंकी सत्यताकी ओर प्रेरित किया। इस विषय में स्वयं गोबरैला मूर्तिमें मैंने पढ़ा था—
'सेराफिस की समाधिके रक्षक हमेशा बने रहेंगे, और जागरूक रहेंगे।'

शिवनाथ मितनी-हर्पीमें पहुँचकर अवसरकी प्रतीक्षामें रहे, उन्होंने एक बार ऐसा अवसर पाया भी किन्तु उसमें उन्हें सिर्फ गोबरैला-मूर्त्ति मिल सकी, समाधिके अन्दर जानेका उन्हें अवसर न मिला। यह बात अनुमानसे मिलती है। आगे शिवनाथने अपनी जान लेकर भागने की बात लिखी थी। उनके पीछे दुश्मन पड़ गये, और वह उपविष्ट लेखकोंके मार्ग द्वारा भागे। यह पढ़ते वक्त मेरा ध्यान उस व्यक्तिकी भयंकर हत्या और उसके टोटके की ओर चला गया। जान पड़ा जैसे मेरे हृदयपर लाखों मनका पत्थर पटक दिया गया।

'मागध' की पुरानी प्रतिमें इस साक्ष्य-शृंखलाकी एक लुप्त कड़ीको पूरा कर दिया। मैंने उसे पढ़ते वक्त सब कुछ रहते हुए भी इस

बातको मानने से इन्कार किया था, क्योंकि मेरी समझसे प्राचीन मिश्री भाषा और धर्मका नामलेवा अब पृथ्वीपर कोई है ही नहीं। किन्तु अब समझमें आने लगा कि सेराफिस के पुजारियोंने, गोबरैला मूर्त्ति-वाली समाधिके बीजकके चोरी हो जाने पर, शिवनाथका पीछा किया, और वह पीछा करते हुए, उस बालुका-वेष्टित अज्ञात भूमिसे, भागीरथीके तटपर पहुँच गये, और अन्तमें उन्होंने अपने प्राचीन विधि-विधानके साथ, शिवनाथको उनके घरपर, दानापुरमें मार ही कर छोड़ा।

जितना ही मैं इस बातपर अधिक विचारने लगा, उतना ही मैं अधिक इसकी सत्यताको माननेके लिये बाध्य होने लगा। शिवनाथ को पता लग गया था, कि उनके शत्रु यहाँ भी पीछे पड़े हैं, इसीलिये उन्होंने उस व्याकुलताके साथ दानापुरसे नालन्दा आकर, म्यूजियम (संग्राहालय) में रामेश्वरके हाथमें गोबरैला मूर्त्ति को फेंक दिया। मिश्रियोंने गोबरैले के लिये उनका सारा घर छान मारा, किन्तु उन्हें सफलता न हुई। तथापि इससे एक बात स्पष्ट हो रही थी, कि सेरा-फिसके पुजारी कितने विकट हैं, जो समुद्र-तट से हजारों कोस दूर, दुर्गम मरुभूमिसे वेष्टित अपने नगरको छोड़कर इतनी दूर भारतमें आये; और फिर दानापुर और शिवनाथके घरका पता लगाकर, उनके अकेला होनेकी प्रतीक्षामें कितने ही दिनोंतक बैठे रहे। गोबरैला-मूर्त्ति सेराफिसकी कब्रकी कुञ्जी थी, यदि वह खो गई, तो समाधि सर्वदाके लिये बन्द हो गई समझो।

अपने जीवनभरमें यह पहिला समय था, जब कि मेरे नस-नस का रक्त उबलने लगा। मैंने दीवारमें, सामने टँगे हुए शीशेमें अपने चेहरे को देखा। मेरा मुँह लाल हो गया था, आँखें चमकने लगी थीं, और मुझे जान पड़ा, कि मेरे हाथ काँप रहे हैं।

धनदास उस समय मेरे चित्तसे विस्मृत हो गये थे, यद्यपि वह मेरे सन्मुख बैठे हुए अपनी तीक्ष्ण दृष्टि मेरे चेहरेपर डाल रहे थे। अब मैं

गोबरैला मूर्त्तिकी बात भी भूल गया था। मेरे दिलमें सिर्फ एक बात थी—अफ्रीकाके वक्षस्थलमें, थेबिस, साइस और मेम्फिस के समान एक नगर है, जिसे आधुनिक सभ्य जगत्ने अब तक न जान पाया। अपने ज्ञान और अध्ययनके सारे संस्कार बारी-बारीसे एक बार मेरे सामने आने लगे। उस समय मेरे मनमें मेरे सामने भितनी-हर्पींकी एक मूर्त्ति खींच-कर प्रदर्शित की। वह मूर्त्ति प्राचीन थेबिससे बहुत मिलती-जुलती थी, उसकी संकरी भीड़ लगी गलियाँ, बनारसकी कचौड़ी गलीका स्मरण दिलाती थीं, वहाँ व्यापारी सौदागर बैठे खरीद-परोख्त करते थे। वहाँ करवाँ, भारतके चन्दन, इलायची, मसाले, ओफिरके सोने, एलमके बहुमूल्य रत्न, ईरान के मद्य-कुतुप लिये हुए पहुँचते थे।

अक्सर, अपने एकान्त अध्ययनागार, या महान् संग्रहालयकी नीरव-तामें मुझे शहनाईकी पीं-पीं, ढोलकी गड़गड़ाहट, हजारों पैरोंके एक साथ चलनेकी आवाज सुनाई देती। मैं देखता—नगरका द्वार खुल गया, और फरऊनकी सेना युद्ध करनेके लिये निकल पड़ी। प्रथम रथ, धनुष और ढालवाले रथी, लोगोंको नीचताकी दृष्टिसे देखते चल रहे हैं। उनके घोड़ोंकी खुरसे उठी हुई श्वेत धूली आकाशमें मेघकी भाँति प्रसरित हो रही है। काफिर पदाति-सेना कसी हुई बंडी पहने ऐसी चालसे चल रही है, जो आधी चलने-सी और आधी दौड़ने-सी मालूम होती है। उनके हाथमें धनुष-बाण, फरसा, या गदा है।

एक घोर नाद और फिर फरऊनके शरीररक्षक दर्वाजासे बाहर निकले, इनमें अफ्रीकाकी वीर जातियोंसे चुनकर भरती किये वीर हैं। नीलप्रान्तवर्ती लोग इनके कन्धे ही तक पहुँचते हैं। इन स्थूल ओष्ठ-धारी दढ़ियल, विस्तृतवक्ष, वृष-स्कन्ध वीरोंके लिये, युद्ध खेल और लूट विजय सम्पत्ति है। इनकी दुधारी तलवार सूर्यके प्रकाशमें बिजलीकी भाँति चमकती है। इनकी लम्बी तंग बंडियोंपर श्वेत और कृष्ण रेखायें हैं। वह बाकायदा जोड़ा पंक्तियोंमें एक साथ कदम उठाते हुए

चल रहे हैं। इनके नामसे असुरदेशके पर्वतोंसे लेकर इथ्योपिकाकी मरुभूमि तकके लोग काँपने लगते हैं।

तब रथारूढ़ महारथी निकलते हैं। इनके साथ उनका झण्डाबर्दार और अफसर-समूह है। अन्तमें, चमकते हुए कवचमें नख-शिख ढूबा स्वयं फरऊन चलता है। हवासे उसका लम्बा चोगा पीछेकी ओर उड़ रहा है। वह स्वयं अपने क्षीरश्वेत वायु-गति घोड़ों को चला रहा है। वह तलवार, भाला और धनुषसे सुसज्जित है। घोड़ोंका सुन्दर मुख एक सुनहरी लगाम द्वारा इस प्रकार पीछेकी ओर खिंचा हुआ है, कि वह अपने शुतरमुर्गके परोंके मुकुटको छू सकता है। उनकी पीठपर जरीका जीनपोश पड़ा हुआ है। रथकी बगलमें एक पालतू सिंह अपनी लाल जीभको मुँहसे बाहर लपलपाते हुए, कुत्तेकी भाँति चल रहा है। चाहे वह रामेसस है या सेती, वह हमेशा फरऊन, ओसरिस देवताकी सन्तान और चक्रवर्ती है।

अब सेनाका अवशिष्ट भाग निकलता है। यह मरुभूमि के जंगली आदमी, राजभक्त बद्दू हैं, जो शताब्दियोंसे बचे चले आये हैं। फिर वेतनभोगी यवन और अन्तमें भालेबर्दार सवार हैं। यह सभी या तो किसी दुष्ट खिताको सर करने जा रहे हैं, या सुदूरवर्त्ती सिरियाकी मरुभूमिमें रामेससका प्रकांड पाषाण-स्तम्भ उठाने जा रहे हैं।

अपनी जवानीके समय हीसे मैं ऐसे मानसिक चित्रोंको चित्रित किया करता था। मैंने अपने एकान्त और अध्ययनमय जीवनके अनेक बड़े-बड़े घंटे, इन्हीं विचित्र विगत लोगोंके बीचमें बिताये हैं। मैंने होरसके मन्दिरमें पूजा की है। मैंने पुजारियों द्वारा जलाई गई सुगंधित धूपके धूएँसे मन्दिर को भरा देखा है। उसी समय नीलकी रानी इसिस (जो पहिले अस्तर्ते और इस्तर थी, और इसी पवित्र देवीकी यवन लोग पूजा करते थे) के स्तुतिगानसे सारा मन्दिर प्रतिध्वनित होने लगता।

राजाओंकी मृत्युपर दीर्घ केशधारी शोक प्रकाशकोंके विलापको मैंने सुना है। मैंने अपने विचारद्वारा उस नावपर भी यात्रा की है, जो

पवित्र नदीको पार कराकर, ओसिरिसके राज्य, निरय लोकमें पहुँचाती हैं। मैंने वहाँ जाकर उस पवित्र वृक्षको भी देखा है, जिसकी छायामें मनुष्योंका हृदय तौला जाता है: और फिर सत्यकी देवी उन्हें पापसे रहित उद्घोषित करती है।

यह थे, मेरे स्वप्नके भिन्न-भिन्न दृश्य। मैंने अपना जीवन विगत लोगोंमें बिताया है। मैंने उनके दुःख-सुख, उनकी आशा-निराशा, सबमें उनका साथ दिया है। मैंने उनके शिल्प-कौशल और कला-चातुर्यको जाना है। मैंने उनके विजयों और सफलताओंका आनन्द लूटा है। मैंने दुष्काल विषूचिका और मृत्युके समयोंकी उनकी विपत्तियोंमें आँसू बहाया है।,

और अब, जान पड़ता है किसी दैवी चमत्कारके द्वारा, यह मेरे अख्तियारमें है, कि मैं इन्हीं आँखोंसे उन्हें देखूं, इन्हीं कानोंसे उनके संगीत और स्तुतिपाठको सुनूं।

नीलका इतिहास मेरे सन्मुख मूर्त्तिमान् हो दिखाई दे रहा था। अकस्मात् मुझे ख्याल हो आया। धनदास मेरे सामने हैं। उन्होंने मेरे कन्धेपर हाथ रक्खा है।

मैंने पागलकी भाँति चिल्लाकर कहा—"मैं तुम्हारे साथ चलूँगा, मैं तुम्हारे साथ नीलके प्राचीन उद्गम स्थानपर चलनेके लिये तय्यार हूँ।"

यह मेरे जीवनका एक उतावला अविचारपूर्ण निश्चय था। समय आया, जब कि मैंने अपनी इस मूर्खता और अन्धे जोशपर बहुत पश्चात्ताप किया।

—४—

'कमल'के कमान धीरेन्द्रनाथ, और बीजककी चोरी

धनदास और मैं, उस सारे दिन तक इसी बातमें लगे रहे। यही नहीं, बल्कि एक पक्ष तक हम दोनों बराबर बहुत-सा समय एक साथ

बिताते थे। मैंने शिवनाथके नोटोंको अच्छी तरह पढ़ा, और जितना ही मैं पढ़ता जाता था, मेरा यह विचार दृढ़ होता जाता था, कि मै संसारमें एक अद्वितीय आविष्कार करने जा रहा हूँ। हमने नीलके ऊपरवाले देश और वहाँके जंगली निवासियोंके सम्बन्धके बहुतसे भौगोलिक ग्रन्थ एकत्रित किये। हमने यात्रोपयोगी हथियार तथा अन्य सामान भी जमा किये।

धनदासने अपने मुकदमों और मुवक्किलोंका दूसरोंके साथ सम्बन्ध कराकर अपना पिंड छुड़ाया। मैंने अपना ऐसा प्रबन्ध कर लिया, जिसमें मैं एक वर्षके लिये अपने कार्यसे मुक्त रहूँ। मैंने अपना सारा भार प्रोफेसर जोगीन्द्रके ऊपर दे दिया, जिन्हें आप लोग शायद जानते होंगे। चूँकि अपनी यात्राके हम दो ही साथी थे, अतः कामकी आसानी के लिये हमने अपने कर्त्तव्य बाँट लिये। धनदासका यात्रा-विषयक अन्य सारी ही बातोंसे संबंध था। अर्थात् सामग्रीका संग्रह, पथ-प्रदर्शक, नौकर, ढोनेवाले जानवर आदिका प्रबन्ध करना; और प्रत्येक बात जिसका संबंध विज्ञानसे था, मेरे जिम्मे थी। औषधि-पेटिका, दिग्दर्शकयंत्र, षष्ठांश-यन्त्र, सभी चीजोंको, मैंने यात्रोपयोगी समझ ले लिया था। प्राचीन-मिश्र-सम्बंधी कोई बात, चित्रलिपिका अनुवाद, यह भी मेरे जिम्मे था।

यह स्मरण रखना चाहिये, कि यद्यपि हम दोनोंकी यात्रा एक थी, किन्तु दोनोंका अभिप्राय भिन्न-भिन्न था। धनदास केवल खजानेपर हाथ मारना चाहते थे, इसके अतिरिक्त उनके दिलमें और कोई ख्याल न था। वह ऐसा क्यों चाहते थे, यह मैं नहीं जानता। वह ऐसे भी अच्छे मालदार आदमी थे। और मेरे लिये यह यात्रा अपने आराध्य-देवकी तीर्थयात्रा अथवा वैज्ञानिक आविष्कार एवं अन्वेषणके ख्यालसे थी। मेरे दिलमें यह पक्का हो गया था, कि यदि मैं इसका ठीक पता लगानेमें समर्थ हुआ तो यह काम, प्रिन्सप् अशोककी ब्राह्मीलिपिके

प्रकाश, और रोलिन्सनके दाराकी शरलिपिके विकाससे कहीं बढ़कर होगा। सारे पुरातत्त्व-जगत्‌में यह काम अद्वितीय होगा।

मुझे वह दिन कभी न भूलेगा, जिस दिन मैंने नालन्दा छोड़ा। यद्यपि हमें मालूम था, कि हमारा जहाज 'कमल' अभी चार दिन बाद बम्बईसे खुलेगा, किन्तु बम्बईमें कुछ और चीजोंका भी संग्रह करना था, अतः दो-तीन दिन वहाँ पहिले ही पहुँचना हमने अच्छा समझा। नालन्दासे बिहार, बख्तियारपुर होते मैं बाँकीपुर आया, यहाँ धनदासजी भी स्टेशन ही पर मिले। हमने अपना सारा सामान पहिले ही जहाजके लिये रेलवे द्वारा बुक करा दिया था। इरादा यह था, कि मुगलसरायमें बम्बई मेल पकड़ा जाय। हम दूसरे दिन ठीक चार बजे विक्टोरिया-टर्मिनसपर उतरे। वहाँ से मोटर करके सीधे सबॉर-होटलमें पहुँचे। यह दो दिनका पहिले आना हमारे लिये बहुत अच्छा हुआ। हम और कामोंके साथ, अपने परिचित महाशय चेलाराम ठड्डानी—एक सिन्धी महाजनसे भी मिले। इनकी काहिरामें कोठी है; और इन्हींके द्वारा पथ-प्रदर्शकों, कुलियों और समान ले चलनेवालोंका प्रबन्ध किया गया। चेलारामजीने बतलाया, कि हमारे गुमाश्ताका कल ही तार आया है। उन्होंने लिखा है—सब प्रबन्ध ठीक है, नाव द्वारा यात्रा करनी होगी।

'कमल'के खुलनेके दिन, हम बोरीबन्दर पहुँचे, जहाजके खुलनेमें एक घंटेकी देरी थी। हमें स्वेज तक 'कमल'पर यात्रा करनी थी, और वहाँसे रेल द्वारा काहिरा। जहाज रास्तेमें सिर्फ अदनमें खड़ा होनेवाला था। हमें वहाँ पहुँचनेपर मालूम हुआ, कि सब सामान ठीकसे पहुँच गया है। धनदास तो अपने कमरेमें चले गये, किन्तु मैं थोड़ी देर तक डेकपर ही टहलता रहा।

मैं टहलता हुआ जहाजके माँगेकी ओर गया। मैंने वहाँसे लहरें मारते हुए नीले अरब-समुद्रको देखा। सामने कितनी ही दूर तक जाकर समुद्र और आकाशकी नीलिमा मिल गई थी। सचमुच दोनोंका

अलग-अलग पहिचानना मुश्किल हो जाता, यदि समुद्रका तरंगित तल अपना परिचय न देता। जिस समय मैं उधरसे लौटा, तो मुझे पहिले-पहिल कप्तान धीरेन्द्रनाथ दिखाई पड़े। वह बहुत हट्टे-कट्टे मझोले कदके आदमी थे। उनका चेहरा बहुत भरा और गोल, रंग गेहुँवा और ठोडीपर बकरेकी भाँति थोड़ी-सी छोटी-छोटी दाढ़ी थी। यद्यपि दिन सर्दीका था, तो भी उन्होंने गर्म कोट न पहना था, सिर्फ एक कमीज और हाफपैंट और सिर नंगा था।

उनके मुँहमें बीड़ी लगी हुई थी, जिससे धुआँ निकल रहा था, और जब वह मेरे पास आये, तो उसके मेरी नाकमें लगनेसे मेरी तबियत बुरी हो गई। सामने आते ही उन्होंने कहा—

'वन्देमातरम् !'

मैं—'वन्देमातरम्'।

धीरेन्द्र—'मिश्रको ?'

मैं—'हाँ, मैं और मेरे दोस्त स्वेजको जा रहे हैं !'

धीरेन्द्र—'आप, मैं समझता हूँ, प्रोफेसर विद्यावत हैं ?'

मैं मनमें बहुत प्रसन्न हुआ, कि कप्तान महाशय मुझे जानते हैं। मैं कितनी ही देरतक इसके बाद, डेक हीपर कप्तानसे बातचीत करता रहा। मैंने उस समय उन्हें बहुत ही नम्र और कोमल प्रकृतिका साधारण आदमी समझा। उन्होंने कहा—आप 'कमल'पर बहुत आनन्द-पूर्वक रहेंगे, और जो कोई मेरे योग्य सेवा हो, उसे सूचित करेंगे। उसके बाद उन्होंने अपनी एक कठिनाई बयान की। अन्तिम समयमें दो यात्रियोंने हस्ताक्षर किया है। जिनकी जातिका पता लगाना मुश्किल है।

उन्होंने दोनों आदमियोंकी ओर, जो कि डेकके दूसरे किनारेके कटहरेपर झुककर दूसरी ओर देख रहे थे, इशारा करके कहा—'देखिये वह हैं।' मैंने उनमेंसे बूढ़ेके गालपर एक पूरा लम्बा-सा पुरानी घावका चिन्ह देखा।

कप्तान धीरेन्द्र—'मैंने पृथ्वी भरकी परिक्रमा की है, प्रोफेसर साहब, और संसारकी बहुत-सी जातियोंको जानता हूँ : कोरियन, पटगोनियन, अंडमन द्वीपवाले, बड़े-बड़े रोमवाले एइनू—जिस जातिको बहुत कम लोग जानते हैं। किन्तु मैंने कभी भी इन पट्टोंकेसे आदमी न देखे। यदि इनका चमड़ा पक्के रंगका और बाल सीधे लम्बे-लम्बे न होते, तो मैं इन्हें अबीसीनिया का समझता।'

मैं—'इनके दाँत अबीसीनिया वालोंकेसे दुधिया नहीं हैं?'

धीरेन्द्र—'और न शरीर ही।'

मेरे दिलमें कुछ सिहराहट-सी मालूम होने लगी। उस समय मुझे शिवनाथ जौहरीकी हत्या याद आने लगी।

मैं—'यदि चित्रलिपियोंके साथवाली आकृतियोंपर विश्वास किया जाय, तो इनका आकार-प्रकार, प्राचीन मिश्रनिवासियोंसे बहुत मिलता-जुलता है।'

कप्तानने एक बार अपनी छोटी दाढ़ीपर अपना हाथ रक्खा, और फिर इस विषयको वहीं छोड़ दिया। फिर वह वहाँसे तटसे जहाजपर अभी आये पोतवाहककी ओर चले गये।

थोड़ी देर बाद हमारा जहाज खुल गया। मैंने एक बार तट भूमिकी ओर देखकर वन्देमातरम् किया और फिर वहाँसे अपने कमरेमें जा बैठा। मुझे यात्राके पहिले तीन दिन न भूलेंगे; हवा बड़े जोरसे गुर्रा रही थी। तरंगोंपर जहाज बोतलके कागकी भाँति कभी इधर और कभी उधर उछल रहा था। पछुआँ हवा चल रही थी। वह बिल्कुल हमारे विरुद्ध थी। कितनी ही बार लहरें माँगेके ऊपर आती जान पड़ती थीं। 'कमल' एक मालका जहाज था, जिसपर हमी दो आदमी प्रथम दर्जेके यात्री थे। उसमें यात्रियोंके लिये चार कमरे थे। धनदासने 'कमल' द्वारा यात्रा करनी इसलिये पसन्द की, कि जिससे बहुतसे यात्रियोंकी पूछा-पेखीमें न पड़ें।

मैं नहीं समझता, उन तीनों दिनोंमें जहाज कभी भी आठ मील घंटेसे अधिक चला होगा। फिर हवा मन्द हो गई। समुद्र अब शान्त दिखलाई पड़ने लगा। हमारे पीछे-पीछे बहुतसे समुद्री पक्षी उड़ रहे थे। कभी-कभी उनमेंसे कितने ही मस्तूलोंपर बैठ जाते थे। प्रतिदिन हमें मछलियोंका झुण्ड अपने आस-पास दिखाई देता था।

पहिले तीनों दिन धनदासकी अवस्था बुरी थी। उन्हें कई बार कै हुई। शिरमें बड़े जोरसे चक्कर आता था। वह प्रायः बराबर अपनी पलंगपर लेटे रहते थे। किन्तु जिस समय हम अदन पहुँचे, धनदास बिल्कुल अच्छे हो गये थे। हम दोनों चार घंटेके लिये अदन शहरकी सैरको गये। यद्यपि मुझे यह सैर पसन्द थी, किन्तु धनदासको कोई भी चीज पसन्द न थी; जान पड़ता था, वह गला दबाये मेरे साथ जहाजसे आये थे।

जहाज अदनसे रवाना हो गया। हम दोनों और कप्तान धीरेन्द्र प्रति सायंकालको डेकपर बैठ तरह-तरहकी बात करते रहते थे। उस समय हमारे पैरोंके नीचे इंजन सनसनाता रहता था।

शिवनाथकी नोटबुकें, पेपरस, नकशा और गोबरैला-बीजक मैंने एक लोहेके ट्रङ्कमें रखकर अपनी चारपाईके नीचे रखा था। ट्रङ्ककी चाभी, मैं बराबर अपनी घड़ीके चेनमें लगाये रखता था। और सोनेके समय उसे तकियाके नीचे रख लेता था। यह चाभी दोहरी थी, जिसमेंसे एक धनदासके पास रहती थी। हमने यात्राका अभिप्राय कप्तान धीरेन्द्रके सामने कभी न प्रकट किया था।

जिस दिन हम स्वेज पहुँचनेवाले थे, उसी रातको वज्रपात हुआ। मैं रातको सबेरे ही चारपाईपर चला गया था, कि जिसमें सुबह जल्दी तैयार हो जाऊँ। हम सबेरे ६ बजे बन्दरपर पहुँचनेवाले थे, और वहाँसे अब हमें 'कमल'से बिदा होकर रेल द्वारा सफर करना था।

प्रायः आधी रातका समय होगा, जब कि मैं यकायक जग पड़ा। मैं नहीं कह सकता ऐसा क्यों हुआ। मैं अपनी चारपाईपर बैठ गया,

और मैंने कान लगाकर सुनना शुरू किया, किन्तु किसी प्रकारका शब्द वहाँ न था। मुझे जान पड़ा, कि डरनेकी कोई बात नहीं। उसी समय मैंने तकियाके नीचे हाथ डाला। मैं एकदम फक-सा हो गया, जब कि मैंने देखा कि वहाँ घड़ी और चाभी दोनों नहीं हैं।

मैं तुरन्त चारपाईसे उतरकर खड़ा हो गया, और झट दियासलाई जलाकर मैंने चिराग रोशन किया। उन दिनों 'कमल'की श्रेणीके जहाजोंपर बिजलीकी रोशनी न थी। हाथों और पैरोंके बल होकर तुरन्त मैंने चारपाईके नीचेसे ट्रंकको बाहर खींचा, और वहाँ तालामें कुञ्जी लगी हुई मिली। जब मैंने उसे खोला, तो गोब्रैला-बीजक वहाँ न था।

—५—

कप्तान धीरेन्द्र और महाशय चाङ्से घनिष्ठता

मैं उसी वक्त वहाँसे धनदासकी कोठरीमें गया, वह उस समय गाढ़ निद्रामें थे कमरेमें लालटेन जल रही थी, और मुझे याद है, कि उनके जागनेसे पूर्व थोड़ी देरतक मैं उनकी ओर निहारता रहा। मैं सोते वक्त उस पुरुषके असाधारण शरीर-संगठनको देखकर बड़ा आश्चर्यान्वित हुआ। उनके आकारसे महाप्राणता और बल प्रकट हो रहे थे, किन्तु बन्द आँखोंके कारण वह एक शवसे जान पड़ते थे। उनका रंग अजब बेढंगा-सा तथा खूबसूरत दिखाई देता था; और उनके लम्बे-पतले हाथ पेटपर पड़े हुए थे।

तथापि जिस वक्त मैंने उन्हें जगाया और सारी घटना कह सुनाई, वह एक क्रोधपूर्ण जानवर-से ही उठे, और एक बार मेघकी भाँति गर्ज उठे। वह गर्ज अवश्य जहाजके एक सिरेसे दूसरे सिरे तक सुनाई दी होगी। मैंने बहुतेरा उन्हें शान्त रखना चाहा, और ठंढे दिलसे इसपर

विचार करने को कहा; किन्तु उन्होंने एक न सुनी, जब तक कि कपड़े पहिनकर वह डेकपर न निकल आयें, वह वैसे ही रहे।

इस समय दो बजनेका समय था। सामनेकी ओरसे ठंडी हवा धीरे-धीरे आ रही थी, जो मेरे शरीरमें विशेषकर त्राणकी भाँति लग रही थी, क्योंकि मैं पूरा कपड़ा पहिने हुए न था। आकाशमें सहस्रों तारे बड़ी सुन्दरतासे चमक रहे थे।

दो घंटे तक डेकपर इधरसे उधर टहलते हुए हम दोनों इस घटनापर बहस करते रहे। हमें यह पूरा निश्चय था, कि चोर अभी जहाज हीपर है, और मैंने यह भी उन्हें बतला दिया, कि मेरा सन्देह उन दो आदमियोंपर है, जो कि आकार-प्रकारसे प्राचीन मिश्रियोंसे मिलते थे।

हमने निश्चय किया, कि सभी पोतारोहियोंकी तलाशी होनी चाहिये, किन्तु इसका तब तक होना असम्भव था, जब तक कि कप्तानसे अपना सारा भेद न कह सुनाया जाय। मैं ऐसा करनेके लिये उत्सुक था, क्योंकि धीरेन्द्र अब तक मेरे पूर्ण विश्वासपात्र बन चुके थे। किन्तु धनदास किसी प्रकार भी अपने रहस्यको दूसरोंपर प्रकट करना न चाहते थे; किन्तु क्या करें, यहाँ मजबूरी थी, बिना वैसा किये सारा किया कराया मिट्टी होने लगा था।

चार बजेके वक्त कप्तान अन्तिम पहरेका भार लेनेके लिये डेकपर आये और उन्हें बड़ा आश्चर्य हुआ, जब उन्होंने मुझे और जौहरीको उस वक्त वहाँ देखा। इसने हमें अपेक्षित अवसर भी दे दिया। हमने उन्हें बतलाया कि जहाजमें चोरी हो गई है। धीरेन्द्र जहाजका रास्ता देखनेके लिये पुलपर गये, और वहाँसे अपने केबिन (बैठक) में आये। मुझे बड़ा बुरा लगा, जब कि फिर देखा, इतनी रातको भी उन्होंने वही बीड़ी पाकेटसे निकाली।

हमने अपनी सारी कथा आद्योपान्त, बिना कमी-बेशीके कह सुनाई। धीरेन्द्र बड़े ध्यानसे उसे सुन रहे थे, और बीच-बीचमें धूएँकी

फकसे मेरी पेशानीपर बल डालते, अथवा आश्चर्यसे भौंहोंको तानते, और कभी बकरदाढ़ीपर हाथ फेरते भी जा रहे थे।

सारी कथा समाप्त हो जानेपर उन्होंने कहा—'अपने जीवनमें बहुत-बहुत अद्भुत वस्तु मैंने देखी हैं, किन्तु यदि कथा सच है, तो इसने सबकी चोटीपर लात दिया है। मैं यह नहीं कहता, कि यह असम्भव है। मैंने स्वयं ऐसी-ऐसी विचित्र घटनाओं और वस्तुओंको अपनी आँखोंसे देखा है, कि जिसे सुनकर बहुत आदमी असम्भव कह सकते हैं। सब तरहसे मैं आपकी मददके लिये तैयार हूँ। चौथी घंटीके समय सारे आदमी एकत्रित कर दिये जायँगे, और फिर एक-एक आदमीकी तलाशी ली जायगी।'

अब हम स्वेजके पूर्वी किनारेपर थे, और दूरसे स्वेज शहरके मकान दिखलाई पड़ते थे। इसी समय धीरेन्द्रने पोतारोहियोंको डेकपर खड़ा किया, प्रत्येक आदमीकी अच्छी तरह तलाशी ली गई, सबके बक्स, थैले और बिस्तरे खोलकर उलटे-पलटे गये। जहाजके सभी भृत्यों, खलासी, मल्लाह, मेट, बावर्ची—से जिरह की गई, यहाँ धनदास-की वकीलीने बड़ा काम किया। किन्तु बीजकके विषयमें कोई सूचना न मिली। दोनों मिश्रियोंने पूछनेपर स्वीकार किया कि हम नीलके ऊपरी भागके रहनेवाले हैं, किन्तु वह बहुत थोड़ी हिन्दी जानते थे, इसलिये कोई अधिक सूचना उनसे न मिल सकी।

अब हम स्वेजके बन्दरगाहपर पहुँच गये, और जहाजका लंगर गिरा दिया गया। किन्तु जब अभी हमारा जहाज खड़ा न हुआ था, तभी हमें पता लगा, कि दोनों मिश्री गायब हैं। किसीने भी उन्हें जहाज छोड़ते न देखा। हमलोग जेटीसे बहुत दूर न थे, इसलिये यदि वह तैरकर जाते तो अवश्य दिखाई देते। यह अधिक सम्भव है, कि वह उन नावोंमें चढ़कर निकल गये, जो हमारे आस-पास दौड़ रही थीं।

कप्तान धीरेन्द्रका सन्देह अब बहुत कुछ हट गया; अब तक वह हमारी भितनी-हर्पीकी बातको बहुत सन्देहकी दृष्टिसे देखते थे। इस विषयमें अब वह भी हमारी ही भाँति उत्सुक थे। उन्होंने हमें क्या करना चाहिये, इसकी सलाह दी, और यह भी कहा, कि मुझसे जो कुछ हो सकता है, सहायता देनेके लिये तैयार हूँ। उन्होंने कभी यह नहीं कहा, कि हमें बीजक फिर मिल जायगा। अनेक बार उन्होंने कहा, कि मैं आपके साथ सेराफिसकी कब्रपर चलूँगा।

आठ बजे वह हमारे साथ तटपर आये, और हमलोग उनके साथ उनकी कम्पनीके एजेण्टके आफिसमें गये। एजेण्ट एक बहुत मोटा आदमी था। उसकी आकृति इटालियनोंकी-सी थी। उसने खुलकर मुझसे और धनदाससे हाथ मिलाया। उसने कप्तान धीरेन्द्रसे बतलाया, कि आपकी कम्पनीके एक दूसरे जहाज़ 'श्रावस्थी' के कोई कप्तान ब्रजराज यहाँपर हैं। कप्तान ब्रजराज बड़ी भयानक मलेरियाकी बीमारीमें पड़ गये थे, इसलिये यहाँ किनारेपर उतर गये थे। कई मासकी चिकित्साके बाद वह अब अच्छे हो गये हैं, और अपने कामपर जाना चाहते हैं, किन्तु मेरे पास कम्पनी की कोई हिदायत इस विषयमें नहीं आई है। धीरेन्द्र इसपर कुछ न बोले। उन्होंने सिर्फ शिर हिला दिया। जैसे ही हम लोग आफिससे बाहर हुए, धीरेन्द्र हम दोनोंका हाथ पकड़े पासके एक मामूली कहवाखानेकी ओर चल पड़े।

कप्तान—'हमें एकान्तमें इस विषयपर पूरी बातचीत करनी है, जिसमें तीसरेका कान न सुनने पाये। यहाँ बिल्कुल एकान्त है।' तब उन्होंने कुछ कहवा लानेके लिये फर्माइश की। मेजपर एक हाथका आश्रय लेते हुए उन्होंने धीमें स्वरमें कहना शुरू किया।

'प्रोफेसर महाशय, मैं तनमनसे इस काममें योग देनेके लिये तैयार हूँ। आपको जानना चाहिये, कि यद्यपि मेरा काम समुद्रसे ही संबंध रखता है, तो भी यह न समझें कि मैंने स्थलकी यात्रा कम की है। मैंने तिब्बत, मंगोलिया और अफ्रीकाके भीतर भी बहुत दूर तक यात्रा

की है। मुझे जितना समुद्री यात्रामें आनन्द आता है, स्थल-यात्रामें उससे कम नहीं आता; और खासकर यात्राकी आपत्तियाँ ही मेरे लिये अधिक चित्ताकर्षक होती हैं। मैं निराशावादी नहीं हूँ, तथापि यह अवश्य कहूँगा, कि आप इस समय बड़ी कठिन अवस्थामें पड़े हैं। आपके हाथमें पुरातत्त्वकी एक दुर्लभ वस्तु है या थी, और आप खूब वाकिफ हैं, कि उसीके लिये महाशय शिवनाथ जौहरीके प्राण गये। मालूम होता है, किसी प्रकार आपका रहस्य खुल गया। मेरे जहाजपर भी आप लोगोंका पीछा किया गया, और गोबरैला बीजक चोरी चला गया। आपके सन्मुख हजारों कोसकी यात्रा है। अंगुल-अंगुलपर आपका पीछा किया जायगा, और बहुत कुछ सम्भव है, रास्तेमें आपके प्राण लेनेका उद्योग किया जाये।'

मुझे अब यह सारी बातें साफ नजर आने लगीं। यद्यपि रात बारह बजे हीसे मुझे सोचने का बहुत कम अवसर मिला था, तथापि मैं अपने इस मूर्खतापूर्ण प्रस्थानपर बहुत पछताया था। मैं अपनी किस्मत ठोंक रहा था—नालन्दा-विद्यालय और संग्रहालयका प्रोफेसर और क्युरेटर होकर, आज यह तकदीर ही है, जिसने धक्का देकर इस रद्दी कहवाखानेमें पहुँचाया है, और आगे क्या-क्या देखना है सो अलग! मैं धनदासपर हरगिज भरोसा नहीं कर सकता था। उन्हें खजानेका लोभ चाहे मरनेपर भी तय्यार कर दे, किन्तु संकटके समय कुछ सोचना या अकलसे काम लेना उनसे कोसों दूर था। ऐसे समय कप्तान धीरेन्द्रकी सलाह मैं खुशी से सुननेके लिये तय्यार था।

धीरेन्द्र—'इस काममें मुझे बड़ी दिलचस्पी है। मैं भी इसे देखना चाहता हूँ। आपकी आज्ञा यदि हो, तो मैं भी साथ चलनेके लिये तैयार हूँ। मेरे दिलमें आता है, मैं आपकी कुछ सहायता कर सकूँगा।'

मुझे बड़ा अचरज हुआ, जब कि धनदासकी राय मैंने इसके विरुद्ध पाई। हाय रे स्वार्थान्धता! हाय रे मूर्खता! उन्होंने बताया कि

कप्तानने खतरेको बढ़ा-चढ़ाकर कहा है। कोई कारण नहीं, क्यों एक और तीसरे आदमीको अपना साथी बनाया जाय।

तो भी यह एक ऐसा समय था जब कि मैंने अपने दिलमें ठान लिया, और उसपर दृढ़तासे जम गया। मैंने कप्तान धीरेन्द्रको साथ चलनेके लिये जोर दिया, और यह भी कहा कि उनका सब खर्च मैं अपने पाससे दूँगा। मैं बल्कि यहाँ तक बढ़ गया, कि यदि धीरेन्द्र नहीं चलते हैं, तो यह लो, मैं अब भारत लौटता हूँ।

अन्तमें धनदासको मेरी बात माननी पड़ी। यद्यपि बहुत कुछ हीला-हुज्जत, आगा-पीछा करनेके बाद। उसी कहवाखानेमें बैठे-बैठे हम-लोग सारे मार्गके संकटोंमें एक दूसरेका साथ देनेके लिये प्रतिज्ञाबद्ध हुए। अब यह देखना है, कि धनदासने कहाँ तक अपनी प्रतिज्ञा पूरी की।

धीरेन्द्र एजेण्टके पास गये। वहाँसे उन्होंने अपनी कम्पनीके पास तार दिया, कि कुछ अत्यावश्यक कामसे मैं कुछ दिनोंका विश्राम यहीं से लेना चाहता हूँ। कप्तान ब्रजराज यहाँ मौजूद हैं, आपकी आज्ञा हो, तो 'कमल'को उनके हाथमें सौंप दूँ। इसके बाद हमलोग पुलिसके दफ्तरमें गये। वहाँ एक मिश्री पुलिस सुप्रिण्टेण्डेण्टसे हमने मुलाकात की, और इस बातके समझानेका खूब प्रयत्न किया, कि गोबरैला बहुमूल्य पदार्थ था।

रातको हम तीनों आदमियोंने नगरकी प्रधान सड़कपर स्वेज-होटल में भोजन किया। हमलोग इस अवस्थामें जल्दी काहिरा जाना नहीं पसन्द करते थे। हमारी कोशिश थी, बीजकको फिर किसी तरह पानेकी; किन्तु हम तीनोंमेंसे कोई भी इसके लिये कोई उपाय न बता सकता था।

भोजनके कमरेमें मैंने धीरेन्द्रके हाथमें एक अंग्रेजीका पत्र देखा। उसमें एक अंग्रेज लड़केकी चोरी और उसके खोज निकालनेका विवरण था। उस लड़केको किसी चीनीने चुराया था, उसके माता-

पिता, सब तरहसे जब खोजनेमें हार गये, तो उन्हे प्रसिद्ध चीनी जासूस महाशय चाङ्का पता लगा। उन्होने उन्हें यह काम सौंपा, और बड़ी-बड़ी कठिनाइयोंमें असाधारण चतुरता-पूर्वक उन्होंने उसे खोज निकाला।

कप्तान धीरेन्द्रने कहा—'यह है, हमारे कामका आदमी, यदि आज वह किसी प्रकार मिल जाता, और हम उसे अपने कामपर लगा सकते, यद्यपि उसकी फीस बहुत भारी है। मैंने कभी भी इस व्यक्तिको नहीं देखा; किन्तु इसके विषयमें बहुत कुछ पढ़ा है। मैंने सुना है, आज तक एक काममें भी वह असफल नहीं हुआ।'

अब, संयोग देखिये, सचमुच बाज वक्त वह इस तरह आ पड़ता है, कि उसका अर्थ विचित्र मालूम होने लगता है। उसी शामको जब मैं धनदासके आनेकी बाट जोह रहा था, मैंने ऐसे ही, आनेवालोंकी किताब देखनी शुरू की। मुझे खूब स्मरण है कि तीन विचित्र हस्ताक्षरोंको देखकर मेरा चित्त उधर आकृष्ट हुआ।

राजा मोहनलाल—मोटे, पुष्ट और तिर्छे अक्षरोंमें!

बेगम हबीब—स्पष्ट किन्तु बाईं ओर झुके हुए अक्षरोंमें।

ता चाङ्—बगलेकी टाँगकी भाँति बड़े विचित्र अक्षरोंमें।

कैसा विचित्र संयोग! एक ओर बीजककी अद्भुत रीतिसे चोरी और हमारी किंकर्त्तव्यविमूढ़ता, दूसरी ओर धीरेन्द्रका अखबारमें महाशय चाङ्का वर्णन पढ़ना, और इसके बाद ही महाशय चाङ्का उसी दिन उसी जगह उपस्थित होना। जिस समाचार-पत्रको धीरेन्द्र पढ़ रहे थे, वह एक पुरानी प्रति थी। महाशय चाङ् प्रसिद्ध पुरुष थे। जब उन्होंने होटलमें एक कमरा किरायेपर लिया, तो क्लर्कने उनके नामका ख्याल कर लिया, और उसी वक्त उसने पुरानी फाइलोंमें से उस पर्चेको निकाला, जिसमें म० चाङ्का वह वर्णन था। उसने पढ़कर पत्रको चपरासीके हाथमें दिया, और वह उसे भोजन-प्रबन्धकके पास ले गया। उसने भूलसे उसे बैठकखानेकी मेज ही पर रख दिया।

अभी संयोगोंमें इसी प्रकारके कई एक पूर्वापर सम्बन्ध आते हैं, किन्तु तो भी कितने ही कमजोर दिमाग उनमेंसे कितनेको दैवी सिद्ध करनेसे बाज नहीं आते। और यही बात गोबरैला-बीजकके विषयमें भी कही जा सकती है।

मैंने तुरन्त जाकर धीरेन्द्रसे कहा, महाशय चाङ् इसी होटलमें ठहरे हुए हैं। धनदास हम दोनोंकी अपेक्षा और भी अधिक बीजकके पानेके लिये उत्सुक थे। उसी वक्त वहीं यह तै पाया कि हमें महाशय चाङ्से मदद लेनी चाहिये।

हमारा भोजन अभी ही समाप्त हुआ था, कि महान् जासूस स्वयं उसी कमरेमें आ उपस्थित हुआ। हम तीनोंमेंसे किसीने भी महाशय चाङ्को पहिले न देखा था, तथापि हमें पहिचाननेमें कोई दिक्कत न मालूम हुई। अंग्रेजी कोट-पतलून डाटे रहनेपर भी उनका चीनी चेहरा और लम्बी चोटी भूलनेवाली चीजें न थीं। वह यूरोपमें अपना कोई काम करके अब चीनको लौट रहे थे। मुझे वह उतने मोटे न मालूम हुए, जितना कि मैंने सुना था। उनकी चिपटी गोल नाकपर सुनहरी कमानीका चश्मा था। अपने दोनों हाथोंको मिलाये हुए वह कमरेमें टहल रहे थे। मैंने देखा कि उनकी एक अँगुलीमें एक बड़ी हीरेकी अँगूठी है।

धनदासके कथनानुसार, कप्तान धीरेन्द्र जासूसके पास गये और झुककर उन्होंने ऐसी सलामी दागी, कि जिसे देखकर दूसरे समय हँसे बिना जी न मानता।

कप्तानने कहा—'मैं समझता हूँ, महाशय चाङ्! आपका ही नाम है?'

महाशय चाङ्—'हाँ महाशय, किन्तु मुझे सौभाग्य—'

कप्तान—'मुझे लोग कप्तान धीरेन्द्रनाथ कहते हैं।'

चाङ्—'भगवान् गौतमकी जन्मभूमिके ? मेरा अहोभाग्य है।'

यह दो विचित्र साहसी और चतुर पुरुषोंकी मुलाकात थी।

—६—

महाशय चाङ्से निवेदन

धनदासकी इच्छा थी, कि महाशय चाङ्से उतनी ही बातें कही जायँ जितनीको वह स्वयं आवश्यक समझ रहे थे—अर्थात् गोबरैला-बीजक मेरे कमरेसे जहाजपर चुराया गया; और बहुत कुछ निश्चय है, दो मिस्रियों द्वारा जो थोड़ी ही देर बाद जहाज छोड़कर भाग गये। किन्तु हमें मालूम हुआ, कि जासूससे कोई बात छिपा रखना असंभव था। उन्होंने इस प्रकारकी जिरह की, और वह इतना बारीक-बारीक विवरण जानना चाहते थे, कि अन्तमें हम इसी परिणामपर पहुँचे, कि सब कथाका आद्योपान्त कह देना ही अच्छा होगा।

हमने अक्षर-अक्षर शिवनाथकी हत्यासे 'कमल'के स्वेज पहुँचने तककी सारी ही बातें उनसे कह सुनाईं। अब भी जब मैं अपने महा-प्रस्थानके उन आरम्भिक दिनोंका ख्याल करता हूँ, तो मुझे बड़ी प्रसन्नता होती है, कि हमने म० चाङ्से सम्पूर्ण सत्यको कहकर बहुत अच्छा किया। यदि हमने वैसा न किया होता, तो हममेंसे एक भी जीवित न लौट सकता था।

मैंने पहिले ही कहा है, कि मैंने अपने आपको एक भारी खतरेमें पाया। और म० चाङ्के चेहरेसे भी मुझे यही मालूम हुआ। वह स्थितिकी भीषणताको जानकर बड़ी गम्भीरता धारण किये हुए थे। जिस समय हम उनसे बात कर रहे थे, उस समय चाङ् भोजन भी करते जा रहे थे; किन्तु जैसे ही उन्होंने भोजन समाप्त कर पाया वह उठ खड़े हुए, और कहा—'यहाँ एक मिनट भी देरी करना अच्छा नहीं है' उन्होंने हमें होटलमें रहकर प्रतीक्षा करनेके लिये कहा, और स्वयं कुछ पूछ-ताँछ करनेके लिये निकल पड़े।

वह एक तिनकेका टोप पहिने हुए थे। उसके भीतर अब चोटी डाल दी गई थी। वह वहाँसे निकल पड़े। डेढ़ घंटेके बाद वह लौटकर

आये तो उन्होंने हमलोगोंको सिगरेट पीनेके कमरेके एक कोनेमें बुलाया। वहाँ एक छोटी मेजकी चारों ओर हम इस प्रकार बैठ गये, कि हमारे शिर प्रायः एक दूसरेको छूते थे।

चाङ्—'आपको आशा न रखना चाहिये, कि मुझे अभी तक कोई सुराग मिला है। यह अभी दूरकी बात है। अभी मैं बन्दरपर गया था, और मैंने कुछ पूछा-पेखी की। मुझे मालूम हुआ कि प्रायः सात सप्ताहसे एक अरब धो (नाव) बराबर बीच-बीचमें स्वेज बन्दरमें आती रहती है। और कहा जाता है, कि वह रोसेत्तासे आती है, जिसे शायद आप लोग जानते हैं, वह नीलके मुहानेपर है। इतनी दूरसे नावका आना ही शंकास्पद है। नावपरके आदमी भी अरब नहीं हैं, यह दूसरी शककी बात है, और जो कुछ उनके रंग-रूपका पता लगा है, उससे जान पड़ता है, कि वह उन्हीं भागे हुए दोनों मिश्रियोंके सजातीय हैं।

'मान लो, यह मितनी-इर्पा नगर सचमुच विद्यमान है, और जो कुछ आपने मुझसे कहा है, वह बिल्कुल सत्य है। वहाँके लोग बड़े खुशहाल और धनाढ्य हैं; और वह गोबरैला-बीजकके पानेके लिये चाहे जितना भी खर्च हो, करनेसे बाज न आयेंगे, तो मुझे अनुमान होता है, कि धो का सम्बन्ध दोनों भगोड़ोंसे है। जब आप विचार करेंगे तो आपको भी यही युक्ति-युक्त जान पड़ेगी। वह आदमी किसी प्रकार भी जहाजसे निकलकर किनारेपर पहुँच गये। सबसे बढ़कर मुझे आश्चर्य होता है, उनके कमालके संगठनपर। कैसी सफाई और चतुरतासे इन्होंने अपना सारा प्रबन्ध कर रक्खा है। यह मुझे चीनकी एक गुप्त समिति-का स्मरण दिलाता है, जिससे मुझे बहुत कुछ भुगतना पड़ा है।'

धनदास—'और, क्या धो इस वक्त बन्दरमें है?'

चाङ्—'वह बन्दरके बाहर चक्कर लगा रही है, और यहीं हमें सबसे बड़ा खतरा है। भगोड़े, जान पड़ता है, उसपर ही किसी प्रकार

स्वेज नहर पार करना चाहते हैं, क्योंकि रेलके रास्तेमें उन्हें पकड़े जानेका अधिक भय है।'

मेरा भय उस समय हट गया था। मेरी दिलचस्पी और बढ़ गई थी। मैने ख्याल किया, कि कप्तान धीरेन्द्र और चाङ् जैसे पुरुषोंके आगे मेरा भीरु होना बेवकूफीका काम होगा।

मैंने पूछा—'आप, अब क्या करनेका इरादा रखते हैं?'

चाङ्—'मैं एकदम कुछ करना चाहता हूँ। सारे स्वेज बन्दर और स्वेज नहरकी पड़ताल असम्भव है। मेरा ख्याल है, कि दोनों मिश्री अब भी स्वेज शहरमें ही हैं। मुझे तब तक ही उनके पानेका पूरा मौका है, जब तक कि वह शहरको नहीं छोड़ते। मेरे दिलमें एक विचार आया है और मैं उसकी परीक्षा करने जा रहा हूँ।'

धनदारा—'स्वेज कोई छोटी जगह नहीं है।'

चाङ्—'इसका एक छोटा मुहल्ला है, जिसकी तलाशमें मैं जा रहा हूं। सारे शहरमें तीन या चार प्रधान-प्रधान सड़कें हैं, और उनके बाहर सारी ही चीजें तंग, अँधेरी और गन्दी हैं। प्रधान सड़कोंपर आप बड़ी-बड़ी दुकानें, बंकों और सौदागरोंके आफिस देखेंगे। छोटी गलियों और मुहल्लोंमें यहाँके साधारण लोग रहते हैं। यहाँके लोग अधिकतर अरब हैं। किन्तु बड़ी-बड़ी सड़कोंपर अधिकांश कोठियाँ विदेशी सौदागरों हीकी हैं। कोई भगोड़ा कभी इन बड़ी सड़कोंपर छिपनेका प्रयत्न न करेगा, क्योंकि वहाँ दिनके प्रकाशमें, सहस्रों भिन्न रंग-रूपके आदमियोंमें पहिचाने जानेका डर है। और गाँव दूर और बहुत कम हैं, वहाँ भी वह अपनेको छिपाना मुश्किल ही समझेगा, क्योंकि छोटे-छोटे गाँवोंमें एक भी अजनबी आदमीके हज़म करनेकी शक्ति नहीं होती।'

मैं—'तो फिर वह वहाँ छिपे होंगे?'

चाङ्—'स्वेज बन्दरकी इस ओर एक मुहल्ला है, जो अपनी तरहका अफ्रीका हीमें नहीं, बल्कि सारे भूमंडलमें अद्वितीय है। संसारका

कोई भी शहर न होगा, जो इतना नीचे बसा हो। यहाँ जो आदमी रहते हैं, सभी बड़े दरिद्र और हत्यारों तथा बदमाशोंकी श्रेणीके हैं। यह बस्ती समुद्रतलसे निम्न भूमिमें है।

'सभी तरह, यह स्थान पातालका-सा है। आप चार ही सीढ़ी नीचे उतरिये और आपको गलियोंमें दिन और रात गैस जलती मिलेगी। गर्मीके दिनोंमें यहाँकी गर्मीका कुछ पूछो मत। सड़क और घर सभी तहखानेकी भाँति काटकर बनाये गये हैं। उस स्थानपर सभी जातिके मनुष्य तुम्हें मिलेंगे। सारे एशिया, अफ्रीका और यूरोपका कूड़ा-कर्कट तुम्हें वहाँ जमा मिलेगा। कोई सैनिक, नाविक या भद्रपुरुष वहाँ जानेकी हिम्मत नहीं करता। वहाँके निवासी, जो तीनों ही महाद्वीपोंके लोग हैं, सिर्फ अपराध करने हीके लिये ऊपर आते हैं। आप निश्चय समझें, आपके चोर छिपे वहाँ हैं। और वहीं मैं उन्हें बझाने जा रहा हूँ।'

मैं—'कब?'

महाशय चाङ्ने अपनी घड़ी निकाली और उसकी ओर देखकर कहा—'आध घंटेमें।'

इसके बाद वह खड़े हो गये, और वहाँसे अपनी कोठरीमें गये। यद्यपि अब सोनेका समय आ रहा था किंतु हममेंसे कोई भी उठकर बिस्तरेपर जाना न चाहता था। हमलोग वहाँसे उठकर होटलकी छतपर गये। वहाँ कुर्सियों और फूलोंके गमले रक्खे हुए थे। यहाँ हम बैठ बातचीत करने लगे। हमारे सामनेकी ओर बन्दरकी बत्तियाँ चमक रही थीं, और ऊपर चमकते तारे जगमगा रहे थे। यह बड़ी सुन्दर रात्रि थी। चन्द्रदेव पूर्णकलासे श्याम नभस्थलमें उगे हुए थे और होटलकी पासवाली गलियोंसे गाने-बजानेकी आवाज हमारे कानोंमें आ रही थी।

मैं एक बूढ़ा आदमी हूँ, लेकिन संसारको प्रेम करता हूँ; और जितना ही मैं इसे अधिक देखता हूँ, उतना ही विचारनेमें यह मुझे

अद्भुत, सुन्दर, मनोहर जान पड़ता है। कभी-कभी ऐसा समय आता है, जैसी कि यह रात, जब कि मुझे अफ़सोस होता है—मैंने व्यर्थ ही घरमें बैठ रात-रात भर तेलके चिरागोंके सामने जीर्ण-शीर्ण, सड़ी-गली पुस्तकोंके उलटनेमें, इतने वर्ष बर्बाद कर दिये। संसारमें विस्तृत, खुले स्थान हैं, जहाँ रेगिस्तानोंकी गर्म हवा आती है, या जहाँ पर्वतोंके सानुओं (चरणों)को हरी-हरी घासें रंग देती हैं, और यही स्थान है, जहाँ पर रहनेके लिये मनुष्य बनाया गया है।

मुझे स्मरण है, मैं इस विषयपर, स्वेज-होटलकी छतपर धनदास और धर्मेन्द्रसे बात कर रहा था। अकस्मात् हमारे सन्मुख, दरिद्रता, दुर्दशा, भूख और पीड़ासे पूरी तौरपर सताई हुई एक मानव-मूर्ति दिखाई पड़ी। अपने सामने चाँदनीमें खड़े हुए उस आदमीको हम भली भाँति देख रहे थे। वह संकर अरब जातिका जान पड़ता था, यद्यपि उसका पहिनावा आधुनिक मिश्रियोंका-सा था। उसके कपड़े और सभी चीजें इतनी गन्दी थीं, कि जब वह हमारे पास आया, तो हम वहाँसे हट गये। उसके लम्बे-काले उलझे हुए बाल गर्द और धूलिसे लिपटे हुए मुखपर और अगल-बगलमें लटक रहे थे। उसकी भवें काली और घनी थीं। उसके एक पैरमें एक बूट था, और दूसरेमें चमड़ेकी चट्टी—अरबोंकी-सी। उसका नीला पायजामा घुटनोंसे थोड़ा-सा नीचे जाकर चिथड़े-चिथड़े हो गया था। वह बीच-बीचमें भयानक खाँसीसे व्याकुल हो जाता था, जिसे देखते ही तबियत करुणासे भर जाती थी।

धनदास उन आदमियोंमेंसे थे, जिन्हें ऐसी अवस्थाके आदमियोंके साथ भी रूखा होकर बोलनेमें जरा भी हिचकिचाहट नहीं आती, वह उस अभागे, दुःखोंके मारे मनुष्यपर वैसे ही झपट पड़े, जैसे एक कुत्ता दूसरेपर।

उन्होंने बड़े कड़े स्वरमें डपटकर कहा—'कौन हो तुम ? हट जाओ ! परे हो यहाँसे !'

वह स्वर, जिसने उत्तर दिया, महाशय चाङ्का था।

'जब तक मैं न लौटूँ, तब तक आप लोग होटल हीमें रहियेगा। यदि इच्छा हो तो, बिस्तरेपर जाइये: लेकिन चाहे कुछ भी हो जाय; घरको न छोड़ियेगा। आशा है, मैं एक घंटामें कुछ अधिकमें लौट आऊँगा।'

—७—

चाङ्की पहिली बाजी

पीछे, स्वयं महाशय चाङ्के मुखसे मुझे सारी कथा मालूम हुई, कि उस भयंकर और जादूवाली रातमें चाङ्पर कैसी बीती। यह सारा ही वर्णन, मैंने जहाँ तक हो सका है, उनके शब्दो हीमें लिखनेका प्रयत्न किया है। मुझे यह विश्वास है कि चाङ् ऐसा पुरुष स्वभावतः अत्यन्त कठिन और भयानक अपने कामोंको बढ़ा-चढ़ाकर न कहेगा।

वह बन्दरके पास गये और वहाँसे उस पातालपुरीमें उतरे। यह मध्य-रात्रिका समय था, किन्तु वहाँ के निवासी अब भी जगे हुए थे। वहाँ जमीनमें कटी हुई तीन या चार सड़कें थीं। उनपर गैसकी धीमी बत्तियाँ जल रही थीं। चाङ चीनके सभी शहरोंको जानते हैं, किन्तु उन्होंने बताया, कान्टनका निकृष्टतम और निषिद्धतम भाग भी इतना गन्दा न होगा।

कूड़े-कर्कट और सड़ी-गली गन्दी चीजोंसे सड़कें भरी हुई थीं। इस रातको भी लड़के धुँधली रोशनीमें खेल रहे थे; उनके मुख उन वृद्ध स्त्री-पुरुषोंकी भाँति थे जिन्होंने बड़ा कष्ट सहा है और कभी सूर्य-प्रकाशको नहीं देखा। वहाँ कितने ही बदहोश शराबी पड़े थे। 'अब्सीन'को पी-पीकर भी कितने लुढ़क रहे थे।

चाङ् सीढ़ियोंको उतरकर एक बार स्वाँस लेनेके लिये खड़े हो गये। उन्होंने उस हृदयविदारक वायुमंडलसे कुछ अभ्यस्त हो लेना

चाहा। फिर वह वहाँसे आगे मुख्य गलीमें चले। उन्होने अपना शिर झुका लिया था, और चलते समय आसपासके आदमियोंपर भली प्रकार निगाह डालते जाते थे। उनकी जेबमें बारह गोलीका भरा हुआ पिस्तौल था।

उन्होंने एक दर्वाजेपर एक बूढ़े अरबको बैठे देखा। उसके दाँत सभी गिर गये थे और बाल बिल्कुल सनकी तरह सफेद थे। महाशय चाङ् जिनकी युक्तियोंका ठिकाना न था—न अरबी ही जानते थे और न कुब्ती ही। उन्होंने चाहा कि, अपनेको तुर्क बनकरके दिखावें। और यह अधिक आसान था, क्योंकि यारकन्द (चीनी तुर्किस्तान) के इलाकेमें कितने ही दिनों तक वह **मंडारिन**की हैसियतसे रहे थे, और इसीलिये तुर्की खूब जानते थे। उन्होंने तुर्कीमें बात करना आरम्भ किया, जिसपर अरबने शिर हिलाकर अपनी अनभिज्ञता प्रकट की।

महाशय चाङ्ने फिर अंग्रेजी बोलनेकी कोशिश की, और अब पता लगा, कि इसे वह कुछ जानता है। उन्होंने तूनिसकी बात छेड़ी, जहाँ, चाङ् अपनेको रहा हुआ जतला रहे थे। अरब बाइजर्तासे आया था। बहुत वर्षों पहिले, जब कि वह जवान था, डाका और चोरी किया करता था। अतलस पर्वतकी चारागाहोंसे कितनी ही बार ढोरोंकी चोरी उसने की थी। किन्तु अब वह बूढ़ा था, निर्बल था, बहुत दरिद्र था, इसलिये अल्लाह भला है।

महाशय चाङ्ने आदमी बड़े मतलबका चुना। वह जानते थे, बूढ़े आदमी बहुत कम सोते हैं, और स्वभावतः इधर-उधर देख-भालमें बड़े दत्तचित्त रहते हैं। पातालपुरीमें घुसकर सीढ़ियोंके बाद प्रत्येक आदमी हीको इस सड़कसे आना आवश्यक था। यदि दोनों 'मिश्रियों'ने यहाँ शरण ली है, तो अरबने अवश्य उन्हें देखा होगा।

महाशय चाङ्को बहुत कहने-सुननेकी अवश्यकता न पड़ी। बूढ़ेने एकाध ही बारके कहनेपर अब्बीतका गिलास थाम लिया। उसने कहा—यद्यपि मैं अपने सारे जीवन भर चोर-डाकू रहा, तो भी

मैं एक दीनदार मुसल्मान हूँ। पैगम्बरने अपने अनुयायियोंको शराब पीना मना किया है; किन्तु अम्बीत सत्त है, और इसके विषयमें पैगम्बरने कुछ नहीं फर्माया है।

उस एक गिलास अम्बीतपर चाङ्ने उपयोगी सारी ही बातें निकाल लीं। दोनों 'मिश्री' पातालपुरी हीमें थे। वह एक आदमीके मकानपर ठहरे थे, जो रक्तसे आधा आर्मेनियन और आधा यूनानी था। वह सारे स्वेजमें सबसे भारी गुंडा कहा जाता था, और एक बदमाशोंकी गिरोहका सर्दार था। यह लोग बेड़ा बन्दरमें रहते वक्त नाविकों और पोतारोहियोंपर हाथ साफ करते थे। चोरीके सिक्कोंका तुड़ाना-भुनाना आसान था, और घड़ी, अँगूठी आदि मूल्यवान् पदार्थों को फलोंकी नावमें रखकर वह अकाबा ले जाता था। वहाँ उसे उनकी अच्छी कीमत मिल जाती थी। बूढ़ा अरब किसी बातको जरा भी छिपाकर न कहता था। उस पातालपुरीका प्रत्येक निवासी चोर था, और निस्सन्देह, चाङ्को भी बूढ़ा उन्हींमेंसे एक समझता था।

चाङ्ने अब बहाना बनाकर, अरबको शराबकी दूकान हीपर छोड़ दिया, और आप आगेका रास्ता लिया। उन्हें बिना किसी कठिनाईके वह घर मिल गया, जिसमें वह जातिसंकर रहता था। उसके घरमें तीन छोटी-छोटी कोठरियाँ थीं, जो जमीन खोदकर बनाई गई थीं। वहाँ दर्वाजेपर न जंजीर थी और न घंटी। उन्होंने अपने मुक्केसे दर्वाजेको धमधमाया।

थोड़ी देर बाद एक शकलसे ही बदमाश, आदमी निकला। उसकी मूछें बड़ी-बड़ी थीं। उसने चाङ्से एक अज्ञात भाषामें बात-चीत की। उसकी बड़ी रूखी आवाज और चमकती काली आँखोंमें धमकानेका-सा भाव था। चाङ्ने टूटी-फूटी अंग्रेजीमें बोलना शुरू किया—

'पुलिस मेरे पीछे पड़ी हुई है।'

उस आदमीने अंग्रेजीमें उत्तर दिया—'तो, उससे मुझे क्या वास्ता ?'

चाङ्—'शरण !'

आदमीने शंकित चित्तसे कहा—'तुम्हारे पास कितना माल है ?'

चाङ्—'उससे तुमसे क्या वास्ता ? मेरे पास माल है। कैसे मैंने पाया, यह मेरा निजी काम है, तुम्हारा नहीं। मैं तुम्हें पाँच रुपये दूँगा, यदि रात भर तुम मुझे अपने घरमें रहने दो।'

उस आदमीने पहिले आनाकानी की। उसे अपने दोनों मेहमानों का ख्याल आया, जो कि उस समय घोर निद्रामें थे। उसे याद आया, कि उन्होंने पक्का कर लिया है, जब तक वह हैं, तब तक किसीको भी घरमें न आने दें। तथापि, पाँच रुपया एक रातके सोनेके लिये कम नहीं होता, और वह विदेशी इसे जान भी न सकेंगे। उसने दर्वाजा खोलकर चाङ्को भीतर बुला लिया। और तब दर्वाजेमें ताला बन्द करके कुंजीको अपनी पतलूनकी जेबमें रख लिया। चाङ् इस सब कार्रवाईको देख रहे थे। वह खूब जानते थे, मेरा जीवन प्रत्येक बातपर भली भाँति नजर रखनेपर अवलम्बित है।

पहिली कोठरीमें एक मेज थी। उसपर एक बोतलके मुँहमें मोमबत्ती रखी हुई जल रही थी। वह जलकर बोतलकी गर्दन तक पहुँच गई थी। वहाँ, एक कोनेमें एक अच्छी-सी चारपाई, दो-एक कुर्सियाँ, और एक खूँटीपर एक कोट लटक रहा था। सभी चीजें बहुत गन्दी थीं।

उसने बोतलकी बत्ती उठा ली, और महाशय चाङ्को बगलवाले कमरेमें ले गया। वह ५×४ हाथसे अधिक न रहा होगा। वहाँ एक चटाईके अतिरिक्त और कुछ न था। उस चटाईके भी कितने ही पयाल बाहर निकल आये थे।

आदमीने कहा—'यह है जगह। तुम यहाँ सो सकते हो, लेकिन मेहरबानी करके भाड़ा पहिले चुका दो।'

महाशय चाङ्ने अपने पतलूनकी जेबमें हाथ डाला। जब हाथ बाहर निकाला, तो उसमें एक बड़ा चाकू निकला। आदमीने चाकूकी ओर देखा, और फिर चाङ्की ओर, और मुस्कुरा दिया। इससे या तो वह अपनी नापसन्दी जाहिर कर रहा था, या अनुमोदन। चाङ्ने तब पाँच रुपये निकालकर दिये, उसने एक-एक रुपयेको भलीभाँति ठनकाकर देखा और फिर कोठरीसे बाहर निकलकर किवाड़ भेड़ दिये। महाशय चाङ् चाकूको ऐसे ही पास रखते थे, आत्मरक्षाके उनके पास और साधन थे, जिन्हें हम आगे देखेंगे।

अब चाङ्ने अपने आपको अँधेरेमें पाया। किवाड़की दरारोंसे एकाध किरण भीतर आती थी। वह पंजोंके बल धीरे-धीरे द्वारके पास आये। उन्होंने दूसरे द्वारपर अपना कान रक्खा, जिसका कि सम्बन्ध तीसरे कमरेसे था। उन्होंने वहाँ गाढ़ी निद्राके नियमित श्वास-प्रश्वास आते-जाते देखा। इस प्रकार उन्हें पक्का हो गया, कि मैं बेकामकी जगह-पर नहीं आया हूँ। अब, वह लौटकर अपनी चटाईपर चले गये और उन्होंने थोड़ी देरमें खर्राटे भरकर स्वाँस लेने का स्वाँग आरम्भ किया। अब उनकी नाक बराबर बज रही थी। वह आँखें मूँदे कितनी ही देर तक पड़े रहे। जब उन्होंने आँख खोली तो देखा कि पहिली कोठरीकी रोशनी बुझ गई है। उससे उन्होंने समझ लिया कि मालिक मकान बेखबर सो गया है। तमाम घरमें घोर अंधकार छाया हुआ था, और वायुमंडल इतना भारी और गन्दा था, कि साँस लेना मुश्किल था।

धीरेसे उन्होंने पहिली कोठरीकी ओरका दर्वाजा खोला, और देखा कि, वह आदमी खर्राटा ले रहा है। तब अपनी कोठरीमें लेट गये। अपनी जेबसे उन्होंने एक छोटी-सी बैटरी निकाली। उसकी रोशनीमें उन्होंने तीसरी भीतरवाली कोठरीके दर्वाजेकी परीक्षा की। उन्होंने पहिले ही समझा था, कि उसमें ताला बन्द होगा।

चाङ्की अँगुलियाँ मदारियोंकी भाँति बड़ी सफाईसे काम करनेवाली थीं। उन्होंने मकानवालेको निद्रा हीमें ठग लिया। इतनी सफाईसे

उन्होंने उसकी जेबसे कुंजी निकाली, कि उसे जरा भी पता न लगा। तब वह वहाँसे दबे पाँव लौटकर भीतरवाली कोठरीके द्वारपर आये, और धीरेसे तालेको खोल दिया। दर्वाजा खोलनेमें उन्हें दस मिनट लगा। वह इतने धीरे-धीरे हल्के हाथसे खोल रहे थे, कि जिसमें जरा भी आवाज न आये, नहीं तो सोनेवाले जाग जायँगे, और सारा काम ही खराब न हो जायगा, बल्कि जानके भी लाले पड़ जायँगे।

फिर सावधानीसे बैटरीके द्वारा उन्होंने कोठरीकी देखभाल की। अब उन्हें इसमें सन्देह न रहा, कि उन्होंने ठीक आदमियोंको वहाँ पा लिया। दोनों जमीनपर कोठरीके दो कोनोंपर लेटे हुए थे, उनके पास कपड़ा बहुत कम था। उनके चेहरे कुत्तियोंकी भाँति थे। एकके शिरपर बड़े-बड़े केश थे, जो कि कानके पाससे कटे हुए थे, और दूसरा एक बूढ़ा आदमी था, जिसका शिर बिल्कुल गंजा था। उनके ओठ पतले, गालोंकी हड्डियाँ ऊँची, और नाक यहूदियोंकी-सी नुकीली बड़े-बड़े नथनोंवाली थीं। बूढ़े आदमीके मुँहपर कानसे लेकर मुखके कोण तक, एक लाल लकीर-सी थी।

समय बर्बाद करना, महाशय चाङ्का काम न था। उनकी तेज आँखें बहुत जल्दी, बारीक चीजोंपर भी घूम जाती थीं। निरीक्षण-परीक्षणमें उनकी बुद्धि असाधारण थी। बैटरी कुछ सेकण्डोंसे अधिक न जली होगी; और तो भी इस थोड़ेसे समयमें उन्होंने देख लिया, कि लाल चिन्हवाले आदमीके शिरके नीचे तकिया है, और दूसरेके कुछ भी नहीं।

घुटने टेककर चाङ्ने तकियेकी परीक्षा की और उसी समय उस लाल चिन्हको भी नजदीकसे देखा। वह मालूम हुआ कि भोथे हथियारका निशाना है। तकिया किसी चीजमें लिपटी हुई एक मैले-कुचैले चद्दरकी थी। सोनेवाले की आँख बचाकर बैटरीकी रोशनीमें देखने से वह इस नतीजेपर पहुँचे कि, चद्दर किसी भारी चीज—पत्थर या धातु—पर लपेटी है। उन्होंने अन्तमें बीजकका पता लगा लिया!

वह अब उस कोठरीसे बाहरवाली कोठरीमें गये, जहाँ कि वह स्वयं सोये थे, और फिर वहाँसे मकानके बाहरवाले दर्वाजेपर गये। उनकी यह चाल बिल्लीको भी मात करनेवाली थी। क्या मजाल है, कि जरा भी आवाज हो, जरा भी जमीनमें दलक हो। उन्होंने धीरेसे बाहरका भी ताला खोल दिया। अब अपने निकलनेका रास्ता उन्होंने बिल्कुल साफ कर लिया।

इसी समय एक भारी विघ्न उठ खड़ा हुआ। घरसे बाहरवाली हवा भीतर की अपेक्षा कुछ अधिक साफ थी। जैसे ही उन्होंने दर्वाजा खोला वैसे ही वह हवा पहली कोठरीमें घुस आई, और उसके शरीरमें लगते ही मकानवाला उठ खड़ा हुआ। झट पेटीसे चाकू निकालकर उसने हाथमें ले लिया। चाङ् जानते थे, कि अन्धकारमें तेज रोशनी क्या कमाल करती है। उन्होंने झट बैटरीकी बटनको दबा दिया, और उसके प्रचंड प्रकाशको पूरी तौरसे उस आदमीके मुँहपर डाला। उसी समय उन्होंने अपने तमञ्चेको प्रकाशमें पकड़ रखा; जिसमें वह उसे पूरी तरह देख पाये। और फिर जोरके साथ किन्तु धीमे स्वरमें कहा—

'चिल्लाये कि मारे गये। आवाज निकलना शुरू होनेकी देर, और मेरी गोली तुम्हारे कलेजेमें!'

उस आदमीने अपनी जेब टटोलकर कहा—'तुमने मेरी चाभियाँ चुरा लीं।'

चाङ्—'बस, चुप! जैसा मैं कह रहा हूँ वैसा करो, तुम्हें डरनेकी कोई जरूरत नहीं। तुम्हें तुम्हारी चाभियाँ लौटा दी जायँगी, लेकिन इधर-उधर किये कि तुम खतम।'

मामूली बदमाश कायर होते हैं। उस आदमीके अंग-प्रत्यंगसे भीषण आतंक प्रकट हो रहा था। उसका मुँह खुला हुआ था, और वह उसे बन्द करना ही भूल गया था।

उसने कहा—'तुम पुलिसके आदमी हो?'

चाङ्—'नहीं, मैं भी एक चोर हूँ, जैसे तुम और वह दूसरे दोनों, किन्तु मेरे पास बात करनेके लिये समय नहीं है। जैसा कहूँ, वैसा करो, अपने दोनों हाथोंको अपने शिरके ऊपर रक्खो और भीतरवाली कोठरीमें चलो। मेरा तमंचा, यह देखो मेरे हाथमें है।'

उस आदमीके लिये दूसरा कोई रास्ता न था। चाङ्के आगे-आगे वह भीतरवाली कोठरीमें गया, और फिर और भीतर तीसरी कोठरीमें, जहाँ कि दोनों मिश्री सो रहे थे। यह कमरा बाकी दोनोंसे बड़ा था।

चाङ्ने बैटरी जला दी, तुरन्त ही कामकी चीज—एक ताक उन्हें मिल गया। उन्होंने उस आदमीको कोठरीकी सामनेवाली दीवारसे लगकर खड़ा होनेको कहा। उसके खड़ा हो जानेपर उन्होंने ताकपर इस तरह बैटरीको रक्खा, कि उस आदमी का मुँह खूब प्रकाशमें रहे।

चाङ्—'जरा भी हिले, और छोड़ा। मैं तुम्हें खबरदार कर देता हूँ, मेरे साथ चाल न चलना ही अच्छा होगा।'

ऐसा करनेका कारण था। यद्यपि चाङ् एक अद्भुत प्रतिभाके धनी थे, तो भी उनके पास दो ही हाथ थे। उन्हें सोनेवालेका शिर उठाकर उसके नीचेसे तकिया निकालना था और फिर गोबरैलाको अलग करना; और फिर इस सारे समयमें उस मकानवालेपर भी पूरी नजर रखनी थी। जरा-सी भी सूचना पाते, गोली मारनेके लिये तैयार रहनेकी आवश्यकता थी। यदि आदमी जरा भी प्रकाशसे हटा, कि फिर उसे अपना लक्ष्य बनाना असम्भव था।

यह सब काम, महाशय चाङ् ऐसे आदमीके काबूसे भी बाहरकी बात थी, वह कृतकार्य न हुए, और इसपर हम आश्चर्य भी नहीं कर सकते। हम उस पुरुषकी हिम्मत और चतुरता पर केवल आश्चर्य कर सकते हैं।

चाङ्ने जैसे ही गोबरैलेपर हाथ डाला, कि आदमीने नींदमें करवट ली और एक ही क्षणमें खड़ा होकर चिल्ला उठा। इस आवाजने उसके साथीको भी जगा दिया, जो कोठरीके दूसरे कोनेमें सो रहा था।

महाशय चाङ्ने बीजकको हाथमें लिया और खड़े हो गये। सारा स्थान घोर अन्धकारमें था, सिर्फ बैटरीकी तेज किरणें जितनी दूर तक पड़ती थीं, उतनी ही दूर तक एक प्रकाशमान तेज कटार-सी रक्खी हुई मालूम हो रही थी। बैटरीकी जगहसे चाङ् अटकल लगा सकते थे, कि द्वार कहाँ है। एक हाथमें रिवाल्वर और एक हाथमें बीजक लिए हुए वह दर्वाजेकी ओर बढ़े।

इसी समय मकानवाला दूसरोंको जगा देखकर, हाथ फैलाये हुए आगे बढ़ा कि, बैटरीपर कब्जा करे। एक क्षण भी बिना आगा-पीछा किये चाङ्ने गोली दाग दी। और वह निशाना कमालका था। वह चाहते तो, उस आदमीको मार सकते थे, क्योंकि वह प्रकाशमें था। वह चाहते तो अँधेरेमें खड़े दोनों मिश्रियोंमेंसे भी किसीको मार सकते थे; किन्तु उन्होंने ऐसा कुछ भी न किया। उन्होंने गोलीसे सिर्फ बैटरीके शीशेको चूर-चूर कर दिया, और उसी समय सारा स्थान अन्धकारपूर्ण हो गया।

लेकिन महाशय चाङ् दर्वाजेके पास थे। वह एक क्षणमें बाहर निकल आये। उन्होंने बीजकको जमीनपर रख दिया, और एक ही क्षणमें किवाड़को बन्दकर ताला जड़ दिया। बस, अब तीनों कोठरीके अन्दर बन्द थे। किवाड़ लगाते समय उन्हें दोनों हाथोंको लगाना पड़ा था।

अँधेरेमें टटोलकर उन्होंने फिर बीजकको पा लिया। मकानवाला उस पारसे किवाड़ पीट रहा था। उसे सुनाई देनेके लिये उन्होंने खूब चिल्लाकर कहा—

'बाहरवाली कोठरीकी मेजपर, तुम्हें चाभियाँ रक्खी मिलेंगी।'

तब वह सड़कपर आये। उन्होंने एक बड़ी रूमाल जेबसे निकालकर पहिले अपने शिरका पसीना पोंछा।

उन्होंने कहा—'बड़ा कड़ा, बड़ी सफाईका काम था।'

बूढ़ा अरब अब भी अपनी चौखटपर बैठा था। चाङ्ने उधरसे निकलते वक्त सलाम किया, और पूछा:—

'सूर्योदयमें क्या देर होगी ?'

बूढ़ा—'मैं नहीं कह सकता। पातालपुरीमें सूर्योदय कहाँ ? न सूर्य उगता ही है, न डूबता ही। ला इलाह इल्लल्लाह मुहम्मद रसूलल्लाह।'

जब चाङ् वहाँसे निकलकर बाहर बन्दरपर, स्वच्छ हवामें आये, तो उन्होंने खूब दिल खोलकर कई बार गहरी साँस ली। प्राची दिशामें जरा रुपहली रेखा दिखाई दे रही थी। सूर्योदयमें एक घंटा और बाकी था।

कपड़ा बदलनेके बाद, महाशय चाङ् मेरे कमरेमें आये। वह अपनी साधारण अवस्थामें थे। वही फलालैनका कोट, पतलून और वही बाहर निकली हुई तिनकेकी टोपी।

धनदास बोल उठे। वह रात भर न सोये थे, और न अपने कपड़े ही उतारे थे।

धनदास—'क्या गोबरैला आपको हाथ लगा ?'

महाशय चाङ्ने हरे चकमकके बीजकको अपनी कोटके भीतरसे ठीक वैसे ही निकाला, जैसे मदारी भानमतीके पिटारेसे चूहा निकालता है।

—८—

चाङ् भी काहिराको

कप्तान धीरेन्द्रको कम्पनीका तार मिल गया था। वह बड़े सबेरे ही जहाजपर चले गये, उस वक्त हम लोग अभी सोये ही थे। स्नानादिसे निवृत्त हो, तथा कुछ जलपान भी करके चाङ् के साथ हम दोनों भी 'कमल' पर गये। उस समय धीरेन्द्र जहाजका चार्ज कप्तान ब्रजराजको दे रहे थे। थोड़ी देर बाद चाङ् तो लौट गये, और हम लोग किलमी

ही देर तक जहाजपर रहे। पहिले ही निश्चय हो चुका था, कि एक बजेकी गाड़ीसे काहिरा चलना है। थोड़ी देर जहाजपर रहकर हम दोनों असबाब बन्दकर, काहिराके लिये बिल्टी की तैयारी कराने लगे। जिस समय ग्यारह बजेके वक्त हम अपने काममें फुर्सत पाकर होटलको लौटे, उसी समय धीरेन्द्र भी वहाँ ही मिले।

भोजन करनेके बाद कुछ देर तक फिर भी हम होटलपर रहे। हाँ, एक बात कहना भूल गये थे, हमने स्वेजमें आनेके साथ ही काहिरामें, चेलारामजीके गुमाश्ताके पास तार दे दिया था। आज असबाब बिल्टी करानेमें पहिले ही हमने उन्हें एक बजेकी ट्रेनसे आनेकी खबर दे दी।

हम लोगोंको बड़ा तअज्जुब हुआ, जब स्टेशनपर हमने चाङूको भी काहिरा जानेके लिये तैयार देखा।

मैंने पूछा—'क्या आप हमारे साथ आ रहे हैं?'

चाङ्ने उसी अपनी स्वाभाविक हँसीके साथ उत्तर दिया—

'काहिरा तक, कुछ जरूरी काम है।'

मुझे बड़ी प्रसन्नता हुई, कि कमसे कम काहिरा तक हमें और इस अद्भुत पुरुषका संग मिला। हम चारों आदमी एक ही डब्बेमें बैठे। अभी गाड़ीमें देर थी, अतः प्लेटफार्मपर हम लोग टहलने लगे। इसी समय किसीने मेरे कन्धेपर हाथ रक्खा। जब मैंने पीछे फिरकर देखा तो, वहाँ चाङ् थे। उन्होंने कहा—

'प्रोफेसर, वह काहिरा तक तुम्हारा पीछा करेंगे, वह ऊपरी नील तक तुम्हारा पीछा करेंगे, नहीं बल्कि पृथ्वीके छोर तक तुम्हारा पीछा करेंगे। वह कौन हैं, इस विषयमें आपसे अधिक मैं नहीं जानता। लेकिन इतना मैं निश्चय जानता हूँ, कि वह इस हरे गोबरैलेके सामने अपनी जानका मूल्य कुछ भी नहीं समझते।'

मैं—'क्यों, क्या बात है?'

चाङ्—'तुमने देखा नहीं ? अच्छा वह देखो वेटिंग-रूमके भीतरसे कौन झाँक रहा है ?'

मैंने देखा, सचमुच वही बूढ़ा आदमी था, जिसे मैंने बम्बईमें जहाजपर देखा था। मैं जन्म हीसे दिलका कच्चा आदमी हूँ। मेरा हृदय भयसे काँपने लगा। मैंने चाङ्का हाथ पकड़ लिया, और बड़ी नम्रता-से कहा—

'महाशय चाङ्, आप हमारे साथ क्या नहीं चल सकते ? आप जरूर हमें अपने साथसे अनुगृहीत करें। मैं अपनेको सर्वथा सुरक्षित समझूँगा यदि आप और कप्तान धीरेन्द्र—दोनों साथ रहें। कहिये कि चलेंगे।'

उस समय मैंने एक अद्‌भुत हँसीकी रेखा प्रसिद्ध चीनी जासूसके मुखपर देखी। उन्होंने बड़ी गम्भीर किन्तु मधुर स्वर में कहा—

'प्रोफेसर, मैं इसीकी प्रतीक्षा कर रहा था।'

दूसरे सबेरे तक मैंने, धनदासको यह न बताया था, कि मैं चाङ्-को भी ठीक कर लिया। जब उन्होंने सुना, तो उनके दिमागका पारा एक सौ आठ दर्जेपर चढ़ गया। उन्होंने उस समय क्या-क्या कुवाच्य कहा, यह भी मुझे स्मरण नहीं है। जब इससे भी हार गये, तो मुझसे आपने बहस करनी आरम्भ की। उनकी सारी बहसका तात्पर्य यही था, कि तुम और मैं ही यात्राके लिए काफी थे, इसपर तुमने हठ-करके धीरेन्द्रको साथ लिया, और अ ब और एक आदमीको बिना मुझसे पूछे ही ठीक कर डाला।

मैं उन कठिनाइयोंको खूब जानता था। सेफाफिसके सोने और हीरोंकी चमकने मेरी आँखोंको चकाचौंध न किया था। मैंने निश्चय कर लिया, कि चाहे जितनी भी उनकी फीस होगी, मैं देनेके लिये तैयार हूँ। हमारे लिये यह सौभाग्यकी बात थी कि, ऐसी अद्‌भुत प्रतिभा, अद्‌भुत तर्कशक्तिका आदमी हमारे साथ चलनेके लिये तैयार था।

बड़ी मुश्किलसे धनदासने इस बातको कबूल किया। उन्हें अब भी दिलमें यह असत्य मालूम होता था, किन्तु मजबूर थे। मुझे उनके व्यवहारका कुछ भी ख्याल न हुआ। मुझे बड़ी प्रसन्नता हुई, कि कप्तान धीरेन्द्रने इसका दिलसे स्वागत किया।

धीरेन्द्र, धनदासकी मूर्खता और लोभान्धतापर खूब हँसते थे। वह कितनी ही देर तक धनदासकी ओर एकटक देखते रहते थे, और जब देख लेते थे, कि वह अब उनकी ओर देख रहे हैं, तो गाने लगते थे।

मैंने पहिले इसका अर्थ न समझा था। सचमुच मेरे ऐसा उस समय कोई बेवकूफ न होगा। पाठकोंने जो कुछ अब तक पढ़ा है, उससे भी उन्हें मालूम होगा, कि व्यवहारकुशलता मुझसे छू तक न गई थी। चाङ्का क्या विचार था, वह अब तक मैं जान न सका था।

रातको बहुत देर तक जागते रहनेसे, नींदसे अब भी मेरा माथा भारी हो रहा था। गाड़ीके छुटनेके दो घंटे बाद ही मैं सो गया। मुझे बहुत दिनोंके बाद मालूम हुआ, कि उस दिनकी यात्रामें कप्तान धीरेन्द्र और महाशय चाङ्से एक विचित्र वार्तालाप हुआ था। अब मैं नहीं बतला सकता कि वह क्या था।

महाशय चाङ्ने धीरेन्द्रसे बीड़ी लेकर, आग लगा फक-फक करते हुए कहा—'मैं इसकी आशा कर रहा था। आप शायद इस यात्रा, इस गोबरैले और उस कब्रके खजानेके विषयमें मेरी राय जानना चाहते होंगे? आप यह जानना चाहते होंगे, कि प्रोफेसर और उनके साथीके विषयमें मेरी क्या राय है? अच्छा, कप्तान, मैं उसे साफ-साफ तुमसे कहना चाहता हूँ। मेरा ख्याल बहुत कुछ वैसा ही है, जैसा कि आपका।'

धीरेन्द्र—'हाँ, ठीक, मैं इसे सचमुच जानना चाहता था। मेरी सम्मतिमें प्रोफेसर बिचारे एक सीधे-सादे आदमी हैं। वह भले ही,

प्राचीन मनुष्यों, उनकी रीति-रस्म, उनके धर्म, उनके देवताओंके विषयमें बहुत कुछ जानते हों; किन्तु आधुनिक जगत्‌के विषयमें वह बिल्कुल कोरे हैं। और सच्ची बात तो यह है कि यदि वह जौहरीके साथ अफ्रीकाके बीचमें जाते, तो कभी बचकर न आते।'

चाङ्—हँसते और सिर हिलाते हुए बोले—'आपका कहना बिल्कुल ठीक है, और यात्राके उद्देश्यके विषयमें यद्यपि बातें असम्भव-सी जान पड़ती हैं, किन्तु मैं इसके एक-एक शब्दको मानता हूँ। प्रमाण अखंडनीय हैं।'

धीरेन्द्र—'आपको विश्वास है, वहाँ मितनी-हर्पी कोई नगर है?'

चाङ्—'हाँ, बिल्कुल।'

धीरेन्द्र—'और आप धनदासपर विश्वास रखते हैं?'

चाङ्—'हाँ, वह भारी बदमाश है। मैं पूरी तौरपर उसकी इच्छाको नहीं जान सका हूँ, तो भी मुझे विश्वास है, कि वह कभी अच्छा नहीं हो सकता।'

धीरेन्द्र—'तो यदि वह बातें सत्य हैं, तो बस मितनी-हर्पी हमारा लक्ष्य है। बस वहाँ पहुँचना यही मेरी इच्छा है।'

चाङ्—'और यही सबसे बड़ी इच्छा है, कि धनदासके हाथोंमें लोहेके कंकण झनकते हुए देखूँ।'

धीरेन्द्रने हाथ निकालकर कहा—

'हाथ मिलाओ, दोस्त',

और हाथ मिलाते हुए कह चले—

'भाई चाङ्, तुम्हारे विषयमें मैं बहुत सुना करता था। मैंने तुम्हारे अनेक आश्चर्यजनक कामोंको भी खूब पढ़ा है। तो भी मुझे आशा न थी, कि मैं तुमसे मिल सकूँगा। किन्तु आज मैं देख रहा हूँ, कि मैं तुम्हारे साथ एक अद्भुत यात्रापर चल रहा हूँ। मैं अज्ञेयकी ओर जा रहा हूँ, जैसा कि लड़कपनमें अक्सर मैं शम्भुसे कहा करता

था। मैं अपने जीवनका सबसे अद्भुत अनुभव अब लेने जा रहा हूँ।'

इस समय चाड् इतने प्रसन्न और हँसीमें मग्न थे, कि उनकी आँखोंसे आँसू बह निकले। उन्होंने रूमालसे आँखें पोंछते हुए कहा—

'हम उन्हें जगाते रहेंगे, हम उन्हें बढ़ाते रहेंगे।'

काहिरा स्टेशन हीपर हमें हृदयनाथ भल्ला—महाशय चेलारामके गुमाश्ता मिले। वहाँसे चारों आदमी उनकी कोठीपर पहुँचे।

—२—

काहिरासे सूची-पर्वत तक

हमलोग यात्राकी तय्यारीमें तीन सप्ताह तक काहिरा हीमें ठहरे। हृदयनाथजीने हमारे लिये अरब और सूदानी आदमी ठीक कर रक्खे थे। एक दिन हमलोग एक चौड़े पेंदेकी नावपर नीलमें चल दिये। हमारा इरादा असवन होते, खर्तूम जानेका था।

इस मिश्रकी गंगाके सौन्दर्यका वर्णन करनेके लिये एक स्वतंत्र ग्रन्थ चाहिये। जिस प्रकार वैदिक युगके ऋषि-मुनि पवित्र सरस्वतीके किनारे अपने अनेक धर्मानुष्ठान अनुष्ठित करते थे, वैसे ही चिरकालसे नीलके पवित्र तटपर प्राचीन मिश्रियोंके सारे ही धार्मिक और सामाजिक काम होते थे। आज भी नील मिश्रकी जान है। सौन्दर्य ? दृश्योंकी विचित्रता ? जिन्होंने नीलके तटसे मरुभूमिको एक बार न देखा, वह मानो, दुनियाके एक अद्वितीय दृश्यके देखनेसे वंचित रह गये। पानीके तटपर झुके हुए खजूरके वृक्ष, मानों नील देवीके शोभोद्यानकी बाढ़ हैं। अंजीर वृक्ष अपनी सुहावनी छायाको धधकते हुए बालूपर फैलाये अपनी अकारण परहितैषिताका परिचय दे रहे हैं। दरिद्रतासे पीड़ित गाँवोंके लड़के—प्रायः सम्पूर्ण नंगे—नावको आती देख पैसे माँगनेके

लिये नदीतटपर दौड़ आते थे। बीच-बीचमें जब तब कोई प्राचीन सभ्यताका ध्वंसावशेष मंदिर, खोदकर निकाले गये प्राचीन नगरोंकी दीवारें, प्रकांड स्त्रीमुखाकृति सिंह, पिरामिड और स्तम्भ, सामनेसे आते दिखाई देते थे। और चारों ओर दूर तक बालू, जिसके बीचमें दूर कोई, हरितभूमि (Oasis)। कहीं ऊँटोंका कारवाँ पाँतीसे जाता दिखाई देता था। सूर्यास्तकी रक्तिमा, चमकते तारोंसे जगमगाती नीली रात्रि, सूर्यास्तके समय मरुभूमिके आकाशका जादूभरा दृश्य! कभी नंगे भयानक पहाड़ दोनों ओरसे इतने नजदीक आते-जाते थे कि जान पड़ता था, ये हमें पीस डालने हीके प्रयत्नमें हैं; और तब हम गर्जते हुए पानीसे चारों ओर घिर जाते थे। हम कितने जलपातोंको पार करते अफ्रीकाके पेटमें, धधकते दक्षिणकी ओर बढ़ रहे थे। यह बड़ी विचित्र यात्रा थी, जिसे करनेका सौभाग्य बहुत कमको मिला होगा।

खर्तूममें पहुँचकर, कप्तान धीरेन्द्रने दो छोटी-छोटी नावोंका प्रबन्ध किया। इनके द्वारा अब हमने सोबातमें यात्रा करनी चाही। अपनी यात्राके विषयमें हमलोग पहिले ही विचार कर चुके थे। हमारा रास्ता अजफके कस्बे तक आसान था। आज तक कोई भी विदेशी वहाँसे आगे नहीं बढ़ा था। किन्तु उसके बाद हम अज्ञेयकी सीमामें घुस जायँगे। शिवनाथके नक्शेमें, एक नीवक गाँवका निशान था, जिससे पहिले ही, एक जलपात पड़ता था। उसके बाद एक नाम-रहित शाखानदी दक्षिण-पश्चिमसे आकर सोबातमें मिलती है। वह बीस कोस और आगे चलनेपर समकोणपर घूम जाती है, और फिर वहाँसे उसकी धारा दक्षिण-पूर्वकी ओर है।

इसी शाखाके घुमावमें सूची-पर्वत है। इसके विषयमें शिवनाथने अपनी एक नोट-बुकमें बहुत लिखा है। इसी जगहपर सर्व-सम्मतिसे कप्तान धीरेन्द्र हमारे नेता चुने गये, और यहींसे मरुभूमिके पार करनेका प्रबन्ध करना था।

नदियोंके ऊपरकी यात्राका सविस्तर विवरण देना एक दिल-उक्ताऊ काम होगा। मुझे याद है, सोबातके मुँहपर पहुँचनेसे पूर्व ही, मुझे सारी यात्रा कड़वी मालूम होने लगी थी। कप्तान शीग्रेव्ज़ शारीरिक शक्तिके स्वरूप थे। वही डेरा डालनेके लिये स्थान चुनते थे। वही भोजनका सारा प्रबन्ध करते थे। वह सदा सबेरे जागनेमें सबसे पहिले, और रातको सोनेमें सबसे पीछे रहते थे।

धनदास भी बड़ी मिहनत करते थे। सीधी धारमें चढ़ानेके लिये जब आवश्यकता होती; तो नावके रस्सेको पकड़कर खींचनेमें उन्हें जरा भी संकोच न होता था। मुझसे भी जो कुछ हो सकता था, करनेके लिये तय्यार रहता था, यद्यपि मेरी शारीरिक दुर्बलता, मुझे बहुत उपयोगी नहीं साबित कर रही थी।

और महाशय चाङ्‌तो उस कड़ी धूपमें भी दिन भर सोते रहते थे। एक विचित्र बात उस अद्भुत पुरुषमें मैंने यह भी देखी, कि नींद उनके हुक्मपर आनेके लिये तय्यार रहती थी। ऐसा भी समय होता था, जब कि वह सोनेके अतिरिक्त और कुछ न करते थे; और ऐसा भी जब कि वह कई-कई दिन-रात तक बिना सोये काममें लगे रहते थे। मजाल क्या, कि एक बार भी मुँहपर जम्हाई आ जाय। वह स्वयं कहते थे—'सोना क्यों, जब कि करनेके लिये काम है? जागना क्यों, जब कि वक्त बेकाम है?' यह सिद्धान्तके तौरपर उतना ही अच्छा है, जैसा कि साधारण आदमियोंके लिये इसपर अमल करना असम्भव है। चाङ्‌के वैसा करनेका कारण भी था। वह बड़े स्वस्थ और मजबूत थे।

हम अभी सोबातमें तीन दिन भी न चले थे, कि मुझे जूड़ीने आ घेरा। मैं क्वीनैन निगलनेके लिये मजबूर था। अब हम काहिरासे दो हज़ार मील दूरपर थे। नदीकी धार तेज थी। हम अब उष्ण-कटिबन्धके मध्यमें थे। वहाँ हरियाली और वनस्पति बहुत कम दिखाई देती थी। मध्यान्हके समय सूर्य बिल्कुल शिरपर होकर अंगारोंकी भाँति

धधकते थे। हमारे पैरोंके नीचेका बालू छूआ नहीं जा सकता था, और रातमें भी बहुत देर तक वैसा बना रहता था। सूर्यास्तसे सूर्योदय तक मच्छरों और कीड़े-मकोड़ोंकी बारी थी। उन्होंने काट-काटकर हमारे चेहरे बिगाड़ दिये थे। हम तीनों तो उनसे परेशान थे, किन्तु चाङ्नानके मोंगेपर बैठे हँसते रहते थे।

आगे चलते-चलते हम ऐसे देशमें पहुँचे, जहाँका जंगल नाना प्रकारके जानवरोंसे भरा था। मैंने कभी इतनी चिड़ियाँ न देखी थीं। जहाँ कहीं भी नदीके ऊपर गीली भूमि थी, लाखोंकी संख्यामें वह इकट्ठा दिखाई देती थीं। मैं प्रकृति वैज्ञानिक नहीं हूँ; तो भी जांघिल, पवित्र इबिस, और चूड़ाधर बगलोंको पहिचानता हूँ। वहाँ गीदड़ोंका झुण्ड इधर-उधर घूमता दिखाई पड़ता था। मैंने एक बार इनके झुण्डके बीचमें एक जंगली सुअर देखा। उसने अपनी लम्बी खांगसे उनको गोलको तितर-बितर कर दिया। मैं उस रातको कभी न भूलूँगा, जिस दिन हमें शेरकी आवाज़ सुनाई दी थी। आवाज़ मालूम होती था, कहीं हमारे नज़दीक हीसे आ रही थी। मैं तो सुननेके साथ ही भयके मारे काँपने लगा। मैंने उसी समय चाङ्को जगाया। वह मेरे पास ही सोये हुए थे।

वह उठकर बैठ गये, और सुनने लगे। मैंने उनके गोल मुखको देखा। उनकी आँखोंकी पुतलियाँ कोनेकी ओर थीं। उनका मुँह खुला हुआ था। उन्होंने शिर हिलाकर कहा :—

'हाँ, यह बबर शेर है।'

अब वह फिर लेट गये। और ज़रा देरमें सो गये।

जान पड़ा मेरे शरीरपर ठंडी हवाका झोंका-सा लगा है। मैं भयके मारे अचेत-सा होने लगा। मेरा शरीर काँप रहा था। मैंने देखा, कि मेरी ओर एक काली छाया आ रही है। मैं न हिल सकता था, न चिल्ला।

छाया निकल गई और चांदनीमें मैंने पहिचाना, कि वह कप्तान धीरेन्द्र हैं। मैंने उनकी छोटी बकर-दाढ़ी और तोता-सी नाक देखी। वह हाथों और पैरों दोनोंके बल जा रहे थे। उनके एक हाथमें बन्दूक थी।

वह चुपचाप दबेपाँव जंगलमें घुस गये। और थोड़ी देरके बाद मुझे उस निस्तब्ध रात्रिमें एक बन्दूककी आवाज सुनाई दी।

एकाएक पासकी झाड़ियोंसे बहुत-सी चिड़ियाँ उड़ीं, और मैंने देखा कि वह उड़ती हुई, किसी ओर घूम गई। तब एक मेघके गर्जनकी-सी आवाज सुनाई पड़ी। जान पड़ता था, जमीन हिल रही है, हवा प्रति-ध्वनिसे गूँज रही है। यह मृगराजकी अन्त समय की आवाज थी।

एक ही मिनटमें सभी पड़ाव, हल्लाके मारे भर गया। अरब अपनी शक्ति भर बहुत ऊँचे स्वरसे चिल्ला रहे थे। सूदानी इधर-उधर दौड़-धूप रहे थे। अब धीरेन्द्र अपनी बन्दूक बगलमें दाबे, बीड़ी पीते आ रहे थे।

धीरेन्द्र पुराने शिकारी थे, किन्तु आज हीकी रात उन्होंने अपने जीवनमें सबसे बड़ा शिकार किया था। उन्होंने दूसरे दिन कहा भी, मेरी बस एक इच्छा है—यदि किसी तरह इसके शिरको पर्यटक-क्लबमें रखने पाता जिसमें शम्भु देखकर दाँत पीसता।

उस रातके बाद चार या पाँच दिन बीत जानेपर, हमलोग अजक गाँवमें पहुँचे। वहाँके निवासी, बड़े प्रेमसे मिले, कहने लगे—यहाँसे दक्खिन बढ़ना अच्छा नहीं है। उन्होंने बतलाया, मरुभूमिके उसपार एक बड़ी ही शक्तिशाली जाति बसती है। इससे अधिक हमें और कोई भी बात, उस गाँवमें न मालूम हुई। अजकसे आगे हम उस जंगली प्रदेशमें होकर चले। आगे बढ़नेमें नदीकी धार पतली किन्तु तीक्ष्ण होती जाती थी। और अब हममेंसे प्रत्येकको रस्सोंपर लगना होता था।

मैं उन दिनोंको कभी न भूलूँगा। तलवे छालोंसे भर गये थे, और मैं बहुत बेदम हो चला। मेरे हाथ भी छालोंसे भरे हुए थे, और कन्धे

रस्सियोंकी रगड़से छिल गये थे। यद्यपि मेरी ताकत नहींके बराबर थी, किन्तु मैं बड़ी मजबूतीसे काममें लगा रहा। मुझे याद है, मेरे मित्र, मेरे इस साहसके बड़े कृतज्ञ थे।

अब हमने चाङ्का नया ढंग देखा। वह रात-दिन कड़ी मिहनत करते थे, तो भी हर वक्त प्रसन्न-वदन रहते थे। वह बार-बार उत्साह देते रहते थे, कि अब जल्द ही जौहरीके नोट किये नीवक गाँवमें पहुँच जाते हैं।

यह मालूम होना चाहिये, कि अब हमने सोबातको छोड़ दिया था, और हम उसकी एक शाखानदीमें चल रहे थे। उसका चिन्ह किसी भी छपे नकशेमें नहीं है। देश ऊँचा-नीचा और पहाड़ी था। हरियाली का नाम न था। हमको मालूम था, कि गाँवसे पहिले ही जलपात मिलेगा। हमारे आनन्दकी उस वक्त सीमा न रही, जब कि एक दिन रातके वक्त चाँदनीमें हम आगे बढ़नेकी कोशिशमें थे, तो हमें दूरसे पानीकी धीमी आवाज आती सुनाई दी।

हम अपनी नावोंको खींचते जलपातसे चन्दगजोंके फासिले तक गये। वहाँ नावसे सामान उतार लिया गया, और नाव भी उठा ली गई। उस समय मैं कप्तान धीरेन्द्रके साथ आगे गया, और थोड़ी ही देरमें हम दोनों नीवकमें पहुँच गये। किन्तु वहाँ हमें अपना अभिप्राय जाहिर करनेमें बहुत दिक्कत हुई। वह लोग सर्वथा ज्ञानशून्य और जंगली थे। वह बिल्कुल नंगे मादरज़ाद थे। हमें देखकर वह बहुत डर गये, किन्तु मैं मानता हूँ, कि वह हमसे उतना न डरे जितना कि मैं उनसे डर गया।

कप्तान बिना जरा भी हिचकिचाये बिना भय खाये उनके पास चले गये, किन्तु उन्होंने देखा कि मेरी जानी हुई अरबी या और देशी भाषाओंको वह नहीं समझ सकते। तब उन्होंने इशारेसे बात करना आरम्भ किया। इस विषयके वह बड़े पंडित थे।

यह साफ ही था, कि उन लोगोंने कभी किसी विदेशीको न देखा था। हमने उन्हें काँचकी छः झूठी मोतियोंकी कुछ मालायें बाँटी। जिस पर वह और भी खुश हुए। फिर उनमेंसे कितने ही आदमियोंको लिये हम, अपनी नावोंके पास आये, और उन्होंने भी, नाव और असबाब को जलप्रपातसे बहुत आगे, सुरक्षित स्थानपर पहुँचानेमें हमारी बड़ी मदद की।

जितना ही मैं उन भयानक दिनोंपर विचार करता हूँ, उतना ही मुझे अपनेपर आश्चर्य आता है। जिस वक्त गाँवमें जा रहे थे, हम अच्छी तरह जानते थे, कि एक क्षणमें हमारी जान ले ली जा सकती है। किंतु कप्तान धीरेन्द्रको अफ्रीकाकी जंगली जातियोंका बड़ा अनुभव था। उन्होंने बतलाया, उनसे डरना ही खतरनाक है। यदि आप निर्भय होकर खूब तनकर बात करें, तो वह कुत्तोंकी भाँति दुम दबाकर आपके चाकर बन जायँगे।

हमें अपना सारा सामान उस स्थानपर पहुँचानेमें कई घंटे लगे। दूसरे दिन भी हमलोगोंने वहीं विश्राम किया, और गाँववालोंमेंसे कई एकको अपना मित्र बनाया। उस दिन गाँवके स्त्री-पुरुष बाल-वृद्ध सारे ही हमें देखनेके लिये आये। मेरा सुनहली कमानीका चश्मा और भी उनके लिये कौतूहलकी बात थी।

अब हम अपनी नदीकी यात्राके अन्तिम भागपर पहुँच गये। नदी गहरे करारोंके बीचमें बह रही थी, और चूँकि धार पहिलेसे भी तेज थी, इसलिये यहाँ रस्सी पकड़कर खींचना (गुन ले चलना) और भी कठिन था। हमारा लक्ष्य था, सूचीपर्वत। वहाँ पहुँचनेके लिये मैं सबसे अधिक उत्सुक था, क्योंकि मुझे जान पड़ रहा था, कि और अधिक दिन तक गुन चलाना मेरे लिये हानिकारक होगा। और विशेषकर सूची स्वयं प्राचीन मिश्री सभ्यताका एक चिह्न थी। इसके लिये कहा गया था, कि उसपर भी लयोपेतराकी सूईकी भाँतिही चित्र और चिह्न हैं, और वह नदीके दाहिने तटपरके एक पहाड़में कटी हुई है।

एक दिन सवेरेको हम अकस्मात् उस पहाड़ी खड्डसे बाहर हो गये, और वहां हमारे सामने सूची थी। मेरे आनन्दकी उस समय सीमा न थी।

हमने वहाँ सभी बात शिवनाथके लेखानुसार ही पाई। अजक, अज्ञात शाखानदी, जलपात, और नीवक गाँव। हमने प्रत्येकको क्रमशः पाया: किन्तु मेरी समझमें सेराफिसकी कब्र और मितनी-हर्पी नगरकी विद्यमानताका सबसे भारी प्रमाण यही सूची थी, जो शिवनाथके कथनानुसार ठीक एक गाजरके आकारमें पर्वतको काटकर बनाई गई थी।

हमलोग उस रातको, पर्वतकी जड़से दूसरे तटपर ठहरे। दूसरे दिन सात बजे ही मैं धनदासके साथ उस पार गया और फिर हम दोनों पहाड़के ऊपर चढ़े। मैंने आशा की थी, कि वहाँ कोई शिलालेख पढ़नेको मिलेगा, किन्तु रेगिस्तानी तूफान ने वहाँ कुछ न बाकी छोड़ा था। वह पत्थर जिसपर सूची कटी हुई थी, बहुत ही नर्म था, और मुझे बड़ा ही आश्चर्य हुआ, कि कैसे यह, इतनी शताब्दियोंके बाद भी बना हुआ है।

अब यहाँ से हमारा रास्ता ठीक दक्षिण-पश्चिमकी ओर था। नोटबुक और नकशेसे हमें मालूम हुआ था, कि रेगिस्तान तक पहुँचने के पूर्व हमें झाड़ियोंसे भरी पहाड़ी भूमिपर चलना होगा। और फिर नकशेपर शिवनाथके शब्द थे—'यहाँ, इस बालूकी भूमिपर सूर्य भट्ठेकी भाँति धधकता है।'

अब यहाँसे हमें नदीका किनारा छोड़ देना था। हमारे हृदयमें था, अब हमारे सामने ही प्राचीन सभ्यताका नामलेवा मितनी-हर्पी शहर और सेराफिसकी कब्र, जिसमें कल्पित खजाना है, किन्तु हममें और हमारे लक्ष्यके बीचमें एक भयंकर, आग्नेय, दुस्तर, रेगिस्तान है। हमारे पास इसके जाननेके लिये कोई उपाय न था, कि कहाँसे हमें रेगिस्तान पार करना चाहिये। पर्वतसे आगे बढ़कर उस मरुभूमिपर कदम

रखना क्या था, मृत्युके मुखमें पैर रखना। जो कुछ गोली-गंठा, माल-असबाब हमें चाहिये, सब अपने ऊपर लादकर चलना है। हमने नोट-बुकमें बहुत खोजा कि रेगिस्तानपर कहीं पानीका भी ठिकाना है। किंतु व्यर्थ। उसपर कहीं भी ओसिस या हरितभूमिका पता न था। जितना ही उसपर अधिक ख्याल दौड़ाते थे, उतना ही हमें वह कठिन मालूम होता था। मेरे और साथी उतने दृढ़ न थे, जितने कि धीरेन्द्र। हम-लोग उनकी आज्ञाकी प्रतीक्षा कर रहे थे। दो सप्ताह तक, जब कि हमलोग सूवी पर्वतके पास ठहरे थे, वह बोलते बहुत कम थे, बराबर अगली यात्राके विचारोंमें डूबे रहते थे।

तब हमारे सूदानी और अरब नौकरोंने हमारे साथ रहनेसे इन्कार कर दिया। उन्होंने नीबकमें तरह-तरहकी अफवाहें सुनी थीं, अब वह अपनेको बड़े भयानक स्थानमें पड़े देख रहे थे। वह एकदम नीलको लौटनेके लिये अधीर हो पड़े। धीरेन्द्रने उनसे कह दिया, कि हम तुम्हें रेगिस्तानके पार न ले चलेंगे किन्तु तुम्हें जानेसे पहिले हमारे लिये कुछ काम करना होगा, और फिर तुम लोग खुशीसे एक नाव लेकर यहाँसे लौट जाना।

अगले दो दिनों तक, कप्तान पासके पर्वतोंमें शिकार खेलनेमें लगे थे। शिकारों की यहाँ भरमार थी। वह रोज शामको अत्यन्त छोटी जातिके कितने ही हरिनोंको मारकर लाते थे। उसके चमड़े अलगकर धूपमें उन्होंने सुखा लिये, और फिर उन चमड़ोंसे उन्होंने कई छोटी-छोटी मशकें बनाईं। मैं धीरेन्द्रकी सूईको चलते देखकर बड़ा आश्चर्यमें पड़ रहा था।

इन सीधी-साधी तय्यार मशकोंमें नदीका पानी भरा गया। और तब धीरेन्द्र, धनदास और चार सूदानी रेगिस्तानकी ओर चल पड़े।

वह लोग तीन दिन तक गायब रहे। मैं और चाङ् डेरेपर थे। मैं अपनी डायरी लिख रहा था, सूचीकी परीक्षा भी कर रहा था, जिसके विषयमें मुझे कई महत्त्वपूर्ण नई बातें मालूम हुईं, और मैंने उन

सबको नोटकर लिया। और महाशय चाङ् नदीके तटपर पैर फैलाये, हाथोंको बाँधकर पेटपर रखरख केवल सोया करते थे। जान पड़ता था, वह समझ रहे थे, कि हमलोग अब बड़े सुरक्षित हैं, किन्तु मेरा ऐसा ख्याल न था।

जब कप्तान धीरेन्द्र लौटकर आये, तो वह अपनी पहिले रेगिस्तानी मुहिमसे बहुत प्रसन्न थे। वह लोग रेगिस्तानके किनारे तक पहुँच गये, और वहाँ पहाड़की जड़में एक मशक पानी दबा आये थे। यहाँपर उन लोगोंने दूसरी मशकके पानीको आपसमें बाँटकर पिया, और रात भर विश्राम किया। दूसरे दिन सूर्योदयसे पूर्व ही उठकर, शेष चार मशकोंको लिए हुए, सभी सूदानी धीरेन्द्रके साथ, जिनके हाथमें बराबर दिग्दर्शक यंत्र था, आगे रेगिस्तानमें बड़े जोरका धावा मारे। मध्यान्हके समय उन्होंने मशकको बालूपर रखकर उसके ऊपर बालूके बड़े भारी ढेरेका निशान कर दिया। बहुत रात गये रेगिस्तानमें और भी आगे बढ़कर उन्होंने दूसरी पानीकी मशक गाड़ दी।

उस दिन उन्होंने पाँचवीं मशकका पानी पिया और फिर एक मशक लौटते वक्तके लिये रखकर वह लोग लौट आये। जब वह लोग नदीके किनारे पहुँचे, तो प्रत्येक प्यासके मारे व्याकुल था। वह नदीके किनारे चले गये और हाथों पैरोंके बल झुककर बकरियोंकी भाँति उन्होंने पानी पिया।

कप्तान धीरेन्द्रकी दूसरी यात्रा पहिलीसे भी कठिन थी। इस बार वह धनदासके साथ चार दिन तक गुम रहे। वह सवेरे ही वहाँसे रवाना हो गये। अबकी बार उनकी चाल बहुत तेज थी, अतः सूर्यास्तसे बहुत पहिले वह उस पर्वतकी जड़में पहुँच गये। वहाँ जरा भी सुस्ताये बिना रातमें आगे बढ़ते गये और रेगिस्तानकी पहिली मंजिलपर सुबह-के आठ बजे पहुँच गये। इस प्रकार बिना एक बूँद जल कंठके भीतर डाले वह छब्बीस घंटा दिनकी धधकती धूप और गर्मीमें चलते गये।

उन्होने एक मशकसे पानी निकालकर पिया और फिर जलते बालूपर वह पेटकी बल लेट रहे। सूर्यकी प्रचंड किरणे बराबर उनपर पड़ रही थीं।

धीरेन्द्र और धनदास दोनो ही काले स्याह हो गये थे। सूदानी भी धूपसे बहुत पीड़ित थे। सूर्यास्तके करीब वह लोग फिर आगे बढ़े किन्तु रास्ता भूल गये, और दूसरे मुकामको सूर्योदयके कितनी ही देर बाद तक न पा सके थे।

अब प्यासके मारे वह लोग बहुत ही तंग आ गये थे। उन्होंने दो मशकोंका जल पी डाला। अब सूदानियोंने रातको और आगे बढ़नेसे इन्कार कर दिया। तब कप्तान धीरेन्द्र अकेले ही एक मशकको लिये आगे बढ़े, और आधी रातको उसे एक जगह गाड़कर प्रातः आठ बजे तक अपने साथियोंके पास लौट आये। अपने पैरोंका निशान देखते-देखते वह दिनकी उस प्रचंड धूप हीमें लौट पड़े। अब उनके पास दो मशक पानी राह-खर्चके लिये था। उनमेंसे एकको तो उन्होंने पहिली रेगिस्तानी मञ्जिलपर पी लिया और, दूसरी पहाड़की जड़में आकर। जब वह लोग सूचीपर्वत पहुँचे, तो जान पड़ता था, वह नरकसे निकलकर अभी आये हैं। चेहरा काला, ओठ फटे, आँखें भीतर घुसीं—बड़ी भयानक सूरत थी।

दूसरे दिन नौकरोंने कप्तान धीरेन्द्रको अपनी मजदूरी भुगतानेके लिये कहा। उनकी मजदूरी चुका दी गई, और हमने एक नाव खाली करके उनको दे दी। फिर वह बड़ी खुशी-खुशी नदीकी लौटती धारसे लौट पड़े।

—१०—

"वहाँ इस बालूकी भूमिपर सूर्य भट्ठेकी भाँति धधकता है"

मेरे लिए अब स्थिति अत्यन्त भीषण मालूम हो रही थी। हमलोग अफ्रीकाके मध्यमें थे। वहाँसे सभ्य जगत् हजारों कोस दूर था। यदि

कोई आपत आई, तो कोई मदद करनेवाला न था। हमारे पास कोई उपाय न था, कि हम अपने समाचारको सभ्य जगत् तक पहुँचा सकते। अक्सर रातको बड़ी देर तक निद्राशून्य हृदयमें उस जनशून्य स्थानमें, मैं नाना संकल्प-विकल्पमें मग्न रहता था। किन्तु यह खूब मालूम है, धीरेन्द्रने और न धनदास और चाङ्ने कभी एक क्षण भर भी आपत्तियोंके भीषण ख्यालको अपने पास फटकने दिया।

हम लोग अपने साथ कई बड़े-बड़े झोला लाये थे। उनमेंसे चारमें हमने अब कार्तूस, औषधोंका बक्स, थोड़ेसे बर्तन, कुछ खाद्य-पदार्थ, कसानका प्रसिद्ध शीशेकी आँखोंवाला डिब्बा, चाङ्की भानमतीकी पिटारी, और कितनी ही और वस्तुयें—जिन्हें धीरेन्द्र लाभदायक समझते थे, जैसे दूरबीन और दिग्दर्शक। धनदासके हाथमें उनके चचाकी नोटबुकें थीं और कप्तान धीरेन्द्रने—जो अब हमारे सारथी थे—नकशा हाथमें लिया। मेरे हाथमें गोबरैला-बीजक दिया गया। उस समय हमारी सूरत आदमियोंकी अपेक्षा लादू जानवरोंसे अधिक मिलती थी। एक दिन कुछ रात गये हमलोग धीरेन्द्रके पीछे-पीछे उस भयंकर यात्राके लिये चल पड़े।

सूर्योदयके बाद भी हमलोग पहाड़ों हीमें थे, और धीरेन्द्रने बड़ी बुद्धिमानीसे धूपमें आगे बढ़ना रोक दिया। हमने वहाँ कुछ गर्मागर्म चावल और तर्कारी बनाई। हमलोगोंको कण्ठ भीजने भरके लिये, मशकमेंसे पानी लेनेका हुक्म था। हमारे साथमें तीन मशकें थीं। मुझे अफसोस है, मुझे एकको भी ले चलनेकी आशा न थी।

रात्रिके आते ही हमलोग फिर आगेके लिये चल पड़े, और सूर्योदयसे दो घंटा पहिले हमलोग उस पहाड़की जड़में पहुँचे जहाँसे रेगिस्तान आरम्भ होना था।

मुझे कभी वह दृश्य न भूलेगा, जिसे कि उस रात्रिको पहाड़की अन्तिम सीमा और रेगिस्तानके आरम्भपर खड़े होकर, मैंने सामनेकी

ओर देखा। पश्चिम ओर पूर्ण चन्द्रमा अस्त हो रहे थे, और उनकी किरणोंसे सारा रेगिस्तान उज्ज्वल समुद्रकी भाँति दिखलाई पड़ रहा था। उसी समय हमारे पीछेसे उषाकी सवारी आई। जरा ही देरमें एक प्रकाशकी बाढ़ उस समतल भूमिपर फैलने लगी।

ऐसे तो हमेशा ही उषा अपने साथ आशा और आनन्द लेकर आती है। किन्तु उस दिनकी उषा मेरे हृदयपर हजारों मन बुखार लाद रही थी। दक्षिण और पूर्वकी ओर, जहाँ तक दृष्टि जाती थी, सिर्फ बालू ही बालू दिखलाई पड़ता था, न कहीं पहाड़, न कहीं वृक्ष और न कहीं पानीकी धार—कुछ भी नहीं सिर्फ सुनहला जलता हुआ बालू।

मैंने व्यर्थ ही, रेगिस्तानके उस पारवाले पर्वतको देखनेके लिये सामने नजर दौड़ाई। मेरे दिलको उस भयानक रेगिस्तानके दर्शनसे, उपनिष्ठ लेखकोंवाली मितनी-हर्षाकी सड़कका दर्शन ही अच्छा मालूम होता था। न वहाँ कहीं पर्वत था, न उसपरकी कटी हुई प्रकांड देव-मूर्त्तियाँ। वहाँ और कुछ नहीं, सिर्फ एक बालूका समुद्र था, जो दूर न जाने कहाँ तक फैला हुआ था। वह एक मृत्युका देश, अथवा निराशाका स्थान था।

कप्तान धीरेन्द्र वहाँ सूर्योदय तक ठहरे, क्योंकि रातमें गड़ी हुई मशक न मिल सकती थी। जब वह मिल गई, तो हम वहाँसे हटकर एक नालेमें चले गये। वहाँ धूपसे अच्छा बचाव था। यद्यपि पानी ठंडा न था, किन्तु उस समय वही बहुत प्रिय मालूम होता था।

उसी शामको ६ बजे हमने पहिले-पहिल मरुभूमिमें पैर रक्खा। धीरेन्द्रके पैरोंको देखते-देखते आगे बढ़ना आसान था। चाँदनीमें भी हमें पदचिह्न अच्छी तरह दिखाई देते थे।

यह यात्रा बहुत कठिन थी। चलते समय घुट्टी-घुट्टी तक हमारे पैर, बालूमें धँस जाते थे। बीचमें दम लेने तथा झोला एक कन्धेसे दूसरे कन्धेपर बदलनेके लिये हम ठहर जाते थे; किन्तु पानी पीनेकी हमें

सख्त मनाही थी। आधी रातको भी बालू इतना गर्म था, कि छुआ नहीं जा सकता था।

हमें बड़ी आसानीसे पहिले पड़ावका स्थान मिल गया। पानीकी मशक एक चार हाथ ऊँचे गाजराकृति बालूके नीचे रक्खी थी। हमने उसे निकालकर पहिले उसमेंसे आधा पी लिया, और फिर सोनेके लिये बालूपर लेट गये।

सूर्यकी तेज धूपने हमें नींदसे जगा दिया। वहाँ कहीं छाया न थी। रेगिस्तान क्या, अच्छा धधकता हुआ अवाँ था। थका-माँदा बेदम मैं वहाँ पड़ा रहा, किन्तु असह्य धूपमें नींद कहाँ?

बालूमें वहाँ कितने ही कीड़े थे। कितनी ही अदृश्य चीजें थीं, जो काट रही थीं। आँखें बन्द किये हुए मैं उस बालूपर चित सोया हुआ था, किन्तु लहकते हुए लाल लोहेकी भाँति सूर्यकिरणें मेरी पलकोंपर पड़ रही थीं।

धीरेन्द्र हमें पानी न पीने देते थे। उन्होंने कहा, हमें इन तीन मशकोंपर हाथ न लगाना होगा, जब तक कि हम अन्तिम रक्खी हुई मशकके पार न हो जायँ। वह यह नहीं बतला सकते थे, कि वह जगह अभी कितनी दूर है। हमें एकमात्र संयोगका भरोसा करना था, जीवन की आशा व्यर्थ थी। हो सकता है, हमारे भाग्यमें इस निर्जन भयंकर बालूमें प्राण खो देना बदा हो, अथवा सारी ही कठिनाइयोंको झेलते, हमलोग जिन्दा, प्रकांड मूर्त्तियों और उपनिष्ट लेखकोंकी सड़कपर पहुँच जायँ।

सूर्यास्तके समय हमें आधे बचे हुए पानीको पीनेकी आज्ञा मिली। पानी गर्म था, किन्तु उसने अपना काम किया, हमारी प्यास उससे बुझ गई। तब धीरेन्द्रने कहा आज हमें एक दौड़ लगानी होगी। आज रातमें अपनी सारी शक्ति लगाकर आगे बढ़ना चाहिये।

सायंकाल सात बजे ठंडेमें हमने कूच किया। हम एक ही पाँतीमें चल रहे थे; सबसे आगे धीरेन्द्र, फिर धामदास, तब मैं और हमारे

बगलसे चाहूँ। धीरेन्द्रका कदम मुझे भयङ्कर मालूम होता था। वह पदचिह्नोंको देखते हुए बड़ा लम्बा-लम्बा डग डाल रहे थे। एक या दो बार उन्होंने बीनमें कोई तान भी छेड़ी, किन्तु मेरे लिये गाना? गानेकी कौन चलावे, गाना सुनना भी ज़हर मालूम होता था। मुझे मालूम होता था, कि अब गिर जाऊँगा, और अब गिर जाऊँगा। मेरे रोम-रोममें भयानक व्यथा थी।

किन्तु मैने पक्का कर लिया था, कच्चाई न दिखाऊँगा। मैंने देखा कि, पक्के इरादेका भी उतना ही मूल्य है, जितना शारीरिक बलका। ग्यारह बजते-बजते हम दूसरे मुकामपर पहुँच गये। वहा हमें तीसरी मशक मिल गई। मेरा हृदय व्याकुल हो उठा, जब कि मैंने कप्तानका हुक्म सुना—बिना ठहरे आगे बढो।

हमें इस मशकको भी साथ ले चलना था, जिसमें रेगिस्तानके पारतकके लिये हमारे पास चार मशक पानी हो। यद्यपि मै निर्बल और बेदम था, किन्तु मै यह कभी न देख सकता था, कि कप्तान धीरेन्द्र एक और भी अधिक बोझ अपने ऊपर लें, वह इसके लिये बिल्कुल तय्यार थे तो भी यह चौथी मशक मेरे हिस्सेकी थी, मैंने उसे देनेसे इन्कार कर दिया।

लेकिन कुछ भी हो, मेरा कलेजा मेरे शरीरसे मजबूत था। अपेक्षाकृत ठंडे उस सुबहके समय आध घंटा चलनेके बाद मतवाले शराबीकी भाति मै लड़खड़ाने लगा। मेरे ऊपर नक्षत्र नाचते हुए दिखाई दे रहे थे, और धीरेन्द्रका लम्बा शरीर अस्पष्ट धुँधला-सा दिखलाई देता था।

करीब था, कि मै अपने आपको जमीनपर फेंक देता और अपने साथियोंसे कहता—तुम्हारी यात्रा मङ्गलमय हो अब मुझे यहीं मरनेके लिये छोड़ दो, जाओ आगे बढो। इसी समय अकस्मात् मेरे कन्धेसे मशक उतार ली गई।

चाङ्—'मैं देख रहा था प्रोफेसर, इसे मैं ले चल रहा हूँ, आप अपनी नाककी ओर देखें। केवल यात्राके अन्तका चिन्तन करें और कदम आगे बढ़ाते चलें; और बस, हमलोग पहुँच दाखिल हैं।'

मेरे पास वादविवादके लिये शक्ति न थी। मैंने उन्हें अपना बोझ ले चलनेको छोड़ दिया। वस्तुतः वह ऐसा करके मेरी रक्षा कर रहे थे, इसे वह वैसे ही जान रहे थे, जैसे मैं।

सूर्योदय हो गया, और अब भी हम आगे बढ़ रहे थे। अब हमारे सामने सिर्फ धीरेन्द्रका पदचिह्न था। सौभाग्यसे इन दिनों हवा नहीं चली थी, जिससे बालूमें उथल-पुथल न हुआ था, और पदचिह्न जैसाका तैसा बना था।

चलते-चलते हम चौथी और अन्तिम मशकपर पहुँच गये। सूर्य ऊपर चढ़ गये थे, धूप मर्मवेधक थी। धीरेन्द्रकी आज्ञा पाते ही हम-लोग पानीपर भूखे भेड़ियोंकी भाँति पड़ गये।

दिन वैसे ही बीत गया, जैसे कि पहिले। कीड़, प्यास, निद्रासे उन्माद, और असह्य धूप भीषण यातना दे रहे थे। आँखोंके ऊपर हाथ रखकर हमने दक्षिण-पश्चिमकी ओर देखा, किन्तु वहाँ कहाँ पर्वतका चिह्न? कलकी यात्रा हमें आशाकी सीमासे बाहर कर देगी, वहाँ मृत्यु ही एक असंदिग्ध वस्तु होगी।

यदि नक्शेपर विश्वास किया जा सकता है, तो अब तक हम आधा रेगिस्तान पार कर चुके थे। और यदि नक्शेमें इसका ध्यान नहीं दिया गया था, जैसा कि रंगतसे जान पड़ता था; तो फिर मृत्यु हमारी बाट जोह रही थी। वहाँ मृत्यु थी, या हजारों फीट ऊँचे आकाशमें मँडराते गिद्ध—यही वहाँ एकमात्र जीवनके चिह्न नजर आते थे—दोनों ही हमारी प्रतीक्षा कर रहे थे।

निस्सन्देह धीरेन्द्र ने बड़ी बुद्धिमानी की, जो उस रात पिछली पहर उन्होंने हमें सो लेनेकी इजाजत दी। मैं तो बिना विश्राम लिये

आधा घंटा भी आगे नहीं चल सकता था, उस धधकती धूपमें लेटे हुए भला कहीं नींदका पता था ! हमने मशकका बच्चा जल पी लिया, और रातके एक बजे फिर आगेके लिये कदम बढ़ाया।

मैंने चाड्को अपना बोझ ढोने दिया। मैं जानता था, कि मेरा उसके लिये कुछ भी प्रयत्न मूर्खता होगी। अब हमारे पास चार मशक पानी था, और सामने रेगिस्तानका कुछ पता न था, कि अभी कितना दूर है। यह एक जुआ था, जिसे हम मृत्युके साथ खेल रहे थे। मैंने कप्तान धीरेन्द्रके चेहरेकी ओर देखा। उनकी आँखें बतला रही थीं, कि उन्हें इसमें स्वाद आ रहा था। वह एक ऐसे पुरुष थे, जिनसे सारे जीवनमें मृत्यु और विपत्तियोंसे वैसे ही खेला था जैसे मदारी तलवार और छुरीसे।

सूर्योदयके समय धीरेन्द्रने विश्राम करनेके लिये कहा। हमने थोड़ा-सा पानी पिया, कुछ घंटे आराम किया, और बाकी दिन भर फिर वही असह्य धूप, वही भीषण गर्मी।

शामके वक्त फिर कूच किया, और रात भरमें कई कोसकी यात्रा हुई। तीन बजे हमलोग फिर ठहर गये, जिसमें धूप उगनेसे पूर्व कुछ निद्रा, कुछ विश्राम ले लें। उस दिन सबेरेको हमने उस चौथी मशकको खाली कर दिया जिसे चाड् मेरे लिये ले चल रहे थे। उनकी ओर देख कर मैंने जान लिया, उन्होंने बड़ी तकलीफ सही है। इन कुछ दिनोंमें उनका वज़न बहुत घट गया था। उनकी आँखोंमें अब वह चमक न थी। आँखोंके गिर्द काला मँडर (मंडल) बैठ गया था।

अगले तीनों दिनों भी हमने पूर्ववत् ही अपनी यात्रा जारी रक्खी। रात्रि और सबेरेके कुछ घंटोंमें ही हम यात्रा करते थे। धीरेन्द्रकी आज्ञासे हम बहुत थोड़ा-थोड़ा जल पीते थे। मुझे स्मरण है, उन दिनों कभी भी मेरी जीभपर काँटा-सा लगना न बन्द हुआ, जान पड़ता था कोई कंडेका टुकड़ा मेरे मुँहमें रख दिया गया है। वह बराबर तालूमें चिपका रहता था।

जैसे ही जैसे हम रेगिस्तानमें आगे बढ़ रहे थे, धूप और भी असह्य होती जाती थी। मशकका पानी खाली होता जाता था, और हम उन्हें फेंकते जाते थे। पहिले चाङ्की मशक खतम हुई, फिर धनदासकी। इस प्रकार छठवें दिनकी यात्रामें हमारे पास सिर्फ एक मशक पानी था जिसे कप्तान धीरेन्द्र लिये हुए थे।

अब हमारे सम्मुख जीवन-मरणका प्रश्न था। हमलोगोंने उस समय दिल तोड़कर अन्तिम प्रयत्न करना ठान लिया। हमलोग उस दिन दोपहरके तीन बजे ही चल पड़े, जब कि सूर्यकिरणें वैसे ही प्रचंड थीं। पसीना हमारे भँवोंसे चू रहा था, एकके पीछे एक हम आगेकी ओर अपने आपको ढकेल रहे थे।

सूर्यास्तके समय धीरेन्द्रने हमें आधा-आधा गिलास पानी दिया। वह गर्मीसे उबल-सा रहा था। हमारा कठोर सेनापति हमें विश्राम लेनेकी इजाज़त नहीं दे सकता था। उन्होंने हमसे कहा, कि हमें आगे बढ़ते चलना चाहिये, नहीं तो यहाँ मरना होगा।

उस रातको, एक गर्म किन्तु आर्द्र हवा दक्षिण ओरसे चली, जिसने बालूको उलट दिया। हमारी आँख और नाकमें रेत भर गई, और यदि मुँह खोलते तो उसे भी भरते देर न लगती।

घंटों बीत गये। यह एक भीषण महाप्रयाण था। अंधे पागलकी भाँति लुढ़कता हुआ मैं आगे बढ़ रहा था। मेरे अंग-प्रत्यंग शून्य हो गये थे। मेरे दिमागमें उस समय सोचनेकी शक्ति ज़रा भी न बच रही थी। मैं एक मशीन की भाँति आगे बढ़ रहा था। जान पड़ता था, पीछेसे कोई ढकेलते हुए मुझे ले जा रहा है।

तब पूर्वीय क्षितिजपर उषाका प्रथम चिह्न दिखलाई पड़ा। धीरेन्द्रके मुँहसे एक शब्द निकलनेके साथ ही, हमने झोलों, बन्दूकों और अपने थके शरीरको बालूपर फेंक दिया।

उस हृदय-विदारक प्रातःकालका सूर्योदय मुझे कभी न भूलेगा। जैसे ही प्रकाश फैला, चारों ओर वृक्ष-वनस्पतिरहित, प्राणिचिह्न-शून्य

वही दिगन्तव्यापी बालूका-समुद्र था। हवा अब भी दक्षिणकी ओरसे बह रही थी। अब भी चार हाथ ऊँची हवामें बालूकी दीवार कुहरे-सी चारों ओर नज़र आ रही थी। इस कुहरे के ऊपरका वायुमंडल अब भी स्वच्छ था, और हम कोसों दूर तक नजर फैला सकते थे। हम कुछ भी न देख सकते थे, सिवाय एक पहाड़ी दीवारके जो दक्षिण-पश्चिमकी ओर हमें कोसों खड़ी मालूम होती थी। और यही मरुभूमिका अन्त था! यही हमारी तपस्याका फल था। यद्यपि हम निर्बल और खतम थे, तो भी एक बार आनन्द-ध्वनि प्रकट करनेसे बाज न आये।

लेकिन, तो भी अभी हम खतरेसे बाहर न थे, क्योंकि जिस समय हम पर्वतकी ओर देख रहे थे, हवा तेज होती जान पड़ी; और जब हमने दक्षिणकी ओर देखा, तो रेगिस्तानके ऊपरसे कुछ बादल-सा आता दिखाई पड़ा।

धीरेन्द्रने पीनेके लिये पानी दिया, उसके ज़रा देर बाद सूर्य छिप गया; और हमने अपने आपको बालूके तूफानमें पाया।

यदि हम आँख खोलते, तो अन्धे हो जाते, यदि बोलते तो बालू कंठकी ओर झोंका जाता था। हम बहिरे हो गये थे। हम अन्धे और गूंगे थे। हमलोग एकके ऊपर एकको ढाँककर लेट गये। उस भयानक अवस्थामें उसी तरह, सारे दिन हम वहीं पड़े रहे, हममें उठनेकी शक्ति न थी।

यह तूफान छत्तीस घंटे तक बना रहा, और इतने समयमें हमने अपने पानीका बहुत-सा हिस्सा पी डाला। जब हम रातको चलने लगे, तो मालूम हुआ। हमारी गठरियोंका वजन ड्योढ़ा हो गया है। उनके बारीक छिद्रों द्वारा बहुतसी रेत भीतर चली गई थी।

सूर्योदयके समय हमें पार्वत्यभित्ति नजदीक दिखाई पड़ने लगी, तो भी अभी कुछ मील दूर थी। अब हमारेमेंसे कोई भी ऐसा न था, जिसकी शक्ति समाप्तिको न आ पहुँची हो। धीरेन्द्र, जिन्होंने अपनी मर्दानगीसे मेरे ऐसे मुर्दोंमें जान डाल रक्खी थी, अब कंकाल मात्र

रह गये थे। चाङ् अपने पहिले शरीरकी छायामात्र भी न रह गये थे। और धनदास तो, इस अन्तिम समय पागल या सन्निपात ग्रस्तसे मालूम हो रहे थे। उनकी आँखें बाहर निकल आई थीं, वह बड़ी बीभत्स दृष्टिसे सामनेकी ओर देख रहे थे। उनके पतले ओष्ठ जोरसे बन्द थे। वह किसीकी ओर भी न देखते थे; बस सामने दीवारकी ओर देखते वह बड़े जोरसे आगे बढ़ते जा रहे थे; उनकी उस समयकी अंग-भंगी एक बाजकी दौड़ दौड़नेवालेकी-सी थी।

सचमुच यह एक दौड़ थी। मृत्यु—सबसे क्रूर मृत्युकी दौड़; मारे प्यासके हम परिणामको देख रहे थे। हम जानते थे, कि किसी समय भी हमारी शक्ति जवाब दे सकती है, और हम अपने अन्तिम लक्ष्यको सामने देखते-देखते सर्वदाके लिये इस शुष्क अजेय भूखंडमें गिर सकते हैं।

धीरेन्द्रने अवशिष्ट जलको हममें बाँट दिया। मुझे उनकी उदारताका स्मरण, बिना आँखोंमें आँसू लाये नहीं आ सकता, वह सर्वदा अपने लिये कम, और हमलोगोंके लिये अधिक जल देते रहे। वह कष्ट भी हमलोगोंसे अधिक अपने शिरपर लेनेके लिये तैयार रहते थे। वास्तवमें धीरेन्द्र स्वाभाविक नेता थे। तब एक बार अपने ऊपर अन्तिम जोर लगा, उस लहकती हुई धूपमें हम बेतहाशा आगेको बढ़े। किन्तु क्या करते? बालू परका चलना था। जब तक एक पैर उठाकर आगे रखते तब तक दूसरा आधी दूर पीछे खिसकके आता था।

हम धीरे-धीरे आगे बढ़ रहे थे। मैं और चाङ् सबसे पीछे रह गये थे। धनदास, धीरेन्द्रसे भी आगे कदम बढ़ाये जा रहे थे। जान पड़ता था, उनके ऊपर कोई जिन्न या भूत सवार हुआ है। वह लुढ़कते-पुढ़कते, अपने पैरोंसे बालूको पीछे फेंकते आगे बढ़ रहे थे। उन्होंने एक बार भी लौटकर पीछे न देखा कि हम आ रहे हैं या नहीं।

यह दोपहरका समय था, जब कि मैं बेहोश हो गया। धूप और निर्बलताने आखिर मुझपर काबू पा लिया। मैं वहीं भूमिपर गिर पड़ा।

जब मुझे होश हुआ, तो मैंने देखा, कि महाशय चाड्स झुककर मुझे उठानेकी कोशिश कर रहे हैं। उन्होंने बड़ी बहादुरी से यह प्रयत्न किया, किन्तु अभी वह मुझे बीस कदम भी न ले गये होंगे, कि मुझे लिये हुए वह भी जमीनपर गिर पड़े।

हम दोनों ही पास-पास कुछ देर तक उसी प्रकार आँख मूँदे पड़े रहे। हमारे ऊपर सूर्यकी आगभरी किरणें बराबर पड़ रही थीं। हम एक तरहसे बिल्कुल निर्जीव मनुष्य थे। प्यासके मारे मेरे कंठके भीतर मानों लाखों काँटे चुभा दिये गये थे। मुझे जान पड़ता था, मेरी जीभ आगमें पड़ी है। बालूके मारे मेरी आंखोंमें खून उछल आया था। मेरे हाथ ऐसे जल गये थे, कि उनके जरा भी छूनेसे दर्द मालूम होता था। मेरी बन्दूककी नली जैसे आगमें तपाकर निकाली मालूम होती थी।

मैंने उठने का जरा भी प्रयत्न न किया। मैं समझ रहा था, कि ऐसा कोई भी प्रयत्न निष्फल होके रहेगा। जहाँ गिरा था, वहीं मैं चुपचाप पड़ा, मृत्युकी घड़ी गिन रहा था। और तब मैं जमीनसे उठा लिया गया। मैंने देखा कि वीरेन्द्र लौटकर मुझे उठाये चल रहे हैं। मैं बोलनेके लिये असमर्थ था, किन्तु मेरी आँखों से उस समय आँसू बह रहा था। मैंने समझ लिया, कि जिन्दगी भर मुझे इस स्वर्गीय देवताका भारी कृतज्ञ रहना होगा।

मैंने पीछे देखा, तो चाड्स आते हुए दिखाई दिये। आगे बनदास को फिर पागलोंकी भाँति आगे लुढ़कते देखा। अब उनकी दृष्टि पहाड़ीकी उन मूर्त्तियोंकी ओर थी, जो डेढ़ सौ हाथ ऊँची पहाड़ीमें खुदी हुई थीं; और जिनका मुख मरुभूमिकी ओर था।

मुझे आश्चर्य-ध्वनि करनेकी सामर्थ्य न थी। मैंने देखा, वीरेन्द्र और चाड्समेंसे भी किसीने मुँह न खोला। दोनोंकी आँखें उन्हीं प्रकांड मूर्त्तियोंपर लगी थीं, और उन्हींकी ओर वह बढ़ रहे थे।

इन पुरानी मूर्त्तियोंको मैं जानता हूँ। बाईं ओर प्राचीन मिश्रके देवता थातकी मूर्त्ति थी, उसका मुख पवित्र इबिस् पक्षीका था; और दाहिनी ओर शृगाल-मुख मृत्युका देवता अनुबिस्। स्वच्छ वातावरणमें इन अद्भुत मूर्त्तियोंको हम स्पष्ट देख रहे थे, यद्यपि अब भी वह एक मीलसे भी अधिक दूर थीं। दोनों पास-पास खड़ी थीं, और उनका एक-एक हाथ, जान पड़ता था, उस सीढ़ीको बतला रही थी, जो हमारा लक्ष्य था।

तब, धीरेन्द्र मुझे हाथ में लिये हुए ही जमीनपर गिर पड़े। पीछेसे आकर झट चाङने उन्हें खड़ा होनेमें मदद दी। मैंने उस समय देखा, अपनी बची बचाई शक्तिको लगाकर यदि स्वयं आगे बढ़नेकी हिम्मत नहीं करता; तो धीरेन्द्र और चाङ दोनों ही मुझे एक कदम भी आगे ले चलनेमें असमर्थ हैं, और अन्तमें यहीं तीनोंका अन्त हो जायगा। हम धनदासके विषयमें बिल्कुल भूल ही गये थे, वह अब मूर्त्तियोंके नजदीक पहुँच गये थे। मैं एक बार हिम्मत करके खड़ा हो गया, और हम तीनों ही एक दूसरेका हाथ पकड़े, जलते हुए बालूपर आगे बढ़े।

उसी समय, हमें सामनेसे ऊँची आवाज सुनाई दी। जमीनकी ओरसे नजर उठाकर, जिस समय हमने ऊपरकी ओर नजर डाली, तो देखा कि धनदास दोनों हाथोंको ऊपर उठाये जमीनपर गिर गये।

अभी हम उनके पास तक न पहुँचे थे, कि वह फिर उठ खड़े हुए। अपने झोले और बन्दूकको बालूपर फेंककर वह फिर मतवालेकी भाँति दौड़ पड़े।

वह एक बार फिर पहाड़की जड़में गिर पड़े, किंतु अबकी बार उठ न सके, और हाथों और पैरों—चारोंके बल आगे सरकने लगे। हम उस स्थानपर आये, जहाँ उन्होंने अपना झोला और बन्दूक छोड़ी थी, और हमलोग भी, वहीं भूमिपर पड़ गये। भयभीत बच्चोंकी भाँति हम इकट्ठे हो गये, और देखने लगे, कि धनदास उसी प्रकार हाथों-

पैरोंके बल सरकते हुए, उस घुमाऊ सीढ़ीपर चढ़ रहे हैं, जो पहाड़में ऊपर जानेके लिये काटी गई है।

शिखरपर जाकर वह गुम हो गये। हम प्रायः एक घंटा तक प्रतीक्षा करते रहे। और तब पूरे अड़तालीस घंटोंके बाद हमने मनुष्य की आवाज सुनी। धनदास ने बड़े जोर से चिल्लाकर कहा—

'पानी! यहाँ पानी है! हम जी गये!'

धीरेन्द्र खड़े होकर चल दिये, वहाँसे पर्वतकी जड़में और फिर सीढ़ियोंके ऊपर चढ़े। मैं और चारु भी उनके पीछे-पीछे चले, किंतु हम बहुत निर्बल थे, हमारे लिये उस अत्यन्त ऊँची सीढ़ीपर चढ़ना बहुत कठिन था। हम वहीं भूमिपर बैठ गये, और थोड़ी देरमें धीरेन्द्र एक डिब्बा पानी लेकर हमारे पास आये। पानी ठंडा ठीक स्वर्गीय देवताओंका अमृत था, इतना ही नहीं उससे भी अधिक था, वह हमारे लिये जीवन, आशा, शक्ति, और साहस था। हमने भयंकर मरुभूमिको पार कर लिया। विपत्ति और कष्ट भले ही आगे हों, किंतु फिर वैसी भीषण यातना न भोगनी पड़ेगी।

—११—

उपविष्ट लेखकोंकी सड़क

पहाड़के ऊपर पानी, और नीचे उसका पता नहीं, इसका कारण समझना आसान है। रेगिस्तानका बालू एक कठोर स्तरके ऊपर है, जिसमें होकर पानीके जानेकी गुंजाइश नहीं। पहाड़ीका ऊपरी भाग भी वैसे ही कठोर स्तरका बना था, किन्तु उसका निम्नस्तर छोटे-छोटे पत्थरोंका था। यही कारण था, कि शिखरसे दो सौ गजकी दूरी हीपर ठंडे और स्वच्छ जलका एक झरना था। हम अब उसके किनारे पर गये और ढोरोंकी भाँति, हाथों और पैरोंके बल झुककर खूब पेट भर पानी पिया।

जबसे हमने नदी छोड़ी थी तभीसे हमने पानी न देखा था। उन दिनों भी हम भयङ्कर मच्छरोंकी सेनाके भयसे नदीतटसे दूर हटकर डेरा डालते थे। उनमेंसे एक जातिके कीड़े, लगातार मारे अफ्रीकामें उत्तरसे दक्षिण तक पाये जाते हैं। इन कीड़ोंके काटनेका कोई बुरा प्रभाव मनुष्योंपर नहीं पड़ता, किंतु वह खुरवाले पशुओं—गाय, भैंस और घोड़ोंके लिये घातक होता है। हमने सोवात-उपत्यकामें, उन घातक मक्खियोंकी विद्यमानताका पता, शिवनाथकी नोटबुकमें पाया था: और यही कारण था, जिसके कारण ऊँट द्वारा हमने मरुभूमिको पार करनेकी इच्छा न की। इतनी दूर दक्षिण आकर शायद ऊँट जी नहीं सकते थे।

जब हमने ठंडे पानीसे अपनी प्यासको भली-भांति बुझा लिया, तो गठरी-मोटरी खोलनेका ख्याल बिल्कुल छोड़कर हम वृक्षों की ठंडी छायामें लेट गये, और जरा ही देरमें घोर निद्रामें निमग्न हो गये।

सूर्योदयके समय मैं उठा, तो देखा, धीरेन्द्र आग जला उसपर देगची रखकर नाश्तेकी तैयारी कर रहे हैं। हम तीनों आदमियोंने उठकर मुँह धोकर पहिले तो दिल खोलकर स्नान किया, उस समय तक धीरेन्द्रका नाश्ता तैयार होकर परसा जा चुका था। अब देर करनेकी आवश्यकता न थी, भूख बड़े जोरकी लगी थी। कम्बल बिछाकर हम चारों वहाँ पेड़ोंकी हरी छायामें बैठ गये, और भोजन करने लगे। उस दिनके फुलकों और तरकारीमें कैसा स्वाद था, यह कहनेकी अपेक्षा अनुमान करने हीमें आसान है।

अब हमने अपने चारों ओर नजर दौड़ाकर देखना शुरू किया। जान पड़ता था, हम उस नरकलोकसे निकलकर आये हैं, जिसकी प्रचंड आगमें छाया, जल और विश्रामका नाम नहीं। अब हम एक ऐसे देशमें थे, जहाँ, चारों ओर हरे वृक्ष थे, लम्बी और हरी घासें लहलहा रही थीं, वायु शीतल और मन्द गतिसे चल रहा था। हमारे

पैरोंके नीचे झरनेका कलरव क्या था, मानो स्वर्गीय वीणाकी मधुर झंकार।

वह विचित्र आनन्दप्रद दृश्य मुझे कभी न भूल सकेगा। हम पर्वतके शिखर पर थे: और हमारे नीचे उत्तरकी ओर जहाँ तक दृष्टि पहुँचती थी, वहाँ जल-मत्स्य-रहित भयानक सुनहले प्रतप्त बालुओंका रेगिस्तान था। दक्षिण ओरका देश चित्रकी भाँति हमारे सामने फैला हुआ था। हरी घास और वनस्पतियोंसे लहलहाता यह देश चालीस मील तक चला गया था। वायुमंडल इतना स्वच्छ था, कि चालीस मील दूर होनेपर भी दूसरे छोरका पर्वत बिल्कुल नजदीक, स्पष्ट-सा दिखाई देता था। जहाँ-तहाँ छोटी पहाड़ियाँ थीं, जो हरियालीसे ढँकी थीं और जिनपर जहाँ-तहाँ बड़े-बड़े पत्थर पड़े हुए थे। हमारे झरनेसे पानीका एक पतला-सा स्रोत नीचे की ओर गया था, और आगे जाकर और भी अनेक झरनोंसे मिलकर अन्तमें पहाड़के नीचे पहुँचकर उसने एक छोटी नदीका आकार धारण किया था। यह नदी बहुत दूर तक, मैदानमें होती हुई, जा रही थी। हमलोग कितनी ही दूर तक उसे दक्षिणकी ओर जाते देख रहे थे।

हमारे स्थानसे दो फर्लाङ्गकी दूरीपर १० फीट ऊँची दो पत्थरकी मूर्त्तियाँ दिखाई दे रही थीं। इनका मुख एक दूसरेकी ओर था। जैसे ही मैंने उन्हें देखा, तुरन्त मैं उठकर उधरको दौड़ पड़ा, जिसमें पाससे उनको भली प्रकार देखूँ। आकार-प्रकारमें वह बिल्कुल उस उपविष्ट लेखककी भाँति थीं, जो कि सक्कारामें मिला था। दोनों मूर्त्तियाँ शताब्दियोंके जलवायुके आघातसे ऐसी विकृत हो गई थीं, कि उनका पहिचानना मुश्किल था। प्रत्येक लेखक पालथी मारकर एक पीढ़ेपर बैठा हुआ था। उनके आगे घुटनोंपर कागजका चोंगा पड़ा हुआ था। उनके शरीरपर वस्त्र नहीं मालूम हो रहा था, लेकिन उनका बाल प्राचीन मिश्रियोंकी भाँति कटा हुआ था। किन्तु सबसे आश्चर्यकी बात यह थी, कि जहाँ तक सामनेकी ओर दृष्टि जाती थी, दोनों

फर्लाङ्गोंकी दूरीपर ऐसी ही दूसरी जोड़ी मूर्त्तियों की दिखाई दे रही थी। पहाड़के शिखरसे ही यह मूर्त्तियोंकी दोहरी कतार दक्षिणकी ओर जाती दिखाई देती थी। इनमें पहिलेकी मूर्त्तियाँ बड़ी, फिर उनसे छोटी, फिर उनसे···इस प्रकार अस्पष्ट छोटे बिन्दुओंके रूप और अन्तमें अदृष्ट—इस प्रकार मूर्त्तियोंका सिलसिला दिखाई दे रहा था।

इसमें सन्देह नहीं, कि वह उस सड़कको चिह्नित कर रही थीं, जो सीढ़ियोंसे सीधी मितनी-हर्पीको जाती थी। इस बातको शिवनाथ ने भी लिखा था।

उस समयके अपने जोशका वर्णन करना मेरे लिये असम्भव है। एक रातकी विश्रान्तिके बाद ही मैं सारी ही अतीत यातनाओंको भूल गया, और आनेवाले खतरोंका मुझे जरा भी ध्यान न था। उपविष्ट लेखकोंकी सड़कका आविष्कार ही असाधारण बात थी, निस्सन्देह यह मेरियटके आविष्कारसे भी कहीं बढ़कर था। मैं आश्चर्यभरे हृदयसे दक्षिणके पर्वतको देख रहा था। मुझे अब विश्वास हो गया; कि यहाँ अवश्य वह मितनी-हर्पी शहर है, जिसमें थबिस्-राजकुमार सेरापिसकी कब्र है।

दिन भर हमलोग शिखर पर वृक्षोंकी आनन्दमयी छायामें विश्राम करते रहे। मैंने अपने साथियोंसे अपनी आशाके विषयमें कहा! इसमें सन्देह नहीं, कि अपने जोशमें मैं आपेसे बाहर हो गया था। मैंने इसपर विचार करना ही आवश्यक न समझा, कि हमारे सन्मुख अब भी बहुत ही विघ्न-बाधाएँ हैं। मैंने यह समझा, हम चारों आदमी आनन्द-मौज के साथ, भेरी, नगारे और ढोलोंकी आवाजके साथ बड़े ठाटसे, प्राचीन मिश्रियों की भाँति उपविष्ट लेखकोंके रास्ते आगे चलेंगे। मेरे दिलमें इसके अतिरिक्त कोई इच्छा न थी, कि अपनी इन्हीं आँखोंसे सहस्राब्दियों पुराने मिश्रके एक नगरको तो देख लूँ। धीरेन्द्रकी विचित्र मुस्कुराहटने मेरे जोशको बढ़ा दिया, मैं शेख-चिल्लीका महल

बना रहा था। धीरेन्द्र एक व्यवहार-कुशल पुरुष थे। और मैं बिल्कुल कोरा।

धीरेन्द्र—'प्रोफेसर महाशय, आप तो ऐसी बातें कर रहे हैं, जैसे हम ससुराल जा रहे हैं। यहाँ मैं आपसे मतभेद रखता हूँ। मैं समझता हूँ, हमारी यात्राका सबसे भयानक भाग अब आ रहा है।'

मेरे दिलमें एक बार फिर मरुभूमिका दृश्य याद हो आया। मैंने बड़े भयसे कहा—

'सबसे भयानक!'

धीरेन्द्र—'हाँ, खतरा! आपने बहुत कुछ विचार किया है, किन्तु वह इस समय मुझे अच्छा नहीं लगता। पहाड़में काटकर बनाई हुई दोनों प्रकार मूर्तियों एवं उपविष्ट लेखकोंके विषयमें आपका कुछ भी वर्णन करना मुझे बिल्कुल अरुचिकर जान पड़ता है। आपने ख्याल नहीं किया, कि हमारे सामनेका प्रदेश आबाद है?'

मैं—'आबाद?'

धीरेन्द्रने शिर हिला दिया।

मैं—'मैंने नहीं देखा।'

धीरेन्द्रने दूरबीन मेरे हाथमें दे दी और कहा—

'इससे देखिये, थोड़ी देरके लिए, महाशय, प्राचीन ख्याल दिलसे हटा दीजिये। इस देशको पहिले सविस्तर निरीक्षण कीजिये।'

मैंने वैसा ही किया दूरबीनको दूरके पहाड़ों और अपने बीचकी भूमिपर लगाया। मैंने एकदम देखा, कि धीरेन्द्रका कहना बिल्कुल ठीक था। जहाँ-तहाँ, विशेषकर नदीके किनारोंपर, छोटी-छोटी कियारियाँ, जो शायद धान या गेहूँके खेत होंगी, दिखाई दे रही थीं। कहीं-कहीं पशुओंका झुंड भी चर रहा था। मैंने दूरबीनको धीरेन्द्रके हाथमें देते हुए कहा—

'हाँ, स्थान आबाद है।'

धीरेन्द्र—'आपने घर देखे ?'

मैं—'नहीं।'

धीरेन्द्र—'तो आपने अच्छी तरह नहीं देखा।'

अब वह खड़े हो गये और अँगुलीसे उन्होंने एक टीलेकी ओर इशारा किया। वह एक मीलपर रहा होगा। उनके कहनेके मुताबिक दूरबीनको उधर फेरकर देखा, और मैंने विस्मयके साथ पहिले-पहल एक छोटा-सा गाँव देखा। उसमें आधे दर्जन घर थे, जिनके सामने मैंने आदमियों को आते-जाते देखा।

बिना एक शब्द भी कहे मैंने दूरबीनको धीरेन्द्रके हवाले किया। इस बीच में उन्होंने चाङ् और धनदाससे स्थितिकी भयंकरतापर वार्तालाप भी कर लिया था।

मै एक थैलेपर बैठ गया, और कमान धीरेन्द्रसे बोला—

'तो फिर हमें क्या करना चाहिये ?'

धीरेन्द्र—'मुझे जान पड़ता है, कि अगले कुछ घंटे हमारी किस्मतका फैसला करेंगे। हम बहुत देर तक यहाँ, दूसरोंकी आँखों से छिपे नहीं रह सकते।'

वह थम गये, जान पड़ता था, उत्तरकी प्रतीक्षामें हैं। मेरे लिये मुड़कर फिर रेगिस्तानमें जानेकी अपेक्षा मृत्यु ही हजार गुना अच्छी थी।

किसीने उत्तर न दिया, फिर धीरेन्द्रने कहा—'बहुत अच्छा। अब समय आ गया है, जब कि हमें बहुत कुछ आपके ऊपर भरोसा करना होगा। जो कुछ शिवनाथने लिखा है, उनमें से अब तक हमने सब सत्य पाया है। अतः हम उनकी इस बातपर भी विश्वास कर सकते हैं, कि इसी सड़कके किनारे आगे सितनी-हर्पी नगर है, और वहाँके सभी लोग प्राचीन मिश्री भाषा बोलते हैं। आप उसे जानते हैं। आप उसे पढ़ और लिख सकते हैं। आप उनके चाल, व्यवहार,

पोशाकके विषयोंमें भी बहुत जानते हैं। आधुनिक जंगलियोंके विषयमें मुझे बहुत अनुभव है, किन्तु प्राचीन सभ्यताके विषयमें मैं कुछ भी नहीं जानता। तो भी इतना मैं भली भाँति जानता हूँ, कि इन लोगोंके साथ कैसे व्यवहार करना चाहिये। उसमें जहाँ जरा भी चूके, और हममेंसे एककी भी जान न बचकर लौटेगी। मैं समझता हूँ, प्राचीन मिश्री दयापूर्ण हृदयवाले नहीं थे!'

मैं—'बल्कि इसके विरुद्ध, अत्यन्त क्रूर।'

मैं समझ रहा था, अभी धीरेन्द्र और भी कुछ कहेंगे, किन्तु वह चुप हो गये। उसी समय म० चाङ्ने अपनी अँगुली अपने ओठोंपर रक्खी और फिर उसे हिलाया, कि हमलोग कुछ न बोलें। और तब अँगुलीको कानपर रखकर आँखके इशारेसे बतलाया—सुनो।

—१२—

रथी, हमारी हिकमत

हमलोगोंने कान लगाकर सुना, और थोड़ी ही देरमें घोड़ेके खुरकी खटखटाहट सुनाई दी। चाङ् तुरन्त जमीनपर गिर गये, और हाथों-पैरोंके बल सरकते हुए एक बड़े पत्थरकी आड़में चले गये। वहाँसे उन्होंने हमें भी वैसा करनेके लिये इशारा किया। हमलोग भी तुरन्त उसी तरह लम्बी घासोंमें सरकते हुए उनके पास पहुँच गये।

चट्टानकी आड़से बड़ी सावधानीके साथ हम उधर देखने लगे। उसी समय हमें सामनेसे एक बड़ी जातका लकड़बग्घा मैदानमें चलता दिखाई दिया। जानवर बिल्कुल थक गया था। जिस वक्त वह हमारे करीबसे निकला, तो हमने देखा कि उसकी जीभ बाहर निकलकर हिल रही है।

हमलोग अधिक देर तक जानवरको न देखने पाये थे, कि हमने दूरसे कोई काली चीज आते देखी। थोड़ी देरमें वह और करीब आ

गई और हमने देखा, कि वह दो पहियोंका एक रथ है, जिसपर एक आदमी जरा-सा आगेको झुका हुआ बैठा है। उसके दोनों हाथोंमें घोड़ेकी लगाम है, और साथ ही एक बड़ा धनुष भी। उसके शरीरपर और कपड़ा न था, सिर्फ कमरमें एक सुनहली किनारीकी लुंगी बँधी थी। उसके कंठमें एक हार था, जिसमें जड़े हुए रत्न चमक रहे थे। जिस वक्त घोड़ा आगे दौड़ रहा था, उसके लम्बे अयाल पीछेकी ओर उड़ रहे थे।

वह एक बड़ी मजबूत रगपट्ठोंका जवान था, उसकी उम्र तीस वर्षकी रही होगी। उसका रथ दौड़ता हुआ हमारे बिल्कुल नजदीक करीब पचास गजके फासिलेपर आ गया। ऐसा अच्छा घोड़ा मैंने शायद ही देखा होगा। यह एक असल ताज़ी घोड़ा था, जिसकी पूँछ खुरों तक लम्बी थी। उसके शिरपर वैसा ही कोयले-सा काला पंख था, जैसा कि उसका सारा शरीर।

हम अभी देख ही रहे थे, कि उस आदमीने झटसे लगामको बाईं बाहपर फेंक दिया। और बहुत फुर्तीसे तर्कशमेंसे तीर निकालकर ज्या-पर लगाई। तर्कश, आजकलके टमटमोंमें जहाँ पाँवदान रहता है, वहाँ ही रथमें लगा हुआ था। उसने ज्याको कान तक खींचकर जिस वक्त छोड़ा तो एक बार उसकी टंकार हमारे कान तक आनेसे बाज न आई। निस्सन्देह जबसे इस प्राचीन अस्त्रका आविष्कार हुआ होगा, तबसे कभी भी ऐसा लक्ष्य न लगाया गया होगा। बाण जाकर चर्खके बायें कन्धेके नीचे लगा, और निश्चय वह कलेजेमें घुस गया होगा, क्योंकि जानवर एकदम सिकुड़कर गोल हो गया, और फिर जमीनपर लुढ़क गया। उसके प्राण निकल गये।

रथ हाँकनेमें भी वह आदमी दूसरा कृष्ण था, और घोड़ा भी बिल्कुल सधा। उसने झट इशारा करके लगामको, रथपर रक्खा और घोड़ा शान्त खड़ा हो गया। एक मिनट हीमें उसने लकड़ेके शरीरसे बाण निकालकर उसके मृत शरीरको रथमें रख दिया। और तब फिर

उसने रथको मोड़ा, और जरा ही देरमें हवासे बातें करता वह घोड़ा, दूर उपविष्ट लेखकोंकी सड़कपर जाता दिखाई दिया। अब टापकी आवाज भी न सुनाई देती थी, न रथ ही, सिर्फ धूलीका एक बादल-सा आगे बढ़ता जाता दिखलाई पड़ रहा था।

हमलोग चुपचाप उसे देखते रहे। उसके दूर चले जानेपर भी मिनटों बीत गये, तब किसीने मुँह खोला। सूर्य उस समय अस्त हो रहे थे। पश्चिमके क्षितिजसे लाल आगकी लपट-सी आकाशमें फैल रही थी। क्षण-क्षण यह रक्तिमा बढ़ती और आकारमें संकुचित होती जाती थी। पहिले-पहल धीरेन्द्रने उस नीरवताको भंग किया।

धीरेन्द्र—'देखा, प्रोफेसर, आप यह नहीं कह सकते कि हम खतरेसे बाहर हैं।'

मैंने अपनी लाल रूमाल, जिसे मैं बराबर अपने साथ रखता हूँ, जेबसे निकाली, और पेशानीका पसीना एक बार पोंछा।

और तब मैंने कहा—'आप बिल्कुल ठीक कह रहे हैं। आपने ठीक अनुमान किया था। जान पड़ता है, मैंने इस आदमीको पहिले भी देखा था। मैंने अपनी कल्पनाकी दृष्टिसे इसीको या ऐसे ही किसी और जवानको ऐसे ही रथपर सवार, उस सड़कसे जाते हुए देखा था, जो थेबिससे कबतस् नगरको नीलके दाहिने किनारेपर जाती थी। वह युवक फरऊन रामेसस् या सेतोके दर्बारका सामन्त था। किन्तु कैसा आश्चर्य है, उसे ही अब जाग्रत-अवस्थामें अपनी खुली आँखोंसे मैं उन्नीसवीं शताब्दीका विद्याव्रत देख रहा हूँ! यह अविश्वसनीय है! लेकिन कैसे हम इससे इन्कारी हो सकते हैं! हम अपनी आँखोंको कैसे झुठला सकते हैं।'

धनदास खड़े हो गये और उन्होंने पर्वतोंकी ओर अँगुली की। एक बार फिर मैंने उनके ऊपर पागलपन सवार देखा। उन्होंने चिल्लाकर कहा—'वहाँ, वह वहाँ ! ! सेराफिस्का सोना रक्खा है।'

उनकी आँखें चमक उठीं। उनकी अँगुलियाँ हिल रही थीं। उनके अंग-अंगमें बिजलीकी-सी स्फूर्ति आ गई थी। धीरेन्द्रके मुँहमें बीड़ी सुलग रही थी। और चाङ् आसन जमाये बैठे थे। उनके चेहरेपर एक लम्बी मुस्कुराहटकी रेखा थी, और आँखें बन्द थीं। मैं समझ गया, वह विचारमें मग्न हैं।

धीरेन्द्र—'यदि हम नीचे मैदानमें जाते हैं, तो हमें शिरको पहिले ही हथेलीपर रख लेना होगा। अब सवाल यह है, कि कैसे हमें इस काममें हाथ डालना चाहिये ! कैसे हमें आरम्भ करना चाहिये ?'

यह महाशय चाङ् थे, जिन्होंने इसका उत्तर दिया।

'हमें भेस बदलकर चलना होगा।'

मैं—'भेस बदलकर ! कौन-सा भेष ?'

चाङ्—'मैं समझता हूँ प्रोफेसर, इसका उत्तर आप ही भली भाँति दे सकते हैं।'

मैं एक मिनट तक सोचता रहा, किन्तु मुझे कुछ भी न सूझ पड़ा। चाङ् मेरी ओर देख रहे थे। उन्होंने कहा—

'अवश्य, आप कुछ सोच सकते हैं। क्या इन लोगोंके कोई ऐसे देवता नहीं हैं, जिनके भेसमें हमलोग आगे बढ़ सकें ?'

अब भी मैंने सारे अभिप्रायको पूरी तरह न समझ पाया। मैं प्राचीन मिश्रकी देवतावलीको जानता था। निस्सन्देह संसारमें बहुत कम जातियोंके पास इतने देवता होंगे। महान् ओसिरिस् जिसका मन्दिर रोमके ज्युपितरसे भी बड़ा था, और जिसका शासन सारे देवलोक और मर्त्यलोकमें एक-सा था। मिश्रमें केवल परम्परासे आये ही सैकड़ों देवता न थे, बल्कि प्रत्येक नगर अपना पृथक् देवता रखता था, और स्थानीय माहात्म्य सूचक उसके विषयमें कई रोचक कथायें थीं। फ्ता: मेम्फिस नगरका प्रधान देवता था, और आमन राजधानी थेबिसका। इसिसका बुलोपर अधिकार था। मैंने ,मिश्री देवमालाकी

कथायें और बारीकियाँ समझनी शुरू कीं। किन्तु चाङ्ने बीच हीमें बात काटकर कहा—

'ठीक, प्रोफेसर ! सारे देशमें अनेक गुणों, रूपों और कथाओंसे युक्त बहुतसे देवता रहे होंगे। किन्तु उस पहाड़ीपर खुदी प्रकांड मूर्त्तियोंके बारेमें क्या है? वह किनकी प्रतिमायें हैं! याद रखिये, उनके बारेमें मैं एक अक्षर भी नहीं जानता।'

मैं—'वह थात और अनुबिस् हैं, एक जादू और कलाओंका देवता, और दूसरा मृत्युका अर्थात् यमराज !'

चाङ्—'मान लो, हममेंसे दो थात् और अनुबिस्के रूपमें नीचे जायँ, तो यहाँके निवासियोंका हमारे साथ कैसा बर्ताव होगा ?'

इस प्रस्तावके सुनते ही मेरी आँखें चमक उठीं। इसके परिणामके ख्यालने मुझे चकित कर दिया। मैंने कहा—

'बहुत अधिक सफल होने की सम्भावना है ! प्राचीन मिश्री भी हमारे लोगोंकी ही भाँति, महाशय चाङ् ! पुनर्जन्मको मानते थे। उनका विश्वास था कि प्रत्येक मनुष्यकी दोहरी आत्मा होती है, जो कि बराबर जीवित रहती है। शायद ही उनका कोई कर्मकांड या धार्मिक कृत्य होगा, जिसे मैं अच्छी तरह न जानता-समझता हूँ। यह विचार अवश्य कामयाब होगा। और यदि हम इसमें असफल हुए, हमारा रहस्य खुल गया, तो उसके परिणामको ख्याल करके मेरा हृदय काँपता है।'

कप्तान धीरेन्द्र—'एक बार मैं जंगली लोगोंपर शासन करने लगा था, सिर्फ इसी कारणसे कि, मैंने उनके पूज्य प्रेतका रूप धारण किया था। मैंने उन्हें अपना दास बना लिया था; किन्तु मुझे स्वयं अन्तमें इस वंचनासे घृणा हो उठी। मुझे उनकी सरल हृदयतापर दया आई, कि उन्होंने कैसे अज्ञानपूर्ण विश्वासको धर्म मान लिया है। फिर मैंने उन्हें देशके काम करनेवाले आर्य मिश्नरियोंके हाथमें सौंप दिया।

पीछे एक प्रचारकने मुझसे कहा कि वह बड़े सभ्य हो गये हैं; अब आप उनके मुखसे भगवान् महावीरकी सूक्तियाँ और भगवान् गौतमकी युक्तियाँ सुन सकते हैं।'

चाङ् धीरेसे खड़े हो गये। मैं नहीं समझता, उन्होंने कप्तान धीरेन्द्रकी बातको सुना होगा। वह अपने ही विचारोंमें मग्न थे। उन्होंने कहा—मैंने हजारों पार्ट लिये हैं, और सबको बड़ी सफाईसे अदा किया है। यह अत्यन्त भयंकर काम होगा, इसमें सन्देह नहीं। यह तुम्हारे ऊपर है, प्रोफेसर ! यदि तुम समझते हो, कि हमें इसमें सफलता पानेकी गुञ्जाइश है, तो वैसा कहो। हम तुम्हारी आज्ञाके पूरे पाबन्द होंगे।'

अब मुझे सारी बात साफ-साफ झलकने लगी। मैं इसकी सम्भावनासे खूब वाकिफ़ था। मैं खूब समझ रहा था, कि इसके अतिरिक्त कोई भी दूसरा उपाय मितनी-हर्पोंमें प्रवेश करनेका नहीं है, यदि सचमुच कोई मितनीहर्पी वहाँ पहाड़ोंमें है।

मैं—'क्या यह सम्भव है, कि गीदड़के मुखका एक ऐसा चेहरा बनाया जाय जिसे हम अपने मुँहपर लगा सकें ?

धीरेन्द्र—'यह बिल्कुल आसान है। अभी दस मिनट पहिले हम एक लकड़ेको देख चुके हैं। मुझे जानवरोंके खलरियाने और चमड़ेको सिझानेका बड़ा अभ्यास है। मुझे इसमें जरा भी सन्देह नहीं कि मैं चखके शिरका ऐसा चेहरा बना सकता हूँ, जिसको लगानेपर कोई भी उसे पहिचान न सकेगा। वह ठीक एक बड़े गीदड़के मुँह-सा जान पड़ेगा। मैंने एक बार रामायणके नाटकमें एक पात्रको हनूमान् बना दिया। सचमुच उसके चेहरेमें कमाल था।'

मैं—'और क्या आप एक दूसरा चेहरा भी बना सकते हैं, जो पवित्र इबिस् पक्षीका-सा हो ?'

धीरेन्द्र—'यह कुछ कठिन है, तथापि बनाया जा सकता है।'

मैं—'और एक श्येन या बाजका ?'

धीरेन्द्र—'हाँ, यह भी ।'

मैं—'वाह ! हमारे पास गोबरैला-बीजक है। देवता लोग स्वयं गोबरैला को लौटाकर, सेराफिसूकी कब्रपर ला रहे हैं। हमलोगोंको नदीके द्वारा यात्रा करना होगा। क्योंकि पवित्र नील तटपर ही सारे प्राचीन मिश्रियोंके धार्मिक कृत्य सम्पादित होते थे। और आप धनदासजी, ओसिरिसके पुत्र होरस आकासूके स्वामी बनियेगा। धीरेन्द्र अनुबिस् बनेंगे। और चाङ्, पुस्तकों, शब्दों और संगीतके स्वामी, जादूकी लिपि—जिसे स्वर्ग और पृथ्वी या हदिसूमें कोई नहीं जान सकता—के अध्यक्ष थात देवता बनेंगे। और मैं आप लोगोंका प्रधान पुजारी, क्योंकि देवता लोग नीच, मनुष्य-सन्तानोंसे स्वयं बातचीत कर नहीं सकते।

धनदास शिर उचककर हँसते हुए चिल्ला उठे—

'खूब ! इसमें असफलता हो ही नहीं सकती !'

—१३—

नीलके देवता सेराफ़िसकी भूमिमें

उस दिन सबेरे हम लोगोंने इस विषयपर और भी सविस्तार विचार किया। मैंने अपने साथियोंको उन प्राचीन देवताओंके गुण-कर्म, स्वभाव भली भाँति बतला दिये, जिनका कि वह भेस धरने जा रहे थे मुझे कोई भी कारण न मालूम होता था, कि क्यों हमारी हिकमत खाली जायगी। हमने देखा कि सारी तैयारी करनेमें अभी कुछ दिन लगेंगे, और हमारा मुकाम बड़ी बेढब जगहपर है। पहला काम तो हमने यह किया, कि अपना डेरा उठाकर वहाँसे दूर पहाड़के नीचे जा रक्खा। धीरेन्द्र और धनदास इसके लिये सीढ़ियोंसे होकर नीचे उतरे, जिसमें वह कोई उपयुक्त स्थान तलाश करें। उन्होंने आकर कहा

कि मूर्त्तियोंसे थोड़ी ही दूर हटकर एक अच्छी ठहरने लायक गुफा है।

वहाँ हम एक सप्ताह ठहरे। कामके मारे हमें जरा भी फुर्सत न थी। कप्तान धीरेन्द्रने एक लकड़ा मारा और फिर उसके शिरका खूब अच्छा चेहरा बनाया। उन्होंने उसे खूब आजमा-आजमाकर देखा, और जहाँ-जहाँ कोई त्रुटि मिली उसे दुरुस्त किया। इसमें पीछेकी ओर जोड़ था, किन्तु वह जोड़ इतनी होशियारीसे दिया गया था, कि बालोंके नीचेसे उसका पहिचान मिलना मुश्किल था। शिर पीछेकी ओर ठीक उसी जगह खतम होता था, जहाँ आदमीके बालोंका जमाव। उस जगह भी जानवरके बाल इस सफाईसे लटकाये गये थे, कि कमाल था।

बाज़ और इबिसका चेहरा बनाना अधिक परिश्रमका काम था, और कप्तान धीरेन्द्रको उसे पूरा करनेमें कई दिन लगे। उन्होंने एक बड़ा बाज़ मारकर, वास्कटके टुकड़ेपर इस प्रकार उसके पंखोंको जमाया कि देखनेमें वह बिल्कुल स्वाभाविक मालूम हो। और उसमें असली बाज़की चोंच लगा दी।

इबिस्‌के प्राप्त करनेमें कोई भी मुश्किल न हुई; क्योंकि उसपार नदीके किनारेपर इस जातिकी बहुत-सी चिड़ियाँ पाई जाती थीं। इस प्रदेशमें लाल इबिस्‌ एक अत्यन्त सुन्दर पक्षी—बहुत अधिकतासे पाई जाती थी, किन्तु पवित्र इबिस्‌, जो नीलके बाढ़के समय ऊपरी मिश्रमें बहुतायतसे दिखाई पड़ती हैं, बहुत कम। पर्वतके शिखरपरसे दूरबीन द्वारा, हम सैकड़ों लाल इबिसोंको नदी के तटपर धीरे-धीरे चलते अथवा उड़ते देख सकते थे।

यद्यपि पवित्र इबिस्‌का शरीर चाँदीकी भाँति उजले रंगका होता है, किन्तु गर्दन और शिर बिल्कुल काले और पंख शून्य होते हैं। हमारे पास इसके नकल करनेका कोई उपाय न था, अतः धीरेन्द्रने

पाँच-छैको मारा, और उनके शिरोंकी खाल उतारी। फिर इन टुकड़ो-को मिलाकर बड़ी सफाईसे सी दिया। और तब एक सख्त काली लकड़ीसे काटकर एक टेढ़ी चोंच बनाई। इस चोंचको उन्होंने जूतेकी छोटी-छोटी काँटियोंसे चेहरेमें खूब चिपका दिया, और काटियोंके मुँहको छिपानेके लिये उसपर एक पतला-सा चमड़ा चिपका दिया।

इन तीनों चेहरोंकी शकल, हुबहू असलकी भाँति थी। जिन्होंने कप्तान धीरेन्द्रकी यात्राओंको पढ़ा है, उन्हें मालूम होगा, कि वह सदा अपने पास, एक डिब्बा शीशेकी आँखोंका, रखते थे, जिनके द्वारा जंगली लोगोंको वह अपने जादूकी करामात दिखाते थे। उन्होंने फिर उन आँखोंको प्रत्येक चेहरेमें, जहाँ उनके लगानेके लिए छेद किया था, वहाँ इस तरह लगा दिया; जिसमें कि आदमी उनके द्वारा बाहर की चीजें अच्छी तरह देख भाल सके।

इस बीच महाशय चाङ् भी अपने काममें तन्मय थे। यह मालूम है, कि वह अपनी उस भानमतीकी पिटारीको रेगिस्तानकी यात्रामें भी साथ लाये थे, जिसका कि वह अपने जासूसी काममें बड़ा उपयोग करते रहे हैं। उन्होंने उसमेंसे रङ्ग निकालकर हमारे बदनको भी उस दिनके रथीके रङ्गमें रङ्ग दिया। कपड़ेके लिए हमें सबसे बढ़कर आसानी थी, क्योंकि पुराने मिश्रियोंकी पोशाक एक सीधी-सादी कमर-से घुट्टी तक पहुँचनेवाली लुंगी थी, जिसे उन्होंने अपनी कमीजोंसे बना लिया। और मेरे लिए चेहरे-मुहरे बनानेकी कोई जरूरत न थी, क्योंकि मैं सीधा-सादा देवताओंका पुजारी एक मनुष्य था। हाँ, मेरे शिरमें, एक तो वैसे ही भगवान्‌का कोप था, बहुत कम बाल थे, दूसरे अब उसे भी धीरेन्द्रने अस्तुरा निकालकर घोटम-घोट कर दिया। बहुत दिनोंकी साथिन बिचारी मेरी मोछ-दाढ़ी भी साफ कर दी गई, और अन्तमें मेरा सुनहली कमानीका चश्मा भी छीन लिया गया।

सूर्यास्तसे एक घंटे पूर्व हमने पर्वत-शिखरको छोड़ दिया। यह एक बड़ा विचित्र जलूस था। प्राचीन मिश्री देवता होरस्, अनुबिस् और

थात तथा साथ उनके एक वृद्ध पुजारी, और तारीफ़ यह कि, सबके हाथमें आधुनिक झोले और बन्दूकें। सचमुच यदि वहाँ मेरे पुराने संग्रहालयके साथी होते, तो हँसते-हँसते लोट जाते। अनुबिस्की बगल में एक लम्बी दूरबीन थी, और वह मोहिनी-मारकी बीड़ी फक-फक कर रहे थे। थातके साथ दवाइयोंका बक्स था, और होरस् के कन्धेपर सैनिकोंवाली एक दूरबीन लटक रही थी।

प्रस्थान करनेसे पूर्व मैने अपने देवताओंकी परीक्षा की थी, और मेरे मनने कबूल किया, कि धीरेन्द्र और चाङ् अपने प्रयत्नमें बिल्कुल सफल हुए। धनदास होरस्के रूपमें खूब सज रहे थे। उनकी असाधारण लम्बाई और भी उपयुक्त थी। क्योंकि मिश्री पुराणमें होरस्को सभी देवताओंसे लम्बा बतलाया गया है। धीरेन्द्र अनुबिस्के रूपमें ठीक गीदड़की भाँति ही चंचल थे। और चाङ्की गोटी तोंद तो हर्मापोलिस्के देवता थातके बिल्कुल अनुरूप ही थी। यद्यपि जमातके आगे-आगे उपविष्ट लेखकोंकी सड़कपर मैं चल रहा था, किन्तु समय-समयपर 'अनुबिस्' देवसे मुझे हुक्म लेना पड़ता था।

हमने, उस गाँवके करीब एक स्थानपर पहुँचनेका निश्चय किया था, जिसे हमने शिखरपर हीसे दूरबीन द्वारा नोट कर लिया था। हमने अपना सारा प्रोग्राम ठीक कर लिया था। आज रातकी परीक्षा-से हमें मालूम हो जायगा, कि हम फेल होंगे या पास।

हम लोगोंने चार घंटा सड़कके किनारे-किनारे सफर किया। इस समय आधी रात हो गई थी, और आकाशमें चन्द्रमा अपनी सोलहो कलासे उगे थे। प्रकाश खूब तेज था, और जब हम उपविष्ट मूर्त्तियोंके पाससे घूमते थे, तो उन्हें स्पष्ट देख सकते थे। मूर्त्तियाँ ही वास्तवमें हमारे आज के गन्तव्य स्थानपर पहुँचानेके लिये काफी थीं।

यद्यपि रात्रि ठंढी थी, तो भी सफर लम्बा था। मुझे बड़ी प्रसन्नता हुई, जिस वक्त अनुबिस्ने खड़ा होनेका हुक्म दिया। अपने झोलोंको

जमीनपर रखकर, हम बैठ गये। देखनेमें वह वह बड़ा विचित्र दृश्य था, जब कि थात आगरेके पेठेका डिब्बा खोल रहे थे, और होरस् हिन्दू-बिस्कुट निकाल रहे थे। तब तीनों देवताओंने अपने-अपने चेहरे उतार दिये, और आनन्दसे बैठकर सबने ब्यालू किया।

धीरेन्द्रने कहा—'अब, हमारे पास अधिक समय बैठनेके लिये नहीं है। हम अपने झोले-झंडेको यहीं बल्कि छोड़ सकते हैं। इतनी रातको इस स्थानपर इनका चुराये जानेका बहुत कम भय है। अपनी-अपनी रिवाल्वरोंको छोड़कर और कुछ भी साथ न लाओ, और उन्हें भी इस तरह आड़में छिपा रक्खो, जिसमें कोई देख न पावे।'

हमलोग खड़े हो गये; और अनुबिस्के पीछे-पीछे एक फुट ऊँचे गेहुओंके खेतके बीचसे चल पड़े। पाँच मिनटके भीतर हम नदीके किनारे पहुँच गये, और किनारे-किनारे दो या तीन सौ गजसे अधिक न गये होंगे, कि नदीके बायें किनारे हीपर, हमारे आगे एक घर था। उसका दर्वाजा इतना छोटा था, कि हमें भीतर घुसनेमें दोहरा हो जाना पड़ा। भीतर पहुँचते ही थातने बिजलीकी मशाल जगा दी। उस प्रकाशमें हमने देखा, वहाँ जमीनपर बिछे पुआलपर दो आदमी सोये हैं जान पड़ता था, वे किसान थे या ग्वाले, क्योंकि उनके शरीरपर कोई आभूषण न था।

घरके बीचमें लकड़ीके कोयलोंकी आग अब भी जल रही थी, और उसके पास तेलमें भिगाये सनकी एक मशाल रक्खी थी। अनुबिस्ने झुककर उस मशालको उठा लिया और फिर उसे आगमें लगाया। एक ही क्षणमें मशालकी लौमें सारा मकान दिनकी तरह रोशन हो गया।

मैंने धीरेन्द्रके हाथसे मशाल ले ली, और उसे अपने शिरके बराबर उठाया।

दोनों सोनेवाले जाग गये। उन्होंने चोरोंके घुस आनेका शक किया, और झटसे खड़े हो एकने हाथमें कुल्हाड़ी ले ली और, दूसरेने

एक बड़ा पत्थर। किन्तु जब उन्होंने मेरे तीनों साथियोंको देखा, तो मत पूछिये—क्या हुआ, यह वर्णन करना बहुत मुश्किल है।

पत्थर और कुल्हाड़ी दोनों ही जमीनपर गिर गईं। एक आदमीका निचला जबड़ा गिर गया, और वह हक्का-बक्का मुँह खोले हमारी ओर टकटकी बाँधे देखता रहा। और दूसरा पहिले तो भयके मारे चिल्ला उठा, और फिर अपने हाथोंको जोड़कर शिरपर रक्खे वह धरतीपर गिर पड़ा।

उसने चिल्लाकर कहा—'होरस्! सन्ध्या और उषाके उत्पादक ओसिरिसके पुत्र, अपने दासपर दया करो।'

यह पहिले हीसे निश्चय हो चुका था, कि मैं उनसे बात करूँगा। जिसमें इस बातकी परीक्षा हो जाय, कि मैं वहाँ की भाषा बोल सकता हूँ, या नहीं।

मैंने कहा—'शान्त हो! भय मत करो। नीलके देवता तेरे मुल्क में इसलिये नहीं आये, कि तेरा अमंगल हो।'

जमीनपर पड़े हुए मनुष्यने उठनेका कुछ भी प्रयत्न न किया। किन्तु दूसरेने, जो वहाँ खड़ा था, मेरी ओर देखा, और मुझे मालूम हो गया, कि उसने मेरी बात समझ ली।

उसने पूछा—'आप पुजारी हैं?'

मैं—'महान् देव, होरस, अनुबिस् और थात उस स्थानसे आ रहे हैं, जहाँ वह प्राचीन युगमें रहते थे। यह अनुबिस् तेरे सन्मुख खड़े हैं, जिन्होंने ओसिरिस्के अन्त्येष्टि यज्ञको पूरा किया। उषा और सन्ध्याके पिता होरस्, जिन्होंने जगत्प्रकाशक सूर्यको बनाया। बुद्धिका देवता थात—वह तेरे पास उस ज्ञानको लेकर आये हैं, जो तेरे पूर्वजों को भी न प्राप्त था। ओसिरिस्ने इन्हें इस देशमें भेजा है, कि रा के मंदिरमें इनका अनेकोपचारके साथ स्वागत किया जाय। रा-मंदिरके नीचे उस सेराफिस्की समाधि है, जिसकी आत्मा अमर है।'

जब तक मेरा यह कथन समाप्त हुआ, तब तक वह जमीनपर पड़ा हुआ आदमी भी सचेत हो गया। वह अकस्मात् उठ खड़ा हुआ और यह चिल्लाता हुआ बाहर भागा—देवगण पृथ्वीपर उतरे हैं, अब संसारका अन्त समीप आ गया !

दूसरा चरवाहा भी इन महान् देवताओंके सन्मुख अपने आपको अकेला देखकर, थोड़ी देर ठिठका रहा, और तब अपने साथीकी भाँति ही, दर्वाजेसे निकलकर भाग गया।

उसने मुझे इस बातका अवसर न दिया, कि मैं जान सकूँ—आया उसने मेरी बात समझी या नहीं। तथापि मैंने यह देख लिया कि उनकी भाषा वही थी, जिसे मैं बोल रहा था। हाँ, उच्चारणमें बहुत फर्क था।

जैसे ही आदमी बाहर निकल गये, वैसे ही धीरेन्द्रने मुझसे पूछा—'क्या आपने उसकी बात समझी ?'

मैंने उन्हें बतलाया, कि समझनेमें कोई भी दिक्कत न हुई, किन्तु किन्हीं-किन्हीं अंशोंमें यह भाषा प्राचीन नील-तटबासी मिश्रियोंकी भाषासे भेद रखती है, और उच्चारणमें तो अनेक भेद हैं।

धीरेन्द्र—'तो हमारा अभीष्ट सिद्ध हुआ। अब हम अपने सीधे रास्तेपर हैं। बस, हमें अब आगे बढ़ना है। आप कहते थे, कि प्राचीन मिश्रियोंके सारे बड़े-बड़े धर्मोत्सव नदीके तटपर होते थे। तो अब मुझे एक नावकी बड़ी जरूरत मालूम होती है। और चूँकि हम नदीके किनारेके गाँवमें हैं, इसलिये यहाँ उसका मिलना आसान है।

हमलोग अब नदीके किनारे-किनारे गाँवकी ओर चले, सबसे आगे अनुबिस् थे। हमें बहुत दूर नहीं जाना पड़ा, और नदीके तटपर एक छोटी नाव बँधी हुई मिली। उसकी सूरत वैसी ही थी, जैसे नील-तटके प्राचीन मछुओंके नावोंकी। वह एक वृक्षसे ऐसे स्थानपर बँधी थी जहाँ पानीमें लम्बी-लम्बी सेवार जमी हुई थी।

अब चाङ् और धनदारा तो असबाब लानेके लिये उस स्थानपर गये, जहाँ हमने अपना सामान छोड़ा था; और मैंने और धीरेन्द्रने नावको तीनों महान् देवताओंके स्वागतके लिये ठीक किया।

हमने अपना सारा सामान नावके पटरोंके नीचे रख दिया, और ऊपर खूब घास बिछाकर, एक प्रकारका अच्छा आसन-सा बना दिया। धीरेन्द्रने नावकी पूँछमें पतवार बाँध दिया, और मुझे उसके चलानेका ढंग भी बतला दिया। नावके बीचमें हमने एक चबूतरा-सा बना दिया, और उसपर ओसिरिस्की एक छोटी-सी पत्थरकी मूर्त्ति, जिसे हमने चरवाहोंके घरमें पाया था, स्थापित कर दी।

यह रातके दो बजेसे ऊपरका समय था जब कि हमने नावको खोल दिया। नदी बहुत तंग थी, किन्तु सौभाग्यसे चाँदनी इतनी तेज थी, कि हमें किनारा भली भाँति दिखाई पड़ता था। धीरेन्द्र ने कह दिया था, कोई जल्दी नहीं, धीरे-धीरे धारके साथ हमें आगे बढ़ना चाहिये, और जो कुछ भाग्य-भोगमें है, उसे आने दो।

रास्तेमें मुझे अपने मित्रोंके साथ वार्तालाप करनेका बहुत कम अवसर मिला, क्योंकि वह माँगे और ओसिरिस्की मूर्त्तिके बीचमें बैठे थे। मेरे दिमागमें उस समय भविष्यके विचार चक्कर लगा रहे थे। मुझे इस भयंकर साहसपर बड़ा आश्चर्य होता था। हमारे आस-पासका दृश्य उस दूध-सी छिटकी चाँदनीमें बहुत ही सुन्दर मालूम होता था। नदीके घुमावके साथ चलते-चलते हम एक बार फिर उपविष्ट लेखकोंके पास चले आये, उनकी अब भी वही शान्त नीरव करुणोत्पादक मूर्त्ति थी। हमारे सामनेसे कितने ही गाँव, मछुवोंके झोपड़े, और कभी-कभी मंदिर और उनके घाट बराबर निकलते जा रहे थे। जैसे ही जैसे हम आगे बढ़ते जाते थे, धार चौड़ी और करार ऊँचे होते जाते थे।

यह बड़ा ही उर्वर और सस्यसम्पन्न प्रदेश था। जितने ही हम आगे बढ़ते जाते थे, गाँवोंका आकार भी बढ़ता जाता था। घर भी

अच्छी प्रकारके दिखलाई पड़ते थे, किन्तु कहीं एक आदमी भी बाहर न दिखाई पड़ा। वहाँ कहीं प्राणियोंका चिन्ह न दिखाई देता था। लोग चुपचाप बेखबर सोये थे। उन्हें यह नहीं पता था। विदेशी लुटेरे उनके और उनके पूर्वजोंके देवताओंके रूपमें हजारों कोस दूरसे आकर उनके घरमें घुस आये हैं।

मैं समझता हूँ, पानीकी गति दो या तीन मील घंटेसे अधिक न होगी। हम शायद दस-बारह ही कोस गये होंगे, जब कि सूर्य देवने प्राची दिशाको अलंकृत किया। पूर्वके क्षितिजपरसे प्रकाशकी बौछार उसी तरह मैदानमें फैल रही थी, जैसे पम्पसे छिड़कावका पानी।

जैसे ही प्रकाश खूब फैल गया, हमारा पूर्व निश्चित प्रोग्राम कार्य-रूपमें परिणत किया गया। अब तीनों देवता उठकर माँगेके पासके बनाये हुए चबूतरेपर चले गये। वहाँ होरस् आगेकी ओर मुँह करके खड़े हुए, और दूसरे दो देवता उनके पीछे और पीछेकी ओर मुँह करके। धनदास, श्येन-मुख प्राचीन मिश्री देवताके रूप में सचमुच बड़े रोब-दाबके साथ दिखाई देते थे। प्रातःकालके समय जब कि नदीके जलपर हल्की भाप उड़ रही थी, यह तीनों स्वर्गके देवता देखनेमें अद्भुत प्रभाव डाल रहे थे।

सबसे पहिला आदमी जो हमें मिला, वह, एक मछुआ था। वह धूपमें अपने भीगे जालको फैला रहा था। जैसे ही उसकी दृष्टि तीनों देवताओंपर पड़ी, वह हाथ शिरपर बाँधे भूमिपर गिर गया, और तब तक न उठा, जब तक कि हम नज़रसे ओझल न हो गये।

कुछ दूर और आगे बढ़नेपर हमें एक वृक्षके नीचे बैठा हुआ एक लड़का मिला। उसके शरीरपर कपड़ा न था, और उसके घुँघराले बाल दाहिने कानपर पड़े हुए थे। जैसे ही उसने देखा मारे डरके चिल्लाकर वहाँसे अपने घरकी ओर भागा। जान पड़ता है, अपनी माँको तीनों देवताओंके प्रत्यक्ष होनेकी सूचना देनेके लिये भाग गया।

अब हम किसी अमीर या राज-सामन्तके घरके सामनेसे निकले। कोठेकी खिड़कीपर, रत्नजटित आभूषणोंसे अलंकृत एक युवती कन्या बैठी थी। उसके शिरपर एक टोपी थी, जिसपर जरीका काम और सुनहली किनारी लगी थी। टोपीके नीचे श्याम कुंचित केश दिखलाई पड़ रहे थे। उसकी कलाइयोंमें रत्नजटित कंकण, भुजामें मणिजटित अंगद, और कंठमें अनेक रत्नमालायें थीं। जैसे ही उसने देखा, हाथ जोड़कर झुक पड़ी, और कुछ स्तुतिके वाक्य उच्चारण किये। दूर रहने से मैं उसे सुन न सका।

यह हमें पहिले ही विश्वास हो गया था, कि जहाँ दो-चार आदमियोंने भी हमें देखा, कि यह खबर बिजलीकी भाँति एक कोनेसे दूसरे कोने तक फैले बिना न रहेगी। हमने कई बार एक गाँवसे दूसरे गाँवकी ओर आदमियोंको दौड़ते देखा, उनका काम, निस्सन्देह, इसी खबरको पहुँचाना था, कि देवता लोग स्वर्गसे पृथ्वीपर उतर आये हैं। हमलोग एक कस्बेके नजदीक जा रहे थे, जो हमें दूरसे दिखाई देता था। वहाँ खबर पाकर पहिलेसे तीनों देवताओंके दर्शनके लिये, आदमियोंकी एक भारी भीड़ बड़ी उत्सुकताके साथ प्रतीक्षा कर रही थी।

मेरा हृदय भयसे काँपने लगा, जब मैंने वहाँ नदीके तटपर तीन सौ से अधिक आदमियोंको खड़े देखा। उनमेंसे अधिक बल्कि सशस्त्र थे। शृगालके चेहरेसे एक खबरदार करनेका शब्द मेरे कानोंमें आया—

'मजबूत, खड़े होकर अपना पार्ट अदा करो। नदीके बीचमें नावको रक्खो, और हमारे पधारनेकी सूचना दो प्रोफेसर !'

इतनी देरमें मैंने अपने बोलनेके लिये कुछ वाक्य तैयार करके उसे कंठ भी कर लिया था। और लोगोंके नजदीक पहुँचते ही मैंने बड़े जोरसे उसे बोल सुनाया। मैंने घोषित किया—नीलके महान् देव— जिन्होंने पिछले युगोंमें तुम्हारे पूर्वजोंकी रक्षा की—कई शताब्दियोंके बाद आज अपने प्रिय बच्चोंके देशमें आये हैं। वह शान्ति और

मंगलके फैलाने के लिये आये हैं। देव लोग मनुष्य जातिकी भलाईकी कामना करते हैं।

लोग हमारे दर्शनोंके लिये उत्सुक थे, किन्तु वह नदीके तटपर पहुँचनेके लिये एक दूसरेको धक्का दे रहे थे। मैंने देखा, भीड़में सभी श्रेणी और व्यवसायके लोग थे, और उनकी पोशाक बिल्कुल प्राचीन मिश्रनिवासियों हीकी भाँति थी। वहाँ लम्बी लुंगीवाले लठधारी थे। कितने ही दूकानदार थे, जो दूकान छोड़कर आये थे। रसोइये अपने पकाने के बर्तनोंको हाथमें लिये ही खड़े थे। वहाँ लम्बी चद्दरें डाले पंडित थे। स्त्रियों और बच्चोंकी भी संख्या पर्याप्त थी। एक ऊँची दीवारके सामने वह लोग खड़े थे। पीछेकी ओर एक महल था, जिसमें बहुत-सी खिड़कियाँ थीं।

मेरे दिलमें अपने भाषणके विषयमें बड़ा सन्देह था, इसी समय मुझे मकानकी छतपर एक आदमी दिखाई दिया। उसकी पोशाक राजकुमार या उच्च राजकर्मचारी की थी। उसने बड़े ऊँचे स्वरसे कहा—

'राजकुमारों और राजकुमारियोंके हृदय-मन्दिरमें विश्राम लेनेवाले होरस् पृथ्वीपर आये हैं। हे सराफियो, मिश्रनिवासी अपने बाप-दादोंके प्राचीन देवताओंका स्वागत करो।'

उसी समय सारे ही आदमी पृथ्वीपर प्रणाम करनेके लिये गिर पड़े। मैंने भी देवताओंके सन्मुख वैसी ही दंडवत् बजाई। तब तीनों देवताओंने एक साथ अपने दाहिने हाथोंको शिरके ऊपर उठाया, और फिर धीरे-धीरे नीचे गिरा दिया।

—१४—

मितनी-हर्पीमें प्रवेश

जैसे ही हमने गाँवको छोड़ा, सब लोग खड़े होकर अपने घरोंको चले गये। इसमें ज़रा भी सन्देह नहीं, सूर्यास्तसे पूर्व ही

आगमनकी खबर देशके एक छोरसे दूसरे छोर तक पहुँच गई होगी। सचमुच, हमने देखा, कि महलका दर्वाजा खुल गया, और उसमेंसे एक रथ निकला। उसने बड़े वेगसे दक्षिणका रास्ता लिया। निश्चय ही वह आज ही पर्वतके पास राजधानीमें इस खबरको पहुँचा देगा कि होरस्, थात और अनुबिस् नदीके द्वारा आ रहे हैं। वह फिर उसी पृथ्वीपर लौट आये हैं, जहाँ वह प्राचीन समयमें रहा करते थे, जब कि मनुष्योंमें बुद्धि और ज्ञान न था।

जैसे ही जैसे दिन चढ़ता जाता था, धूप तेज होती जाती थी। धूपके भयसे मैं तो हटकर जरा पटरोंकी आड़में हो गया था, किन्तु मेरे खड़े हुए साथियोंके पास चेहरोंके अतिरिक्त धूपसे बचानेका कोई उपाय न था। अब, वह अधिक भूखे-प्यासे हो गये थे, क्योंकि उस अवस्थामें देवताओंके लिये खाना मुश्किल था।

थोड़ी देरके बाद हम एक बड़े मन्दिरके पास आये। वह नदीके तटपर था। हमने वहाँ विश्राम लेना निश्चय किया। नदीसे पानीकी एक धार मन्दिरके गर्भमें चली गई थी। मैंने नावको वहाँ पहुँचा दिया। हमने अब अपने आपको एक बड़े दालानमें पाया। उसकी छत बड़े-बड़े खम्भोंके ऊपर थी। यह खम्भे नाना चित्रों और चित्र-लिपिसे अलंकृत थे। मन्दिरके ऊपर इसिस् देवीकी मूर्त्ति थी। उसके शिरपर सूर्यबिम्बको आवेष्टित किये हुए दो सींगें थीं। वह मूर्त्ति एक ऊँचे चबूतरेपर नीचेके पायदानपर पैर रक्खे बैठी थी। उसके दोनों हाथ उसकी जाँघोंपर थे। जान पड़ता था यह मन्दिर इसी देवीके लिये निर्माण किया गया था।

वहाँ एक अकेले पुजारीके अतिरिक्त कोई न था, और उसने भी देवताओंको आते देखते ही, अपनी श्रद्धा-भक्ति भागकर ही दिखलाई। वहाँ पत्थरके फर्शपर बहुत-सी चटाइयाँ पड़ी थीं, जो जान पड़ता था, पाठ-पूजा करनेवालोंके बैठनेके लिये थीं। पास ही कितनी ही पत्थर और पीतलकी चौकियाँ थीं। जहाँ हमारी नाव थी, उसके चारों ओर

बीस कोठरियाँ थीं, जिनमें हमने गन्ध, धूप, फूल, तथा भोजन और शराबसे भरे बर्तन पाये। जान पड़ता है, वह सब इमिस्के चढ़ावाका था।

इन्हीं कोठरियोंमेंसे एकमें मेरे साथियोंने जाकर खूब आनन्दसे भोजन किया, और तब तक मैं नावपर बैठा रहा। हमें आशा थी, कि बिना भीड़-भड़कम देखे ही, हम मन्दिरसे बिदा हो जायँगे, किन्तु बात ऐसी न हुई। मैंने दक्खिनसे आदमियोंकी आवाज़ आती सुनी, और मन्दिरके द्वारपर जब मैं गया, तो क्या देखता हूँ, नदीके तट द्वारा मनुष्योंकी एक टोली आगे बढ़ रही है।

इस जमातके आगे-आगे बहुतसे पुजारी थे। उनके शिर भी मेरी ही भाँति मुंडित थे। उनके पीछे एक आदमी आ रहा था, जिसके देखने ही से जान पड़ता था, कि वह किसी उच्च श्रेणीका मनुष्य है। उसके सिरपर एक ऐसा कपड़ा था, जो ललाटपर बँधा हुआ था, और चोगाकी भाँति पैरोंतक लटक रहा था। उसकी पतले अर्जवाली लुङ्गी की किनारी सुनहली थी। उसके दाहिने कन्धेपर एक बाघम्बर इस तरह पड़ा हुआ था, कि जानवरका शिर सामनेकी ओर था, और चारों पैर कमरके नीचे लटक रहे थे। यद्यपि वह बूढ़ा था, किन्तु सीधा होकर तथा लम्बी-लम्बी कदम रखते चलता था। उसके देखने मात्रसे उसका चौड़ा कन्धा और चेहरेका रोब झलकने लगता था।

मैंने तुरन्त पहिचान लिया, कि वह प्रधान पुरोहित है, और उसी समय मैं जल्दीसे मन्दिरको लौट पड़ा। मैंने अपने मित्रोंको तुरन्त चेहरा चढ़ा लेनेके लिये कहा। मैंने उन्हें बतला दिया, कि आपको यहाँके क्षमताशाली पुरुषसे मिलनेका मौक़ा मिला है।

हम जिस समय दालानमें पहुँचे, तो देखा, प्रधान पुरोहित हमारी मछुओंवाली पवित्र नावकी ओर निहार रहा है। किन्तु जैसे ही मेरे साथी बाहर हुए, जान पड़ा उनका सन्देह दूर हो गया, क्योंकि सारे एक साथ दंडवत् करनेके लिये भूमिपर गिर पड़े।

मैने हिम्मत करके उन्हें खड़ा होनेके लिये कहा, और तब देखा कि प्रधान पुरोहित मेरे सामने है।

मैने उसे समझाया, कि हम कौन हैं, और फिर देशके विषयमें कई बाते पूछीं, क्योंकि हमारे तीनो देवता भी तो उसी स्थानके लिये नये थे। मेरा दिल उस समय बहुत हल्का हो गया, जब कि मैंने देखा, कि पुरोहितने मेरी बात समझ ली, तथा मैंने भी उसकी बात समझने में जरा भी दिक्कत न अनुभव की। आखिरकार मेरा प्राचीन मिश्री भाषा का ज्ञान भी तो कम न था। मैंने सालो उसमें अपनी खोपड़ी भी तो रगड़ी थी।

उस आदमीने मुझे बतलाया, कि उसका नाम अहसो है, वह इस देशका प्रधान पुरोहित और रा-मंदिरका अध्यक्ष है। फिर उसने महारानी सेरासिस्के विषयमें कहा—वह इसिस्की भाँति सुन्दरी है। उसके हृदयमें होरस् निवास करते हैं। कौन होरस्? वही जो उसके सन्मुख हाथ-पैर संयुक्त स्थुल शरीर धारण किये मौजूद थे।

मैंने अहसोसे पूछा—तुम्हें शहरसे इतनी दूर इस तरह आनेकी क्यो आवश्यकता पड़ी। तब उसने बताया—महारानीने मुझे कल इसी मन्दिरमें इसिस् देवीकी पूजाके लिये आज्ञा की है। अब जब अहसोने, स्वर्गाधिप होरस्, प्रशेश थात और नेपूथेस-सुत अनुबिस्को अपने सन्मुख प्रत्यक्ष देखा, तो उसे यह एक दैवी चमत्कार जान पड़ा। उसने समझा, देवताओंने स्वयं अपने आगमनकी खबर पहिले हीसे महारानी को दे दी थी। वह बड़ा विस्मित होकर होरस् देवकी ओर देख रहा था, और मुझसे उसने पूछा भी—क्या देव लोग अपने श्रीमुखसे कुछ बोलते भी हैं।

मैंने उसे बतलाया, देवता लोग साधारण मरणधर्मा मनुष्योंसे नहीं बोल सकते, उन्होंने मुझे बोलनेकी आज्ञा दी है।

अहसोने पूछा—'आपका नाम क्या है?'

थोड़ी देर तक मैं अवाक् रह गया। हमलोगोंने सब बातोंकी सलाह कर ली थी, किंतु इसपर ख्याल भी न किया था। सचमुच यह बड़ी गलती थी, लेकिन सौभाग्यसे उसी समय मुझे अमेन्‌के प्रसिद्ध पुरोहितका नाम स्मरण आ गया।

मैं—'थोथ्मस्'

उसने सन्तोष प्रकट करते हुए शिर झुका लिया।

अहासो—'देवताओंके श्रीचरण कहाँ जा रहे हैं ?

मैं—'रानीके पास।' जिस समय मैंने यह कहा उसी समय जान पड़ा मेरे सारे शरीरमें एक ठंडी हवाका झोंका लग गया है। मुझे जान पड़ा, अब हम मैदानमें खड़े हैं। सेंध लगाना मैदानमें खड़े होकर, सचमुच बड़े साहस और बड़े खतरेका काम है।

अहासोने नावकी ओर इशारा करके पूछा—'क्या हमारे देवता इस तुच्छ नावपर चलते हैं ?'

मेरे लिये इसका उत्तर आसान था—'क्या ओसिरिस् पहिले ही पहल नीलके पवित्र जलपर सुनहरी नावपर बैठकर निकले थे ?'

अहासो—'थोथ्मस्, आप तो ज्ञानकी बात करते हैं।'

फिर मैंने उसे सूचित किया—"देवताओंकी इच्छा है, कि हम दक्षिणकी ओर नदीकी चालके साथ ही चलना चाहते हैं, और तुम्हारे (मेरे) सिवाय किसी औरको नावमें हाथ लगाने देना नहीं पसन्द करते। अहासोने फिर मिलनी-हर्पी-नगरकी सम्पत्ति और सौंदर्यके विषयमें कहा। तब मैंने उससे कहा, यदि तुम्हारी इच्छा है, तो देवयात्रावाली एक नाव भेज सकते हो, देवताओंको उसपर चलनेसे इन्कार नहीं है। तुम अपने पूरे उत्साह ठाटबाटसे उन्हें अपने यहाँ स्वागत कर सकते हो। फिर मैंने बतलाया, कि जब तक ठंडा नहीं हो जाता हमलोग अकेले यहाँ रहना चाहते हैं। ठंडा होनेपर फिर अग्रसर होंगे। उसने इसका प्रबन्धकर देनेके लिये वचन दिया।

इस वार्तालापके समय मैं भली भाँति देख रहा था, कि न तो अम्मसो ही और न उसके साथके पुजारी ही देवताओंके मुखकी ओर सीधा ताकनेकी हिम्मत करते हैं। जब हमारी बातचीत समाप्त हुई तो फिर प्रधान पुरोहित और उसके साथियोंने देवताओंके आगे दंडवत् की। प्रधान पुरोहितके साथ-साथ सबने मिलकर एक प्रार्थना शुरू की, जो इतनी लम्बी थी, कि मैंने तो समझा, यह खतम ही न होगी। तब वह हमें वहीं अकेले छोड़कर रवाना हो गये। इस तरह आसानीसे पिंड छुड़ा लेनेमें बड़ा आनन्द आया। हमलोग अब फिर एक कमरेमें घुस गये।

जब दिन बहुत ढल गया, और धूपकी तीव्रता भी कम हो गई तो हमने फिर अपनी यात्रा शुरू की। यह एक प्रकारके विजयका जलूस था। हमारे आनेकी खबर पूर्वसे पश्चिम तक फैल गई थी, और दोपहर हीसे नदीके किनारे सैकड़ों दर्शनाकांक्षी खड़े थे। मैंने नहीं समझा था, देश की आबादी इतनी ज्यादा होगी, मेरे साथियोंने मुझे बतलाया, ऊपरकी ओर भी बहुत दूर तक बस्तियाँ हैं। जहाँ हम किसी भीड़के सामनेसे गुजरते, वहीं सारे आदमी दंडवत् करनेके लिये भूमिपर गिर पड़ते थे।

आजकी यात्रा, बड़ी ही उर्वरा, हरी-भरी सुन्दर भूमिसे हो रही थी। सारे दिनमें शायद ही किसी समय उपविष्ट लेखकोंवाली सड़क आँखोंसे ओझल हुई होगी। सारे देशभर में मुझे उतना प्रभावशाली और दृश्य न मालूम होता था, जैसी कि वह गूंगी पत्थरकी मूर्त्तियों वाली प्राचीन सड़क, जो कि वर्त्तमानको भूतसे मिला रही थी।

अँधेरा होनेके थोड़ी ही देर बाद, हमें नदीके किनारे दूर तक प्रकाश दिखलाई देने लगा। जितना ही नजदीक पहुँचते जाते थे, उतना ही सैकड़ों मशालोंकी लौ और भी स्पष्ट होती जा रही थी। अब हमें दिखलाई दिया कि कई नावोंमें बहुतसे आदमी हाथोंमें मशाल लिये हमारी ओर बढ़ रहे हैं। वह इतने जोरसे गा रहे थे, कि एक

मील दूरसे उनकी आवाज सुनाई देती थी। जहाँ तक मैंने समझा, यह तीनों देवताओंकी स्तुतिके गान थे।

जब हम प्रकाशके पास आ गये, तो मेरे दोस्त अह्मसोने बड़े ज़ोर-से मेरा स्वागत किया, और बतलाया, कि एक भारी उत्सववाली नाव देवताओंकी सेवाके लिये आई है। उसने बतलाया, कि आपके यहाँसे निकलते ही मैंने एक तेज रथ लिया और शीघ्र मितनी-हर्पी पहुँचा। वहाँ मेरे जानेसे पूर्व ही देवताओं के पधारने की खबर महारानीको लग गयी थी। महारानी महान् देवताओंके चरणों में बड़े विनय-पूर्वक प्रार्थना करती है—'मैं सब तरहसे आपके चरणोंकी सेवाके लिये तय्यार हूँ। यदि मैंने कोई अपराध किया हो, तो प्रभुवर, उसे क्षमा करें। यदि मैंने कुछ सुकृत किया हो तो वन्द्यचरण होरस्, थात और अनुबिस् इस अपनी चिरसेविकाको स्मरण रक्खेंगे। मैंने जबसे राज्यभार सँभाला है, अपनी प्रजाको प्रसन्न और सुखी बनानेमें कोई कसर नहीं उठा रक्खी है। मैंने उन्हें बराबर हुक्म दिया है कि, प्राचीन मिश्रके धर्म-कर्ममें जरा भी उपेक्षा न करें, उन अपने पूज्य देवताओं-को न भूलें; जिन्होंने फरऊनोंको महान् और यशस्वी बनाया था।'

मैंने अह्मसोको समझाया—'देवलोग न महारानी सेरिसिस्से कुछ भी नाराज हैं, और नहीं उसके देशके किसी नर-नारीसे। जिस समय मैं यह बात-चीत कर रहा था, उसी समय मेरे दिलमें एक और कठि-नाई अनुभव हो रही थी। मैं उस बड़ी नावकी ओर देखता था, और सोच रहा था, कि मैं अकेला कैसे इसे ले चलूँगा। और कैसे बिना दूसरोंके जाने हुए हम अपनी चीजें उसमें रख सकेंगे? इसमें सन्देह नहीं, कि सेराफीयोंको बन्दूक और कार्तूसकी पेटियोंको देखनेसे कोई विशेष बात न मालूम होगी, किन्तु इन सर्वशक्तिमान् तीनो महान् देवताओंके लिये इनकी आवश्यकता, उन्हें समझमें न आवेगी।

मैं इसके वास्ते कोई भी उपाय न सोच सका। अब मेरा चित्त चंचल हो उठा। मुझे यहाँ धीरेन्द्र और चाङ्से सलाह लेनी थी,

किन्तु अहासोके सन्मुख उनसे बातचीत न कर सकता था। तब मैंने प्रधान पुरोहितसे कहा, देवताओंसे इस समय कुछ परामर्श लेना, बहुत अच्छा होगा, यदि आप लोग थोड़ी देरके लिये हमें अकेले छोड़ दें।

जैसे ही अहासो वहाँसे हटे, मैंने सारी अवस्था कह सुनाई। धनदास, धीरेन्द्र और चाङ् ऊँचे चबूतरेपर पहिले हीकी भाँति खड़े थे, मैंने नावके बीचसे बातचीत की। महाशय चाङ्ने तुरन्त इस प्रश्नको हलका कर दिया।

चाङ्—'यह स्पष्ट ही है, कि हम तीनो देवता अपने हाथसे तो कोई काम नहीं कर सकते। क्योंकि इससे लोगोंकी भक्ति कम हो जायगी; यदि थातको उन्होंने कुलीकी भाँति काम करते देख लिया। और यह भी आपका कहना ठीक है, कि उन्हें हमारी चीजोंके देखनेका अवसर देना अच्छा नहीं; जितना ही हमारे विषयमें उनका ज्ञान कम हो उतना ही अच्छा। और इसपर तुम देख ही रहे हो कि वह नाव इस डोंगीसे पाँचगुनी बड़ी है, उसके बीचमें एक ऐसा मण्डप बना हुआ है, जो तीन तरफसे आच्छादित है, और सामने की ओरका खुला भाग भी बन्द किया जा सकता है।'

इसी बीचमें धीरेन्द्र बोल उठे—'वहाँ, यदि हम पहुँच गये, तो खूब आनन्दसे अपना चेहरा उतार कर रख सकते हैं, और शायद मुझे बीड़ी पीनेका भी अवसर हाथ लग जाय। अच्छा महाशय चाङ्! मैं बीचमें बात काटनेके लिये क्षमा माँगता हूँ। आप आगे कह चलिये।'

चाङ्—'आपने यह भी देखा है, कि वह लोग मस्तूलपर दो रस्सी बाँधकर, एक-एकको नदीके एक-एक तटपर लेते हुए, नावको खींचते आ रहे थे। उन्हीं रस्सोंको इस डोंगीके नीचे लगाकर यदि कुछ आदमी लग जायँ; तो आसानीसे वह इसे उस बड़ी नावपर रख सकते हैं।'

धनदास—'क्या खूब! और फिर आगेका काम चन्द मिनटोंका होगा। मण्डपके नीचे हम अपनी चीजें फिर आसानीसे रख ले सकते हैं।'

सब बात खतम हो जानेपर मैंने अह्मसोको बुलाया, और उन्हें देवताओंकी इच्छा कह सुनाई। देवता लोग उसी समय बड़ी नौका-पर चले गये, और उसके माँगेपर जा खड़े हुए। डोंगीको उठानेके लिये जो आदमी आये उनपर देवताओंका भारी आतंक छाया था। किन्तु मेरी और अह्मसोकी आज्ञा के अनुसार उन्हें काम करनेमें कोई कठिनाई न प्रतीत हुई। तब मैंने प्रधान पुरोहितसे कहा, देवता लोग कुछ आदमियोंको नाव खेनेके लिये चाहते हैं, किन्तु उनकी इस समय आवश्यकता नहीं। आज रातभर वह विश्राम करना चाहते हैं, सबेरे से यात्रा शुरू होगी।

अब हम फिर अकेले छोड़ दिये गये, और आसानीसे हमने अपना सारा सामान उतार कर रख लिया। हमने अपनी सभी चीजोंकी कई एक गठरियाँ बनाईं और फिर उन गठरियोंको पुआल लपेटकर, रस्सियोंसे खूब बाँध दिया, और फिर उन्हें पटरों के नीचे सुरक्षित रख दिया। यह सब काम खतम होते-होते हम बहुत थक गये, और जैसे ही मंडपमें लेटे, तीनों देवता तो सबसे पहिले ही खर्राटा लेने लगे।

यवन और रोमक लोगोंके देवताओंके समान ही, वास्तवमें प्राचीन मिश्रके देवता भी बहुतसे मानुषिक गुण रखते थे। साधारण मनुष्योंके समान ही उनमें अनेक प्रमाद और त्रुटियाँ थीं, और यही कारण था, जो स्वयं होरस् या ओसिरिस्‌को भी आहार और निद्रा की वैसे ही आवश्यकता थी, जैसी किसी मामूली किसानको। हम लोग बड़े सबेरे ही उठ गये और मंडपकी आड़ ही आड़में स्नानादिसे निवृत्त हो लिये। फिर इसके बाद नावपर आये हुए नैवेद्यमेंसे कुछ नैवेद्यको लेकर भोग लगाया। तब तीनों देवता मण्डपसे बाहर निकल-कर माँगेपर रक्खे हुए तीनों सुन्दर सिंहासनोंपर बैठ गये। आखिर

देवताओंकी तपस्या कबूल हुई, नहीं तो आज भी उन्हें कलकी भाँति खड़ा ही रहना पड़ता।

जैसे हमारी यात्राका प्रथम भाग बड़ी आसानीसे समाप्त हुआ, अन्तिम भाग तो और भी आनन्द मौजसे तै पाया। हम लोग बड़े ठाठ-बाटसे मितनी-हर्पाको चले। उपविष्ट लेखकोंकी सड़क हमारे बायें चली आ रही थी, और जितना ही हम आगे बढ़ रहे थे, उतना ही दाहिनी ओरका पहाड़ भी नजदीक आता जा रहा था।

दक्षिण ओर जाते-जाते नदीने पहाड़को पार कर दिया, और अब हम और भी सुन्दर हरे-भरे प्रदेशमें पहुँच गये। वहाँ हमारे चारों ओर कितनी ही सुन्दर पहाड़ियाँ, जङ्गल, कस्बे, गाँव, बड़ी-बड़ी सड़कें, पानीके बाँध, और मन्दिर दिखाई पड़ रहे थे। यह एक स्वप्नका प्रदेश जान पड़ रहा था। हजारों आदमी हमारे पीछे-पीछे चलर हे थे, और नदीके दोनों तट आदमियोंसे भरा था। प्रधान पुरोधा अक्षसोकी नाव हमारे आगे-आगे चल रही थी, और हमारी नावके पीछे भी कितनी ही नावें थीं, जिनपर कितने ही गवैये, बाजा बजानेवाले, गाते-बजाते आ रहे थे

नावकी पूँछ तिर्छे होकर ऊपरको उठी हुई थी। उसकी आकृति कमलकी थी। माँगा एक प्रकांड मेंढ़ेके शिरकी आकृतिका था, जिसकी दोनों सींगें पीछेकी ओर दूर तक उस चबूतरेको घेरते चली गई थीं, जिसपर कि तीनों देवताओंका सिंहासन लगा हुआ था। जिस समय लोग नदीके तटपर दंडवतके लिये पड़ जाते थे, तो देव लोग अपने दाहिने हाथको ऊपर उठाकर धीरेसे अपनी जाँघपर रख लेते थे। तीनोंमेंसे, मैं समझता हूँ, धनदास अपने पार्टको सबसे अच्छी तरह अदा कर रहे थे वह जिस प्रकार सेराफीयोंको आशीर्वादका हाथ उठाते थे, उसमें एक प्रकारका बड़प्पन, और प्रभाव-शालिता टपकती थी। उनका सभी काम अन्य दोनों देवताओंकी अपेक्षा अधिक गम्भीरता-पूर्वक होता था। बाकी दोनोंमें धीरेन्द्रकी

तो यही बड़ी शिकायत थी, कि उनका स्यारवाला चेहरा इतना कस कर आता है, कि साँस बड़ी मुश्किलसे ली जाती है।

इसी दिन हमलोग एक बड़े कस्बेसे गुजरे। हमें मालूम हुआ, कि यह लोग एक अफ्रीकन जंगली जातिको दासके तौरपर रखते हैं। वह कांगो निवासी नीग्रो जैसे एक बड़े हृष्ट-पुष्ट शरीरके हब्शी हैं, यह मुझे बतलानेके लिये इस वास्ते भी जरूरत पड़ी, कि उसी दिन हमारे सुकुमार देवताओंको गर्मीकी शिकायत हुई। मैंने जब इसे अफसोको सूचित किया, तो उन्होंने एक मोटे ताजे हब्सीको पंखा देकर हमारे पास भेजा।

इस प्रकार और तीन दिनकी यात्राके बाद हम मितनी-हर्पी नगर में पहुँचे। जब मैंने पहिले-पहिल इस विचित्र नगरीपर दृष्टि डाली, तो मुझे उसी वक्त थेबिस् याद आने लगा। पहिले-पहिल जिन घरोंको हमने देखा, वह मिट्टी या कच्ची ईंटोंके बने थे, और छाजन ताड़की पत्तियों और फुसकी थी। जब हमने नगरमें प्रवेश किया, तो हमें वहाँ छोटे-छोटे मैदान मिले उसमें हरी घासें और छोटे-छोटे वृक्ष लगे हुए थे। यद्यपि सड़कें अधिक चौड़ी होती न दिखाई दे रही थीं, किन्तु जैसे-जैसे हम आगे बढ़ रहे थे, मकान पक्के तथा ऊँचे होते जा रहे थे। जिस समय हमारी नाव नगरके बीचमें पहुँची तो हमने चारों ओर अपने आपको मन्दिरों, प्रासादों और उद्यानों से घिरा पाया। प्रत्येक महलके चारों ओर ऊँची चहारदीवारी थी, और उसके दर्वाजे देव-दारकी लकड़ीके थे। उनमें पीतलकी काँटे, अंकुशे और ताले लगे हुए थे। इन दर्वाजोंपर लकड़ीका काम भी बहुत सुन्दर किया हुआ था। बगीचोंमें मेवोंके हजारों दरख्त थे, जो इस समय खूब फूले हुए थे।

इस विचित्र-दृश्यने—या शायद धूप और गर्मीने—मुझपर ऐसा प्रभाव डाला, कि मैं सुस्त-सा हो गया। मुझे स्मरण है, चलते-चलते यकायक हमारी नाव एक जगह खड़ी कर दी गई। यहाँसे पत्थरकी

सुन्दर सीढ़ियाँ, एक प्रासादकी ओर जा रही थीं। सीढ़ियोंकी दोनों तरफ कतार बाँधकर बहुतसे सैनिक खड़े थे। उनकी कवचोंकी चमकसे आँखें चकाचौंध हो जाती थीं। उनके हाथोंमें चौकोर ढाल और तलवार या भाले थे।

जैसे ही हमारी नाव वहाँ पहुँची, प्रासादके द्वारपरसे नगारेकी आवाज होती सुनाई दी। अहासो नावपरसे उतरे। दर्वाजा खुल गया, और हमने देखा, कि भीतर एक अत्यन्त सुन्दर उद्यान है, जिसमें बहुतसे छोटे-छोटे वृक्ष और अंगूरकी लताएँ फैली हुई हैं।

उद्यानके बीचसे एक रास्ता आ रहा था। मैंने उसपर आदमियों-का एक झुंड आते देखा। धीरे-धीरे आकर वह सीढ़ीपर से नीचेकी ओर उतरने लगे। उस सारी जमातमें, सच कहूँ मैंने सिर्फ दो ही आदमियोंकी ओर ध्यान किया। उनमेंसे एक लम्बा-चौड़ा पुरुष था, जिसके शरीरपर सोनेकी कवच जगमग कर रही थी। उसके चेहरेपर बड़ी गम्भीरता और प्रभुताके चिह्न स्पष्ट दिखाई दे रहे थे। और दूसरी एक स्त्री थी, और यह स्त्री ही थी, जो जलूसके आगे चल रही थी।

उसके शरीरमें एक बदनसे खूब चिपका हुआ वस्त्र था, जिसमें सोने और जवाहिरातके काम थे। उसके कंठके हार, उसकी कलाई के कंगन, उसके मणिबन्धके बाजू सभी नाना भाँतिके रत्नोंसे जटित थे। उसके लम्बे-लम्बे घुँघराले काले बाल गर्दनपरसे होकर पीठपर दूर तक लटक रहे थे। और शिर आधे ललाट तक एक सुनहली रूमालसे बँधा हुआ था। ठीक ललाटके ऊपर रत्न-जटित शिरवाला सर्प खड़ा था। जान पड़ता था ललाटको चारों ओर आवेष्टित करके एक वह सर्प ही फण निकाले खड़ा है, बीचोंबीच एक बहुत भारी हीरा जड़ा हुआ था।

लेकिन सच कहा है—'तकल्लुफसे बरी है, हुस्नेज़ाती। कबाये गुलको गुल बूटा कहाँ है।' उस सुन्दरीके अद्वितीय सौन्दर्यकी वृद्धि

इन कृत्रिम आभूषणोंके हाथमें न थी, बल्कि एक तरहसे वह ही उसके अनुपम शरीरपर स्थान पाकर अपने आपको कृतकृत्य समझ रहे थे। वह दूसरी रम्भा या शची मालूम होती थी। उसके देखने मात्रसे मैं समझ गया, यही सेराफीयोंकी महारानी फरऊन-वंशजा सेरिमिस् है।

—१५—

सेनापति नोहरी

सीढ़ीके नीचे आकर मितनी-हर्पाकी महारानी सेरिसिसे उन तीनों मनुष्योंके सामने दंडवत् की, जिन्हें कि वह अपना इष्टदेव समझ रही थी। उस समय मैं और मेरे साथी भी अपने दिलमें बड़ी आत्म-ग्लानि अनुभव कर रहे थे। हमारा दिल हमें लज्जित कर रहा था—क्या यह युक्त है, कि तुम उनके देवताओंके साथ, उनके धर्म-विश्वास-के साथ घृणा प्रकाशित करो। बल्कि मेरे लिये तो यह सरल सात्विक प्राचीन धर्म अपने धर्मके समान आदरणीय था। अपने स्वप्नमें जब मैं सम्राट् तूतन खामनको आमन देवकी पूजा करते देखता था, तो मैं क्या पास खड़ा-खड़ा अपने दिलमें हँसता रहता था?—नहीं, मैं उस पूजाको बड़ी श्रद्धा, बड़े सौहार्द, बड़े भक्तिपूर्ण हृदयसे देखता था। मेरे तीनों साथी भी, वैसे ही थे। यद्यपि लोभके वशीभूत धन-दासको चाहे इससे न भी ग्लानि होती हो, किन्तु धीरेन्द्र और चाङ्-को तो यह सब बातें सुईकी भाँति चुभ रही थीं, क्योंकि हम इस बातके सबसे भारी विरोधी हैं, किसी भी जाति या व्यक्तिके धर्मका मजाक उड़ाया जाय। किन्तु हम मजबूर थे, हमें विद्याके लोभने खींचकर वहाँ पहुँचा दिया, और वहाँ जान बचाने और अपनी जिज्ञासा पूर्ण करने-की कोई दूसरी तदबीर न थी।

दंडवत् करके जब वह भद्रशीला महारानी खड़ी हुई, तो मैंने देखा, उसका शरीर भयके मारे काँप रहा था। एक बड़े ही मधुर और

मध्यम स्वरमें उसने अपने परिजनोंको थोड़ी देरके लिये वहाँसे हट जानेके लिये कहा। उस स्वर्ण-कवच-धारी पुरुषके अतिरिक्त सारे ही लोग वहाँसे थोड़ी दूर हट गये। तब रानीने अपने दोनों हाथोंको जोड़े हुए मुझसे कहा—

'हमारे बाप-दादोंके पूज्य देवताओंके चरण-कमल क्या इस अकिंचन मितनी-हर्पी नगरीमें निवास करेंगे?' जैसे उस सुन्दरीने बोलनेके लिये अपने ओठ खोले, मुझे एक रहस्य मालूम हो पड़ा। वह एक ऐसी भाषा बोल रही थी। जो मेरे लिये समझने और बोलने दोनोंमें आसान थी, और उसका उच्चारण भी मेरे अनुमानके बिल्कुल मुताबिक निकला। यह बिल्कुल सम्भव है, वह स्वयं थेबीय सम्राटोंकी वंशपरासे थी। मैंने उस समय यवन ऐतिहासिक हेरोदोतुसूकी बात याद की, जिसने लिखा है, मरुभूमि-निवासी मिश्रियोंके वंशसे हैं। शायद यही वह मिश्री जाति होगी; जो लिब्याके पेट तकमें घुस आई है।

फिर मैंने उसके प्रश्नका उत्तर दिया, जहाँ तक मुझे मालूम है, पूज्य देव लोग राके मन्दिरमें रहना चाहते हैं।

महारानी—'तो सचमुच मेरा बड़ा भारी सौभाग्य है! तथापि मैं भयभीत हूँ।'

मैं—'महारानी, डरो मत। देवलोग तुम्हारे मङ्गलके लिये पधारे हैं।'

उसने शिर झुकाया, और मैं समझता हूँ, वहाँसे लौटने ही वाली थी, कि उसी समय वह लम्बा-चौड़ा पुरुष आगे बढ़कर धमकाते हुए-की भाँति मुझसे पूछा—

'और तुम कौन हो?'

मैंने, अच्छी तरह समझ लिया, यहाँ जरा भी निर्बलता दिखाना बड़ा हानिकारक होगा। मैंने बड़ी शान्तिके साथ उत्तर दिया—

'पुजारी, जैसा कि देखने हीसे तुम्हें मालूम होगा।'

उसने नाक-भौं कुंचित करके पूछा—'तुम्हारा नाम?'

मैं—'थोथ्मस ।'

पुरुष—'ओः ! बड़ा भारी नाम ! और कहाँसे आये ?'

मैं—'मरुभूमिके पाससे देवताओंकी सेवाके लिये बुलाया गया हूँ ।'

पुरुष—'मरुभूमिके उस पार क्या है ?'

मैं—'मरुभूमिमें सितकी हुकूमत है, जो कि बालूका स्वामी है, और वहाँ नेफ्थेस रोता है, क्योंकि उसका हृदय रिक्त है। और मरुभूमिके उस पार तुझसे भी बड़े-बड़े मनुष्य निवास करते हैं, चाहे तू भले ही भारी योद्धा और वीर होगा।' वह मनुष्य नास्तिक मालूम होता था।

हाथसे चुप होनेका इशारा करती हुई महारानीने कहा—

'शान्त, शान्त नोहरी, तुम्हारा दिमाग हमेशा गर्म रहता है, बिना सोचे-समझे बोल देते हो। यह पुरुष जो देवताओंके साथ आया है, तुमसे कहीं होशियार है; तुम एक उजड्ड सैनिकके सिवाय और क्या हो।'

यह सुनतेके साथ वह मनुष्य अपनी तलवारकी मूँठपर हाथ धरकर बड़े जोशमें चिल्ला उठा—

'यदि आपके ऊपर आफत आवे, तो महारानी, अपने सेनापतिको दोष न देना। चाहे यह सच्चे देवता हों या झूठे, मैं न इन्हें जानता हूँ, और न इनकी रत्ती भर पर्वाह करता हूँ, क्योंकि नोहरी किसी देवी-देवताकी प्रार्थना पूजामें अपनेको नहीं फँसाता। लेकिन मैं सिर्फ इतना ही आपको कहना चाहता हूँ, महारानी, बहुत अच्छा होगा, यदि उन्हें जहाँसे आये हैं वहाँ भेज दिया जाय, क्योंकि कभी नहीं सुननेमें आया, कि देवता लोग पृथ्वीपर आकर चलते-फिरते हैं।'

मैंने उसी समय समझ लिया, जब तक हम यहाँ हैं, यही आदमी हमारे लिये सबसे खतरनाक है। महारानी और प्रधान पुरोहित अम्सो से लेकर साधारण मनुष्यों तकमें सिर्फ यही एक पुरुष है, जो किसी

बातको भी बिना तर्क और प्रमाणकी कसौटीपर कसे नहीं मान सकता।

कप्तान धीरेन्द्रने वह सभी बातें सुनीं, जो मेरे और उसके बीचमें हो रही थीं। यद्यपि वह हमारी वार्त्तालापका एक शब्द भी न समझ सकते थे, किन्तु नोहरीके चेहरे, उसकी गतिविधि, उसका स्वर, बतला रहा था, कि कोई असाधारण, कोई क्रोधकी बात हो रही है। कैसे भी हो, उन्होंने, उस समय एक बड़े साहस का काम किया, और सफलता भी उसमें आशासे अधिक हुई।

जब हम अभी बात कर ही रहे थे, उसी समय नाव सीढ़ीके पास गई, और कप्तान धीरेन्द्र नावसे उतरकर नोहरीकी ओर अग्रसर हुए।

रानी मारे भयके अहसोकी बगलमें आ छिपी। केवल पुजारी और दासियाँ ही नहीं घबराकर पीछे हटीं, बल्कि सैनिक भी यमराज अनुबिसूको आगे बढ़ते देखकर पीछे हट गये।

नोहरी अपनी जगहपर खड़ा रहा। मैंने देखा, यद्यपि उसने निर्भीक और साहसयुक्त रहनेकी बड़ी चेष्टा की, तो भी उसके चेहरेपर भयकी छाया पड़े बिना न रही। पास जाकर बड़े धीरेसे अनुबिसूने अपने हाथको उठाकर उसके ठीक कलेजेके ऊपर बड़ी मुलायमियतसे रक्खा और, और इसके बाद फिर लौटकर नावपर चले आये।

इस संकेतका अर्थ समझना बिल्कुल आसान था। मैंने देखा सारे ही आदमी हक्के-बक्केसे होकर नोहरीकी ओर देख रहे थे। सभीने समझ लिया, नोहरीके घंटे अब इने-गिने रह गये हैं। यद्यपि थोड़ी देर पहिले उसके शब्द और भाव बड़े जोश भरे थे, किन्तु अब वह भी जान पड़ता था कुछ समझने लगा, क्योंकि उसके चेहरेका रंग बदल गया था। उसने रानीकी ओर देखा और फिर घूमकर बड़ी फुर्तीसे सीढ़ीपर चढ़ थोड़ी देरमें महलके द्वारसे होकर वह आँखोंसे

ओझल हो गया। जब वह चला गया तो महारानीने मेरी ओर फिर-कर कहा—

'हमारे पूज्य देवता नास्तिकके आक्षेपको न ख्याल करें। नोहरी यद्यपि एक वीर और महान् सैनिक है, किन्तु अक्खड़ आदमी है। वह नर अमर किसीको भी नहीं डरता। मैं जानती हूँ होरस् स्वयं कड़ी बातको नहीं सहन करता, और मृत्युके देवता अनुबिस् तो अपराधीको क्षमा करना जानते ही नहीं। तो भी मेरे पूज्य-देव-चरणोंको उसके अपराधको क्षमा करना चाहिये; क्योंकि सेरिसिस्का हृदय उन महान् देवताओंके चरणोंमें है, जिन्होंने प्राचीन मिश्रपर शासन किया है।'

मैंने रानीको अनेक प्रकारसे सान्त्वना दी, और फिर अह्मसोके साथ नावपर लौट आया। अब नाव वहाँसे रा-मन्दिरकी ओर चलाई गई। जिस समय हमारी नाव सीढ़ीसे हटने लगी, महारानीने एक बार फिर जमीनपर पड़कर दंडवत् की, और उसे दंडवत् करते देख, सारे ही दास-दासी और सैनिक दण्डवत् करने लग पड़े।

सूर्य पश्चिमकी ओर डूब रहे थे। हमारी नाव शहरके बीचसे आगे बढ़ रही थी। हमारे पासके घरों और प्रासादोंके शिखर सान्ध्य-रक्तिमा से रञ्जित थे। इस स्थानपर मम्फिस्, थेबिस् और साइस्के सभी सौन्दर्य एकत्रित हुए थे। यह पुरातन सभ्यता—प्राचीन मिश्रभूमि थी, जहाँ उस संसार के उद्योग-धन्धे, शिल्पव्यवसाय, धर्म-कर्म आहार-व्यवहार, रीति-रस्म सभी जीवित थे; किन्तु एक दुस्तर मरुभूमि द्वारा वह आधुनिक सभ्यता, आधुनिक अतिविकसित जातियोंसे उन्हें अलग कर दिया गया था।

यह एक विचित्र स्वप्न था। जिस समय नदीकी धारमें हम आगे बढ़ रहे थे; उस समय हर वक्त मुझे डर लगा रहता था, कहीं मेरा यह मनोहर स्वप्न बीच हीमें टूट न जाय, और फिर मैं नालन्दामें अपनी चारपाईपर पड़ा रह जाऊँ। आधुनिक जगत्से मैं कितना

दूर था ? वाष्प, विद्युत, समाचार-पत्र, मुद्रित पुस्तक और हजारों ही अन्य आविष्कार हमसे बहुत दूर थे। मुझे अपनी क्षीण स्मृतिमें फिर शिवनाथकी छाया दिखलाई पड़ी। मुझे ख्याल हो गया, एक दिन उस पुरुषने भी मेरी ही भाँति इस दृश्यको देखा होगा। उसने कभी इस दृश्य को किसीसे न कहा, सिवाय इसके कहीं-कहींकी एकाध बात नोटके, न उसने कभी इसे लिखा; वह बड़ी निर्दयतासे मार डाला गया। हमने इतना साहस यदि न किया होता, तो उस पुरुषका सारा प्रयत्न यह अद्भुत आविष्कार व्यर्थ हो जाता। न जाने क्यों, हमें भी यह ख्याल होता था, कि अब हम जीवित यहाँसे लौटकर न जा सकेंगे। और यदि गये भी तो इस असम्भव बातको सत्य कहकर कौन लोगोंके सन्मुख रखनेका दुस्साहस करेगा ? ये ख्याल थे, जो मेरे दिमागमें उस समय बड़े जोरसे चक्कर लगा रहे थे। इसी समय हमारी नाव खड़ी हो गई। अब हम-लोग शहरके पश्चिमी अन्तपर राके भव्यमन्दिरके सन्मुख थे।

—१६—

रा-मन्दिर, प्लारोका लौट आना

निस्सन्देह राका मंदिर, जिसमें पहिले-पहल हम ठहरे, सारे शहरमें सबसे सुन्दर, स्वयं रानी और सेनापतिके महलोंसे भी बढ़कर था। नगरसे पश्चिम ओर एक पहाड़के ऊपर यह अद्भुत मन्दिर था। उसमें अनेक सुन्दर प्रकांड शिला-मूर्त्तियाँ बनी हुई थीं। यह मन्दिर पासकी एक खानसे निकले हुए संगखारा पत्थरों द्वारा बनाया गया था। उसका एक-एक पत्थर इतना भारी था, कि आश्चर्य होता है, बिना मेशीनके इतने ऊपर आदमियोंने उसे पहुँचाया कैसे। मुझे ख्याल होने लगा, कि कितना स्वम्, श्रम, समय इसके निर्माण करनेमें लगा होगा। वर्षों तक हजारों कारीगर इस काममें लगे रहे होंगे, तब कहीं यह पूरा हुआ होगा। मन्दिरके द्वारपर अगल-बगलमें दो प्रकांड स्त्री

मुखाकृति सिंहकी मूर्त्तियाँ थीं। बीचके सभा-मण्डपके किनारेके स्तम्भ, बीस हाथसे कम मोटे, और सवा-सौ हाथोंसे कम ऊँचे न होंगे। उसके शिल्प-सौन्दर्य, उसके रचना-चातुर्यके सन्मुख मेम्फिसका वह अद्भुत मन्दिर भी कुछ नहीं, जिसे सम्राट् अमसिस्ने बनवाया था।

बीचवाले सभा-मण्डपके चारों तरफ, कितने ही छोटे-छोटे कमरे थे। उनमेंसे एक मेरे साथियोंके लिये दिया गया था। वहाँ फल-फूल, गन्ध-नौवेद्य सब चीजें देवताओंके उपभोगके लिये रक्खी हुई थीं। मन्दिरके सारे ही पुजारी, जिनकी संख्या बहुत थी, तनमनसे होरस्, अनुबिस् और थात ऐसे महान् देवताओंकी सेवाके लिये तय्यार थे। कुछ दिनों तक हमलोग, जितनी आशा भी नहीं कर सकते थे, उतने आरामके साथ थे। अह्मसो स्वयं हमलोगोंके आराम तकलीफके बारेमें पूछते और आवश्यक सामग्री मँगा देनेके लिये तय्यार थे। महारानीका सन्देश भी प्रतिदिन आता रहता था। तथापि हम एक प्रकारसे जेलमें बन्दसे थे। खासकर मेरे मित्रोंको तो जान पड़ता था, एकान्तवास काल-कोठरीकी सजा दी गई है। उन लोगोंको बराबर अपने कमरेमें रहना होता था, और बड़ी सावधानीसे चेहरा हटाकर खाना-पीना पड़ता था। यह निश्चय ही था, कि यह अवस्था बहुत दिन तक नहीं रह सकती। धनदासको बराबर फिकर पड़ी थी, कि कब सेराफिसकी कब्रमें घुसा जाय, और सारा खजाना हाथमें आवे।

अन्तमें अह्मसोसे कहा गया और उन्होंने हमें समाधिवाले घरमें ले चलना स्वीकार किया। एक दिन तीसरे पहरको वह हमें तह-खानेकी ओर ले चले। सूर्यमन्दिरके पीछेकी ओर कई सीढ़ियोंके उतरनेके बाद हम एक दालानमें आये। उससे आगे, फिर हम एक छोटे कमरेमें गये। वह मशालकी रोशनीसे प्रकाशित हो रहा था। उसके सामनेकी ओर एक बड़ा दर्वाजा था; जिसकी दोनों तरफ दो पुजारी नंगी तलवार लिये खड़े थे। अह्मसोने हमें बतलाया, कि यहाँ

दो पुजारी बराबर रात-दिन पहरेपर सदासे रहते आये हैं। उसी समय मुझे गोबरैला-बीजककी बात याद आई—

'सेराफिस्‌की समाधिके रक्षक हमेशा बने रहेंगे, और जागरूक रहेंगे।'

दर्वाजेकी दाहिनी ओर मितनी-हर्पीके नगर देवता सूर्य राकी मूर्त्ति थी। यहाँ इसके लिखनेकी कोई अवश्यकता नहीं प्रतीत होती, कि प्राचीन मिश्रमें सूर्यके कितने रूपोंमें पूजा होती थी। अपने सारे ही अन्वेषणके समयमें मैंने ऐसी सूर्यमूर्त्ति न देखी थी, इसका नाम निश्चय रा-खोपरी होगा। राका अर्थ सविता या सूर्य अर्थात् जो संसारको प्रकाश देता तथा उत्पन्न करता है। खोपरी, पृथ्वीपर सूर्यका प्रतिनिधि है। मूर्त्ति एक बड़े भारी गोबरैलेकी थी। गोबरैला अपने पिछले पैरोंपर खड़ा था। उसके पंख फैले हुए थे, और अगले दोनों पैर शिरके ऊपर सीधे खड़े थे। पैरोंके बीचमें एक गोल-सा सूर्यबिम्ब था। गोबरैलेके चरणोंके नीचे एक आदमीकी मूर्त्ति थी जो घुटनोंके बल बैठकर अपने शिरको मूर्त्तिके चरणमें रक्खे हुए था, तथा बायें हाथको हथेली ऊपरकर आगे बढ़ाये मानो देवतासे कुछ याचना कर रहा था।

दर्वाजेकी बाईं ओर एक चित्रलिपिमें शिला-लेख था। उसके पासमें एक बृहत्काय सम्राट् या फरऊनकी मूर्त्ति थी। यह वही सम्राट् होगा, जिसने उस रहस्यका आविष्कार किया जिसे कि हम देखनेके लिये उत्सुक थे।

मैंने शिलालेखको बड़े ध्यानपूर्वक देखा। मुझे ऐसा शिलालेख कभी देखनेको न मिला था। मैंने देखा—चित्रलिपिका प्रत्येक अक्षर एक चक्रपर बड़ी सुन्दरतासे लिखा और रंगा गया है। और यह चक्र अनवरत बड़े वेगसे अपनी जगहपर घूम रहा है।

मैंने अहासोसे उस विचित्र लेखका तात्पर्य पूछा; क्योंकि चित्र-लिपिका अच्छा अभ्यास रखनेपर भी मैं उसे पढ़ नहीं सकता था।

अह्मसोने सिर हिलाकर कहा—'यह ऐसा रहस्य है भाई, कि जिसे समाधिके पुजारी भी नहीं जान सकते। मै भी इसे नहीं जानता।'

मैंने सूर्यदेव और शिलालेखके बीचके उस पतले द्वारकी ओर देखा। दर्वाजा बहुत ही मजबूत था। उसके मुँहपर कई मोटे-मोटे ठोस पीतलके छड़ लगे थे, जो कि दर्वाजेके मोटे कुंडोंमेंसे अगल-बगलवाले मोटे पत्थरोंवाले बाजुओमें घुसे हुए थे।

मैं—'तो फिर इसके भीतर जानेका रास्ता बन्द है?'

अह्मसो—'हाँ बिल्कुल बन्द, सिवाय इसके कि देवता लोग स्वयं इसके रहस्यको जानते हों।'

मैं—'मैंने इसे सुना है, कि इसके खोलनेके लिये एक गोबरैला-बीजक था।'

अह्मसो—'गोबरैला-बीजक, अफसोस! उसकी चोरी हो गई। कुछ वर्ष पहिले एक विदेशी आदमी यहाँ आया था। वह रहते-रहते मन्दिरका बड़ा विश्वासपात्र बन गया, और फिर किसी तरह समाधिके अन्दर प्रविष्ट हो बीजकको उसने चुरा लिया।'

मैं—'तो यह समाधि अब सर्वदाके लिये बन्द है।'

अह्मसो—'हाँ, जब तक कि बीजक सेराफिस्की समाधिपर लौट नहीं आता। चोर यहाँसे बचकर भाग गया, यद्यपि सेनापति नोहरीने उसका पीछा मरुभूमि तक किया।'

मैं—'इसके अंदर है क्या?'

अह्मसो—'सेराफिस्की मम्मी और प्राचीन थेबिस्का सब धन।'

मैं—'इस खजानेपर किसका अधिकार है?'

अह्मसो—'सेराफिस्के शवका इसपर अधिकार है। यद्यपि मैं आपसे रहस्य कहता हूँ, नोहरी इसपर अधिकार करनेका लोभ करता है। वह ऐसा आदमी है, जो न देवताओंको डरता है, और न अपने बाप-दादाकी आत्माकी ही पर्वाह करता है। जिस समय वह चोर बीजक चुरा ले गया, उस समय नोहरीने अपनी तलवारकी मूठपर हाथ

रखकर शपथ खाई थी, क्योंकि वह ओसिरिस् या अमेनके नामपर शपथ नहीं करता। उसने कसम खाई, कि मैं बीजकको फिर मितनी-हर्पी लौटाकर लाऊँगा। और आज कितने ही वर्ष बीत गये। उसने एक आदमीको भेजा वह जादूगर कहा जाता है। उसकी बुद्धि साधारण मनुष्योंसे बहुत अधिक है। उस मनुष्यका नाम प्सारो है, किन्तु कितनी ही पूर्णमासियाँ बीत गईं तो भी अभी तक वह न लौटा।'

जिस समय मेरे कानमें दोनों अक्षर प्सा-रो पड़े, जान पड़ा किसीने मुझे बड़े जोरसे थप्पड़ मारा है। मुझे रामेश्वरकी बात याद आ गई। वह बात उसने शिवनाथसे नालन्दा संग्रहालयमें सुनी थी। बीजक रामेश्वरके हाथमें 'प्सारोसे खबरदार!' वाक्यके साथ दिया गया था। मुझे खुद अपना भय स्मरण हो आया। उस समय मैं संग्रहालयमें बीजकके साथ बैठा था, तो भी मेरा हृदय काँप उठा था।

क्या प्सारो वही आदमी तो नहीं है, जिसने शिवनाथको उनके घरपर दानापुरमें मारा था? क्या यह वही आदमी था, जिसकी ख्याति जादूगरके तौरपर है, और जिसने फर्शपर दूध छिड़ककर जम्बुकमुख अनुबिस् देवताका चित्र खींचा था? अब मेरा भय और भी अधिक हो उठा। मुझे उन दोनों आदमियोंका स्मरण हो आया, जिन्होंने हमारा पीछा स्वेज तक किया था। मेरा कलेजा बड़े जोरसे धड़कने लगा। मैंने फिर अह्मसोसे पूछा—

'यह प्सारो, किस सूरतका आदमी है?'

अह्मसो—'मुझे उसे देखे बहुत दिन हो गये, किन्तु प्सारोका चेहरा ऐसा नहीं है, जिसे भूला जा सके। वह एक बूढ़ा आदमी है, वह उससे कहीं अधिक बूढ़ा, जितना कि देखनेमें मालूम होता है। उसके शिरपर एक भी बाल नहीं है।'

उत्सुकताके मारे मैं अपने आपको संयम न कर सका और अह्मसो से बोल उठा—'क्या उसके चेहरेपर कोई लकीर है?'

अहसोने घबड़ाकर मेरी ओर देखा और तब शिर हिलाकर कहा—'नहीं, कोई लकीर नहीं है।'

मैंने समझा, मै गलतीपर था। अब मेरा भय दूर हो गया। मुझे इसकी कुछ भी खबर न थी, कि आफत बिल्कुल सरपर मौजूद है। जैसे ही हम ऊपर अपने कमरेमें आये, मुझे नोहरीका सन्देश मिला,—मुझे तुरन्त नदीके उस पार राज-प्रासादके बिल्कुल सामने नोहरीके महल पर जाना चाहिये।

नोहरीने मुझे ले आनेके लिये खुद अपनी नाव भेजी थी। दस मिनटके भीतर ही मैंने अपने आपको सेनापतिके सन्मुख पाया। हम, दोनों एक छोटे कमरेमें थे। ऊपर चंदवा लगा था, और पीछेकी ओर एक पर्दा पड़ा था। नोहरीने इस समय अपनी सुनहरी कवच उतार दी थी। वह एक अत्यन्त बारीक और स्वच्छ मलमल का चोगा पहिने हुए था। वह उस समय एक सुन्दर पलंगपर लेटा हुआ था। उसके सन्मुख एक छोटी चौकीपर एक सुराहीमें सेराफीय शराब रक्खी हुई थी। जब मैं भीतर गया, तो न उसने मुझे प्रणाम किया और न उठा ही। बड़ी बेपर्वाहीके साथ उसने हाथसे एक कुर्सीकी ओर बैठनेका इशारा किया। किंतु जब तब भी मैं खड़ा ही रहा तो, उसने रूखे स्वर में कहा—

'जैसी तुम्हारी इच्छा, यद्यपि यह युक्त नहीं, कि देवताओंके पुजारी, मनुष्योंके नेताके सामने···।'

मैं अच्छी प्रकार देख रहा था, कि उस समय उसके मुखपर एक व्यङ्ग-पूर्ण हँसी थी।

मैं—'पुरोहितके लिये निराभिमान होना ही अच्छा है।'

नोहरी—'यह हो सकता है, किन्तु सैनिकको वैसा होना ठीक नहीं। अच्छा तो, क्या तुम्हें मेरी शक्तिका ज्ञान है?'

मैं—'मैं जानता हूँ, कि तुम महारानीकी सेनाके अध्यक्ष इस भूमिमें सबसे अधिक शक्तिशाली पुरुष हो।'

नोहरी—'क्या तुम समझते हो, कि रानी मेरा विरोध कर सकती है ?'

मैं—'जब देवता राज-प्रासादके सामने पहुँचे, तो मैंने देखा, बलवान् नोहरी महारानीकी दृष्टिमें प्रतिष्ठा नहीं रखता।'

उसने हँसकर कहा—'रानी मुझसे डरती है, लेकिन उस समय प्राचीन मिश्री देवताओंका भय उसपर अधिक था। वह अपनी मूर्खतापर स्वयं पछतायेगी। अनुबिस्‌ने मुझे छुआ, लेकिन देखो अब भी मैं जीता हूँ।'

मैं—'और अब भी तुम मर सकते हो।'

मैंने चाहा कि उसके पेटकी सभी बातें बाहर निकाल लूँ। यद्यपि मैं यह समझ रहा था, कि अब मैं खतरेकी ओर बढ़ रहा हूँ।

नोहरी—'हे थोथ्मस्, मैं एक सीधा-सादा आदमी हूँ, और तुम से भी मैं सीधा-सादा उत्तर चाहता हूँ। मैं एक सिपाही हूँ, और तुम्हें मालूम है, कि सिपाहीका काम सीधा-सादा होता है।'

मैं—'और मैं भी सीधी-सादी ही बात चाहता हूँ।'

नोहरी—'यह सचमुच बिल्कुल ठीक है। अच्छा यह तो बताओ तुम्हें सेराफिसके बीजकके विषयमें कुछ मालूम है ?'

सौभाग्यसे मेरा चमड़ा रँगा हुआ था, अन्यथा यह मेरे सफेद पड़ गये शरीरको अवश्य देख लेता।

मैं—'मैं जानता हूँ, कि कितने ही वर्ष बीत गये, जब कि वह समाधिसे चोरी चला गया। मैं यह भी जानता हूँ, वही समाधिके खोलनेकी कुंजी था।'

नोहरी—'तुम्हें बहुत मालूम है, किन्तु तुम्हें यह खबर कैसे मिली ?'

मैं—'अक्षसोसे।'

नोहरी—'तो सचमुच बूढ़ा पुजारी भारी बेवकूफ है। अक्षसो देवताओंकी कथाको कंठस्थ कर सकता है, किन्तु मनुष्यका हृदय जानना उसके लिये असम्भव है। लेकिन नोहरी किसी दूसरे ही साँचेमें ढाला'

हुआ है। मैंने सुना है, होरस् ओसिरिस् देव और इसिस् देवीका पुत्र है, और अनुबिस् रोनेवाली नेप्थेसका। यही वह देवता हैं न जो पालतू भेड़ के बच्चेकी भाँति पीछे-पीछे चलते हैं। मैं तो बड़ा प्रसन्न हूँ, अच्छा हुआ जो मैंने उनकी प्रार्थनामें अपने समयको व्यर्थ न गँवाया। मैं देवताकी परीक्षा भी वैसे ही करता हूँ जैसे मनुष्यकी। और अब थोथ्मस्, मैं इस वक्त तुम्हारी परीक्षा करने जा रहा हूँ।'

यह कहकर वह उठ खड़ा हो गया, और जल्दीसे उसने सामने वाला पर्दा हटा दिया। पर्दा हटनेके साथ ही जो कुछ मैंने देखा, उससे मेरे शरीरका खून तक सूख गया, कलेजा मुँहको चला आया। मैंने अपनेको सम्भाल रखनेकी बहुत कोशिश की। मेरी आन्तरिक अवस्था बड़ी भयानक थी। यह वही आदमी था जिसे मैंने पहिले देखा था।

नोहरीने ऊँचे स्वरसे कहा—'प्सारो, इस नामधारी पुजारीको अच्छी तरह देखो तो, यह कौन है!'

मेरे पास अब इतनी हिम्मत न रह गई थी कि उस आदमीके मुँहकी ओर देखता। पहिले ही नजरमें मैं उसे पहिचान गया था। दुबला-पतला शरीर, गंजा शिर, झुर्रियाँ पड़ा चेहरा, क्रूर चमकीली आँखें! यह वही आदमी था, जिसे मैंने और धीरेन्द्रने 'कमल'पर देखा था। इसीने बीजक चुराया था और अन्तमें चाङ् ने उसे भी खेजकी पातालपुरीमें खूब छकाया। प्रायः निश्चय-सा ही है, कि इसीने शिवनाथकी हत्या की।

—१७—

महारानीसे वार्त्तालाप

बूढ़ेने मेरे चेहरेकी ओर खूब ध्यान लगाकर देखा। उसकी नजर, जान पड़ता था, मुझे आरपार छेद रही थी। मैंने उसके कन्धेकी ओर देखा। उसी समय मेरी नज़र एक दूसरे जवानके ऊपर पड़ी। वह उसके पीछेकी ओर था, और उसे भी मैंने 'कमल'पर देखा था।

नोहरीने मेरे कन्धेपर हाथ रक्खा। उस समय उस पुरुषकी शारीरिक शक्तिको जान सका। यद्यपि उसकी चारो अँगुलियाँ ही मेरे कन्धे पर थीं, किन्तु जान पड़ता था, मेरा कन्धा फट जायेगा, या मैं गिर जाऊँगा।

नोहरी—'ठीक कहो प्सारो, तुम इस आदमीको जानते हो? क्या तुमने इसे उस अद्भुत देशमें, जो मरुभूमिके उस पार है, कभी देखा?'

मुझे जान पड़ा, कठघरेमें बन्द खूनी आसामी हूँ, और जूरीकी राय सुननेकी प्रतीक्षा कर रहा हूँ।

प्सारोने शिर हिलाते हुए कहा—'मैं इसे नहीं जानता।'

मेरे हृदयने उस समय महाशय चाड्को, उनकी चतुरताके लिये अनेक धन्यवाद दिया। उन्होंने ही मेरे चमड़ेको रंगा था, मेरी दाढ़ी, मूँछ, और शिरको साफ कर दिया था, और इस प्रकार मै एक दूसरा ही आदमी हो गया था।

नोहरी अपने हृदयके निराशाजनक भावको छिपा न सका। वह कमरेमें इधरसे उधर घूमने लगा। उसके नथने फूल गये थे। वह अपने दाहिने हाथ की मुक्कीको, बायें हाथकी हथेलीपर ठोंक रहा था। मैंने उस समय उसे पिंजड़ेमें बन्द किये गये नये सिंहकी भाँति देखा।

नोहरी एक बार फिर चुपचाप अर्द्धनिमीलित नेत्र, दोनों हाथोंको एक दूसरेके ऊपर कमरके सामने लटकाये प्सारोसे बोला।

'अच्छी तरह देखो। मुझे विश्वास है, तुमने ऐसी-ऐसी अद्भुत-अद्भुत वस्तुयें उस विचित्र देशमें देखी हैं, जिन्हें इस देशके किसी आदमीने न देखा, और न कोई उनपर विश्वास ही कर सकता है। तुमने वहाँ बहुतसे विचित्र आविष्कार देखे। तुमने वहाँ रहकर एक ऐसी अद्भुत भाषा सीख ली, जिसे यहाँ कोई नहीं समझ सकता। तुमने कहा, कि बीजक तुमसे किसी समुद्र तटके शहरपर चोरी चला गया। वह चोर किस तरहका था?'

प्यारो—'मुझे नहीं मालूम, क्योंकि उस वक्त अँधेरा था। वहाँ मैंने दो आदमी देखे थे, जो कि बीजक को लेकर चले थे। उनमेंसे एक बूढ़ा था। उसकी दाढ़ी सफेद थी, और वह कदापि बीजकको लौटा लानेकी हिम्मत न कर सकता था।'

नोहरी—'और दूसरा?'

प्यारो—'यह वह आदमी नहीं हो सकता, क्योंकि वह बड़ा लम्बा और पतला-सा आदमी था। उसकी आँखें शैतानकी-सी थीं।

अब जाकर एक बार मेरे जान में जान आई। मैंने समझा कि मेरा नया जन्म हुआ। मैंने उस वक्त सोचा कि यदि इस समय मैं हिम्मत नहीं करता, तो मेरा और मेरे साथियोंका भी अमङ्गल हुआ धरा है। मैंने अब जरा नोहरीपर रोब गाँठना चाहा, और कड़कती आवाजमें कहा—

'क्यों नोहरी, इस देशकी महारानीने हमारा स्वागत किया। तुम्हारे कहनेके मान लेनेपर भी वह तुमसे बड़ी है। जबसे हमलोग यहाँ हैं, हमने किसीको कुछ भी कष्ट न दिया। हम जिस दिन यहाँ आये उसी दिन महारानीसे कह दिया गया था, कि हम यहाँ शान्ति और मङ्गलके लिये आए हैं। मैं तुमसे पूछना चाहता हूँ, कि किसके हुक्मसे तुमने मुझे इस प्रकार अपमानित किया, और इस आदमीको मेरे ऊपर जज बनाया?'

उसने एक जंगली जानवरकी भाँति कड़ककर मुझसे कहा—

'मेरे हुक्मसे।'

मैं—'तो मैं इसके लिये स्वयं महारानीसे कहूँगा, कि मैं उनके राज्यमें अपमानित होनेके लिये नहीं आया।'

नोहरी—'रानी देवताओं और भूतोंके किस्से, जादू और टोनेकी बातोंसे डर सकती है, स्त्रियोंके लिये यह स्वाभाविक है। किन्तु यह बातें एक सिपाहीके सम्मुख कोई मूल्य नहीं रखतीं।'

मैं—'मैं महारानीके पास जाता हूँ।'

यह कहकर मैं लौट पड़ा। जैसे ही मै दर्वाजेपर पहुँचा किवाड़ खोल दिये गये। अभी दो कदम भी आगे न बढ़ा था, कि शिरसे पैर तक अस्त्र-शस्त्र से सुसज्जित बीस सैनिकोने मेरा रास्ता रोक लिया।

मैं सेनापतिकी ओर मुँह करके बोला—

'इन्हें हुक्म दो, कि मुझे आगे बढ़ने दें।'

वह मुझे देखकर मुस्कुरा उठा, और मैंने उसकी मुस्कुराहटमें भेड़िये-की-सी धूर्तता देखी।

नोहरी—'देख रहे हो न, मैंने यहाँ जाल बिछा रक्खा था। इस बार तुम बचकर निकल गये। किन्तु दूसरी बार जालसे न निकल सकोगे, और थोथ्मस्, तुम्हारे साथ गीदड़, इबिस् और बाज भी फँस जायँगे।'

उसने सैनिकोंको रास्ता छोड़ देनेके लिये कहा। तब मैं वहाँसे निकलकर बाहर आया। उस समय मेरा कलेजा बड़े जोरसे धड़क रहा था। मैं समझ रहा था, कि बड़े भाग्यसे इस बार बचा। मेरे लिये यह अवस्था और भी भयंकर थी, क्योंकि मैंने यह पहिले ही कह दिया है, कि मुझमें हिम्मत बहुत कम है।

मैं जाकर नावपर सवार हो गया, और दासोंसे बोला, कि नावको महारानीके महलकी ओर ले चलो। मैंने समझ लिया कि इस बातको यों ही छोड़ देना अच्छा न होगा। नोहरीने अपनी शत्रुताको स्पष्ट उद्घोषित कर दिया।

महलमें मेरा स्वागत भिन्न ही प्रकारसे हुआ। जैसे ही मैं महलके बाहरी द्वारपर पहुँचा, प्रतिहारीने एक हाथको ऊपर उठाकर सलाम किया। फिर उसने मुझसे आनेका कारण पूछा। मैंने उसे बताया कि महारानीसे मिलना है।

वह मुझे उद्यानके विस्तृत पथसे एक सीढ़ीके पास ले गया। वह अत्यन्त सुन्दर संगमर्मरकी थी। उसके द्वारा मैं राजसिंहासनके भवनमें पहुँचा। वहाँ फव्वारा चल रहा था, और नीचेके जल-कुंडमें कमल

और मछलियाँ थीं। कुंडके पास ही एक कालीन बिछा हुआ था, जिस पर अपनी सहेलियोंके साथ रानी लेटी हुई थी। वह एक लम्बे पुआल से मछलियोंको मार रही थी, सचमुच वह थी भी अभी बालिका।

मेरे सामने आते ही वह खड़ी हो गई और उसने आदरसे मुझे प्रणाम किया, फिर मुझसे पूछा—'क्या देवताओंने कुछ पैगाम भेजा है।'

मैंने उससे कहा—'देवताओंने महारानीको आशीर्वाद भेजा है। जिस समय मैं यह शब्द बोल रहा था, मेरी अन्तरात्मा घोर विद्रोह करनेपर उतारू हो रही थी। वह तरुणी सीधी, निर्दोष और भली थी; उसके सन्मुख मैं अपने को अपराधी समझता था, क्योंकि मैं जान रहा था, कि मैं उसे धोखा दे रहा हूँ। मेरे हृदयमें उसके प्रति बड़ी करुणा आती थी, क्योंकि वह बहुत भली मधुर थी। और प्राचीन सभ्यता जितनी कुछ सुख-सामग्री प्रदान कर सकती थी उसकी स्वामिनी होनेपर वह इतनी भोली-भाली थी। सेरिसिस् अच्छी शिक्षिता थी। अह्मसोने मुझसे बतलाया था, कि वह देशके पंडितों और राजुकोंसे घंटों वार्त्तालाप करती रहती है। यदि उसे थोड़ा-सा आधुनिक संसारका भी ज्ञान हो जाता, तो इसमें सन्देह नहीं, यह एक विस्मृति राज्यकी रानी, इस विस्मृत नगरीपर बड़ी अच्छी तरह शासन कर सकती थी, क्योंकि उसकी प्रकृति बहुत मधुर, व्यवहार बहुत उत्तम और हृदय बहुत उदार था।

मैंने इससे अपने आपको और भी अधिक घृणास्पद समझा, कि ऐसे अच्छे व्यक्तिके साथ उसकी सरलता और विश्वासका नाजायज फायदा उठाकर मैं उसे ही ठगना चाहता हूँ। उस समय सेनापतिके सन्मुख खड़ा हुआ मैं समझ रहा था, कि मेरे और मेरे मित्रोंके प्राण कच्चे धागेपर लटक रहे हैं। यदि जरा भी पग डिगा, यदि एक बातमें भी चूक हुई, बस हम सबके सब खतम हैं। सिर्फ उसके हुक्म देनेकी

देरी है, और हमारे शिर गर्दनसे अलग धरे रक्खे हैं। उसके हृदयमें दया या प्रतिष्ठाका कुछ भी ख्याल नहीं है।

इस प्रकारके मनुष्यके हाथसे किसी प्रकारसे भी बचनेका प्रबन्ध करना दुस्तर है। इस देशमें वह इतना शक्तिशाली है, कि केवल चाल हीसे हम अपनेको उसके पंजेसे बचा सकते हैं। मैं इसे छिपाना नहीं चाहता कि मुझे उससे पहिले हीसे डर पैदा हो गया था। उसी तरह जैसे एक पक्षीको बिल्ली या घासमें छिपे सर्पसे।

किन्तु जब-जब मैं रानीके सन्मुख आता था, तो मुझे मालूम होता था, कि यह मैं और मेरे साथी हैं, जो दण्डनीय हैं। मेरे दिलमें कभी-कभी यह बात इतनी चुभती थी, कि दिलमें आता था, क्यों न उससे दिल खोलकर सारा रहस्य कह दूँ। किन्तु मैंने यह अच्छी तरह समझ लिया, कि ऐसा करना भारी मूर्खता होगी। यदि सेरिसिस् स्वयं भी हमें बचाना चाहती, तो भी वह उस समय उसकी प्रजा हमारी जान न छोड़ती, क्योंकि हमने उनके देवताओंका स्वांग भरकर उन्हें उल्लू बनाया था। नगरमें तीनों महान् देवताओंका सहवासी और सेवक होने का ख्याल छोड़ देनेपर भी महारानी मुझसे अधिक प्रसन्न मालूम होती थी।

मैं पूरा बूढ़ा उसके दादाकी उम्रका था, और यदि जवान भी होता तो भी मेरी सूरतमें कोई आकर्षण न था, जिसके लिये मैं उसके प्रेमका अभिमान कर सकता। किन्तु था प्रेम, चाहे उस प्रेमको सात्विक कहिये, या वात्सल्यपूर्ण या आदरपूर्ण। इस समय मेरा हाथ पकड़े वह संग-मर्मरकी सीढ़ीसे उतरकर प्रासादोद्यान में ले गई। वह सायंकालकी शीतलतामें सहस्रों फूलोंकी सुगन्धसे आमोदित हो रहा था। जिस समय हम उस मध्यवर्ती पथसे आगे बढ़ रहे थे, जिसके बगलमें प्राचीन मिश्री देव-देवियोंकी मूर्त्तियाँ रक्खी थीं, तो उसने मेरे मुखपर दृष्टि डाली, और फिर कहा—

'बताओ, थोथ्मस्, आप घबराये हुएसे जान पड़ते हैं?'

मैं—'हाँ ठीक, महारानी।'

उसने बड़ी गम्भीरतायुक्त उत्सुकताके साथ पूछाः—

'आपने सजीव देवताओंको अप्रसन्न तो नहीं किया?'

मैं—'मैंने किसीको भी अप्रसन्न करनेका कोई काम न किया, तो भी नोहरीने मेरी शत्रुतापर कमर कस ली; और मैं यहाँ, महारानी, ऐसे भयंकर और दुष्ट आदमीसे बचनेके लिये आया हूँ।'

उसने आतुरतासे अपने हाथोंको मला, और अपने ओठोंको चबाते हुए कहा—

'नोहरी बड़ा बलवान् है।'

और तब उसके मुखपर रक्त उछल आया, उसने अपने दाहिने पैरको भूमिपर पटका। जिस समय वह इन क्रोधपूर्ण शब्दोंको कह रही थी, उस समय उसमें अधिक लड़कपन जान पड़ रहा था। उसने जोरसे कहा—

'क्या मैं महारानी नहीं हूँ? क्या मैं इस देशपर—पर्वतोंसे मरु-भूमि तक—शासन नहीं करती? क्या मैं थेवीय सम्राटोंके वंशसे साक्षात् उत्पन्न नहीं हूँ? इस भूमिमें मेरा शब्द कानून है; यहाँ कोई नहीं जो मेरी आज्ञाका उल्लंघन कर सके; तथापि सेनापति नोहरी मेरी बात नहीं मानता।'

मैं—'और तुम भी उससे डरती हो?'

महारानी—'मैं उसे डरती नहीं, वह मेरी बात काट देता है। मैं अह्मसोके पाससे सलाह और सहायता माँगती हूँ; किन्तु वह भी इस आदमीसे भय खाता और काँपता है।'

फिर उसने मेरी ओर बड़े करुणापूर्ण दृष्टिसे देखा। उसने अपने दोनों हाथोंको उस समय आगे फैला दिया था। सूर्यकी अन्तिम किरण उसके हारके रत्नोंपर पड़कर, इन्द्रधनुषके सारे ही रंगको प्रतिफलित कर रही थी। जिस समय उसने अपने हाथोंको नीचेसे ऊपर किया तो उसके कंकणों और अंगदोंका मधुर निक्वाण नातिदूर उठती संगीत-

ध्वनिसे मिलकर और भी मनोहर मालूम हो रहा था। जब कभी मेरे दिलमें मुझे वह ख्याल आता है, तो मैं स्वप्नावस्थाका अनुभव किये बिना नहीं रह सकता। वह अद्‌भुत उद्यान, पुष्पोंका मत्त सौरभ, समतल उद्यानपथ, अंजीर और सेवोंके सुन्दर वृक्ष, द्राक्षालताओंसे आवेष्टित बड़ी-बड़ी प्राचीन मूर्त्तियाँ, मनुष्योंकी आत्माओंके सिंहमुख मनुष्य मूर्त्तियाँ। और इस सबके मध्यमें वह नारीरत्न, वह अनुपम सुन्दरी, वह भुवन-मोहिनी कुमारी, जिसकी अल्प अवस्था, जिसकी सौन्दर्य राशि उस प्राचीन सभ्यताके बीचमें और भी अद्‌भुत मालूम हो रही थी।

यह संसारके बीचमें एक नूतन संसार था। मैंने उस समय इसे अनुभव किया, कि चाहे कितनी ही यत्न करके प्राचीन वस्तुओंको टिकट लगाकर, नम्बर देकर, सूची बनाकर, सुन्दर कतारोंमें उत्तम काँचकी आल्मारियों और चबूतरोंपर सजाया जाय, किन्तु उनमें उस जीवनकी झलक कहाँ आयेगी। फरऊनोंके प्रतापी वंशमें उत्पन्न उस कन्याका जीवन कोई और ही चीज थी। उसका अपना एक भिन्न ही जीवन था। उसका अपना एक अलग ही लड़नेके लिये संग्राम था। और जब मैं उससे बात कर रहा था, तो मेरे हृदय में भी आ रहा था, भाग्यने हमें यहाँ इसीलिये भेजा है कि उसके हक, उसके राज्य के लिये हम भी उसके संग्राममें भाग लें।

मेरी आत्माने मुझे मजबूर किया। मैं जानता था, कि मैं उसे धोखा दे रहा हूँ। मैंने उसी समय प्रण किया—जो मेरे सारे जीवनमें एक ही था—यदि उसपर आपत्तियोंकी घटायें छायें, यदि वह खतरेसे घिर जाय, तो यद्यपि मेरी शक्ति बिल्कुल नहींके बराबर है, तो भी मैं उसे सहायता देनेसे बाज न आऊँगा। शायद मेरा यह प्रण, कुछ भी कामका न होता यदि मुझे धीरेन्द्र और चारू ऐसे चतुर, शक्तिसम्पन्न मित्र न मिले होते।

महारानी—'हे थोथ्मस्, आप चतुर हैं, आप देवताओंके विश्वास-

पात्र हैं; निश्चय आप मेरी सहायता कर सकते हैं। आपकी प्रार्थनासे देवता स्वयं इसमें मेरे सहायक होंगे।'

मैंने उससे पूछा, कि किस प्रकारकी सहायता हमसे चाहती हो।

महारानी—'नोहरी मेरे राज्य और राज्य-मुकुटको लेना चाहता है। मैं इसे जानती हूँ। वह अत्यन्त बलशाली है ही, यदि वह मेरे विरुद्ध होगा, तो सेनाका अधिक भाग उसकी ओर होगा।'

मैं—'वह ऐसा न करेगा।'

महारानी—'मैं खूब जानती हूँ, किसी दिन यह अवश्य होगा। अहसोको छोड़कर मैं और किसीपर विश्वास नहीं कर सकती। यदि युद्धका समय आया, तो मैं किसीपर विश्वास नहीं कर सकती, अपने शरीर रक्षक सैनिकोंके सिवाय।

मैं—'वह राजभक्त बने रहेंगे।'

उसने बड़े अभिमानके साथ कहा—'सब, एक-एक!'

मैंने उस समय देखा, कि उसके मुखमंडल पर एक प्रकाशकी किरण फूट निकली। उसपर रक्तकी लालिमा दौड़ गई; जिसने उसके सौन्दर्यको और भी बढ़ा दिया।

मैं—'वह बड़े ही बलवान् आदमी हैं। जब मैं द्वारसे भीतर आ रहा था, तो मैंने उन्हें कवचधारी अस्त्रशस्त्रोंसे सुसज्जित देखा है। और सैनिकोंसे उनकी पोशाक भिन्न है। उनके शिरपर गोल खोद (फौलादी टोपी) है, जिसपर रक्त इबिसूके परोंका गुच्छा है।'

महारानी—'यह बड़े भारी योद्धा हैं। मेरे सारे राज्यसे चुनकर लिये गये हैं। दूसरे सैनिक उनके कन्धेसे भी ऊँचे न ठहरेंगे। उनमें एक भी ऐसा नहीं है, जो मेरे लिये अपने प्राणको न दे सकता हो।'

एक क्षणके लिये मैंने उसके सारे कथनपर विचार किया। और फिर पूछा—

'तो नोहरीके हाथमें क्या रहता है?'

महारानी—'मैं कहती हूँ, वह अधिकार चाहता है। वह तब तक शान्त न बैठेगा, जब तक कि मेरे सिंहासनपर न बैठ लेगा। इससे भी अधिक उसे धनका लोभ है। जो कुछ मै कह रही हूँ, इसमें एक शब्द भी बाहर न जाना चाहिये; मुझे गुप्त रीतिसे कहा गया है, कि नोहरी, जो देवताओंको कुछ भी नहीं समझता, सेराफिस्के कब्रको खोलना चाहता है।'

मैं—'क्या वह उस खजानेपर अपना अधिकार करना चाहता है?'

महारानी—'वह करता, यदि कर सकता, किन्तु समाधिके द्वारको खोलनेमें वह असमर्थ है। यदि वह तहखानेमें भी जाय, तो भी वह शवको नहीं लूट सकता। किन्तु वह सूर्य देवताको अपमानित करेगा।'

मैं—'हाँ मैंने समझा, अह्मसोने मुझसे कहा है, कि वहाँ एक रहस्य है, जिसके बिना समाधिके अन्दर घुसना असम्भव है।'

महारानी—'आप उस रहस्यको जानते होंगे, आपके पास वह बीजक होगा।'

मैं—'महारानी, क्या तुम्हें वह रहस्य मालूम है?'

उसने शिर हिलाकर उत्तर दिया—'किसीको भी नहीं मालूम है। चाहे कितना भी हो, बीजकके बिना समाधिके भीतर नहीं जाया जा सकता। और वह खो गया; उसकी चोरी हो गई। उसकी खोजमें एक आदमी प्सारो गया है, किन्तु वह कदापि न लौट सकेगा।'

मैं—'महारानी, वह लौट आया।'

जिस समय मेरे मुँहसे यह शब्द निकला, वह घबड़ा उठी उसने बड़ी उद्विग्नता प्रकट करते हुए कहा—

'प्सारो! लौट आया!!'

मैं—'वह आज, मरुभूमिके उस पारके जादूवाले देशसे लौटकर आ गया है।'

तब उसने बड़े निराशापूर्ण लहजेमें कहा—

'तब मेरा सिंहासन डगमगाया; अब मेरा प्राण भी बचना कठिन है। क्योंकि वही आदमी नोहरीको उभाड़नेवाला है। नोहरीमें हिम्मत और शक्ति है, किन्तु प्सारोके पास सर्पकी बुद्धि है।'

जिस समय वह बात कर रही थी, उसी समय मैंने अपने पीछेसे कवच की खनखनाहट सुनी। मैंने पीछे फिरकर देखा, तो स्वयं नोहरी आता दिखाई पड़ा। वह सिंहकी भाँति शिर सीधा किये आ रहा था। वह शिरसे पैर तक अपनी सुनहरी कवचसे ढँका था, और यद्यपि मैं उस पुरुषसे डरता था, किन्तु उसकी वीरतापूर्ण चालकी प्रशंसा किये बिना नहीं रह सकता।

महारानीने धीरेसे कहा—'वह आ गया, अब आप जायँ। किन्तु कल अवश्य मेरे पास आवें। अभी मुझे कुछ आपसे कहना है।'

उसने फिर प्रणाम किया, और मैं वहाँसे रवाना हुआ। जिस समय मैं नोहरीके पाससे गुजरा, तो मैंने उसकी तेज काली आँखोंको अपनेपर पड़ती देखा।

—१८—

काली घटायें

उस रात, कप्तान धीरेन्द्र, धनदास, चाङ् और मैंने भिनसहरे तक वार्त्तालाप किया। हमें बहुत-सी बातोंपर विचार करना था। जिस प्रकार भी देखते थे, हमें अपनी स्थिति भयंकर जान पड़ती थी। नोहरी हमपर सन्देह करता था, यही हमारे लिये काफ़ी खतरनाक था, किन्तु अब जब कि प्सारो भी मितनो-हर्पी लौट आया, तो इसमें सन्देह नहीं अब हमें अपना काल शिरपर नाचता दिखाई पड़ा।

सेराफियोंमें प्सारो पहले हीसे भारी जादूगर कहा जाता था। इस सारे देशमें वही एक आदमी था, जिसने आधुनिक संसारको देखा था, उसने आधुनिक आविष्कारों, आधुनिक सभ्यताके बड़े-बड़े करिश्मोंको

अच्छी तरह देखा-भाला था। मैंने धनदाससे पूरा सन्देह प्रकट करते हुए कहा, कि वह यही आदमी था, जिसने तुम्हारे चचाको मारा, और प्सारोका अपराध और भी प्रमाणित हो गया, जब कि हत्या संबन्धी और भी कितनी ही बातें धनदासने बताईं जो कि समाचार-पत्रोंमें न आई थीं।

यह मालूम हुआ, कि पुलिस जासूस, जो उस घटनाके सम्बन्धमें नीरीक्षण करनेके लिये नियुक्त हुआ था, उसने फर्शपर एक कागज काटनेका चाकू पाया, जिससे जान पड़ता था, कि हत्यासे पूर्व आपसमें धर-पकड़ भी हुई थी। मुझे यह बात निश्चय हो गई कि प्सारोके गाल परकी दाग, शिवनाथने ही दी थी, जब कि वह प्राणरक्षाके लिये अन्तिम कशमकश कर रहे थे। क्योंकि उससे पूर्व तो उसके चेहरेपर कोई दाग न था, यह अब्बासोने स्वयं कहा था।

किन्तु इसके द्वारा हमारी स्थितिकी भीषणता जरा भी कम न हो सकती थी। यह स्पष्ट मालूम हो रहा था, कि प्सारोको उस प्रकार धोखेमें नहीं फाँसा जा सकता, जैसा कि उसके अन्य देशवासियोंको। मैं तो उसी समय नगर छोड़नेपर तैयार था। मैंने आशासे भी अधिक जान लिया था, और अब जितनी ही यहाँ देर हो रही थी, उतना ही हमारा खतरा बढ़ रहा था। उस समय हमें यह उम्मीद न होती थी, कि हम इस आफतसे बचकर निकल सकेंगे। यदि हम नगरको छोड़ भी देते, तो भी हमें देशसे निकलनेका कोई रास्ता न मालूम था, क्योंकि मरुभूमिके रास्तेसे लौटना तो भारी बेवकूफी होती। जिस समय मैं अपने साथियोंसे इस बातपर वार्त्तालाप कर रहा था, मैं बिल्कुल निराशावादी था। महाशय चाङ् आसन मारकर बैठे हुए थे, उनका चेहरा उनकी जाँघोंपर पड़ा था। उन्होंने मेरे सारे भयको अपनी बातोंसे भगा दिया।

चाङ्—'ना-उम्मेद होनेकी आवश्यकता नहीं। प्रोफेसर, मैं आपकी इस बातको मानता हूँ, कि मरुभूमिके रास्तेसे लौटना पागलपन

होगा। किन्तु आपकी यही खबर—कि प्सारो शहरमें लौट आया—मेरे लिये बड़ी आशामय मालूम होती है।'

मैं—'आशामय ! क्यों जैसे ही वह हमारा पता पायेगा, नोहरीका कान गर्म करेगा और एक ही क्षणमें वह हमारे ऊपर वैसे ही कूद पड़ेगा, जैसे बिल्ली चूहेपर !'

चाड्ने मुस्कुराते हुए कहा—'क्या तुम समझ रहे हो कि प्सारो मरुभूमिके रास्तेसे आया है ?'

मैं—'मुझे नहीं मालूम।'

चाड्—'वैसा होना मैं असम्भव समझता हूँ।'

मैं—'कैसे आपको यह विश्वास होता है ?'

चाड्—'उसमें इसके लिये ताकत नहीं है। वह तुमसे अधिक बूढ़ा है। मैंने स्वेजमें उस दिन उसके शरीरको अच्छी तरह देखा था, जब कि मैं बीजक लेने गया था।'

मैं—'लेकिन यह सिर्फ कल्पना है।'

चाड्—'आप जैसा कहें, किन्तु इसके साथ और भी। अफ्रीकाके जंगलोंमें एक बीमारी होती है, जिसे मेनियकका जहर कहते हैं। इसका प्रभाव मनुष्यके ओठपर सदाके लिये पड़ जाता है, और ओठ नीलापन लिये हुए स्याह हो जाता है। मैंने इस चिह्नको प्सारोके ओठपर देखा है।'

मैंने आश्चर्यसे कहा—'उस रातको क्या आपने उसे स्वेजमें देखा !'

चाड्—'अपने बैटरीकी रोशनीमें मैंने उस समय इसपर विशेष ध्यान न दिया था, किन्तु अब मुझे इसका स्मरण आ रहा है। मेरा मस्तिष्क एक तरहका गोदाम है, जिसमें सभी तरहकी चीजें इकट्ठा की हुई हैं, जिन्हें कि बाज वक्त मैं स्वयं नहीं जानता। अब मेरे तर्कको सुनो, इस देशके दक्षिण या उत्तरमें बड़े-बड़े जंगल नहीं हैं, और नील और सोबातकी उपत्यकामें भी कोई नहीं है। प्सारो दक्षिणसे सिलनी-हर्पी

नहीं आ सकता, क्योंकि इतना चक्कर काटनेके लिये उसके पास समय न था। तब जब उसकी शारीरिक निर्बलतापर भी विचारते हैं, तो साफ जान पड़ता है कि रेगिस्तानके रास्तेसे नहीं आ सकता। सिवाय दक्षिण-पूर्वकी ओरसे इस देशमें नहीं आया जा सकता है।'

मैं—'यह हो सकता है।'

चाङ्—'यह साधारण समझकी बात है, जिस रास्तेसे प्सारो लौटा है, हम भी उसीसे यहाँसे बाहर निकल सकते हैं।'

मैं—'तो जितना ही जल्दी, उतना ही अच्छा, क्योंकि जितने क्षण भी हमारे मन्दिरमें बीत रहे हैं, उतने ही हमारे खतरे भी बढ़ रहे हैं।'

कप्तान धीरेन्द्र—'तो आपका प्रस्ताव है, कि जैसे ही अवसर हाथ लगे वैसे ही, यहाँसे रवाना हो जाना चाहिये।'

मैं—'हाँ यही मेरी इच्छा है, किन्तु एक विचार और मेरे दिलमें आता है—रानीकी जिन्दगी खतरेमें है।'

इसपर धनदास पहिले-पहिल बोले। वह इतनी देर तक चुपचाप सुन रहे थे।

धनदास—'हम यहाँ किसी रानीके प्राण बचानेके लिये नहीं आये हैं। इस नगरसे विदा होनेसे पहिले मैं कब्रमें घुसना चाहता हूँ।'

चाङ्—'यह बिल्कुल असम्भव है। यदि हमें रहस्य मालूम भी हो, तब भी उन रक्षक पुजारियोंपर काबू पाना मुश्किल है।'

धीरेन्द्र—'यहाँ बल-प्रयोग करना अत्यन्त खतरनाक होगा। हमारे लिये सबसे अच्छा यही तरीका है, कि सबके मित्र बनकर रहें। जहाँ हमने किसीको यहाँ अपना शत्रु बनाया, कि खतम हुए।'

धनदास लाल कोयलोंकी आगकी ओर देख रहे थे, जो कि हमारे सामने बल रही थी। उन्होंने मध्यम स्वरसे कहा—

'मेरे चचाने एक महान् आविष्कार किया था। उन्होंने इस देश, इस सभ्यता, और इन सभी दृश्यों—जिसे आप देख रहे हैं—का पता

लगाया। उन्होंने अपने पीछे सिर्फ वह नोट-बुकें छोड़ीं जिनकी एक-एक बात सत्य निकलीं। इसलिये इसमें जरा भी सन्देह नहीं, कि सेराफिस्के खजानेवाली उनकी प्रत्येक बात भी सत्य है, चाहे सुननेवालेको वह गप-सी मालूम हो। शायद समाधिमें प्रवेश करनेका प्रयत्न मूर्खतापूर्ण हो, किन्तु इस असंख्य धनराशिको अपने पीछे यहाँ छोड़कर भाग जाना तो, उससे भी बढ़कर भारी पागलपन होगा।'

थोड़ी देर तक अब नीरवता छा गई और इस बीचमें हमने उस पुरुषके मुखकी ओर देखा। हमें मालूम हो रहा था, वह खजानेका स्वप्न देख रहा है। यह हमें स्पष्ट मालूम हो रहा था, कि उसने इस भयंकर यात्राको सिर्फ उसी खजानेपर अधिकार जमानेके लिये किया था। यही कारण था, जो वह चाङ् और धीरेन्द्रको साथ ले आना न चाहता था, कि कहीं वह भी न हिस्सेदार बन जायँ। वह इतना बड़ा स्वार्थान्ध था, कि उसमेंसे एक पैसा भी किसी दूसरेके हाथमें जाने देना नहीं चाहता था।

कप्तान धीरेन्द्रका ख्याल सदा असली या कामकी सूरतकी ओर रहता था। उन्होंने कहा—

'मान लो हम कब्रमें प्रविष्ट हो गये, और यह भी मान लो कि हमें सारा खजाना हाथ लग गया, तो भी कैसे हम हजारों कोसके इन अफ्रीकाके जंगलोंको पारकर उसे ले चल सकेंगे? यदि पूर्वकी ओर कोई रास्ता है—और जिसपर मेरा पूरा विश्वास है—तो तुम्हें यकीन रखना चाहिये, कि यह किसी अज्ञात जंगलोंमेंसे होकर है जो कि अबीसीनिया या उगांडामें—पहुँचता होगा। मैंने अपने जीवनमें अनेक बार जंगलोंमें पर्यटन किया है; मैंने बौनों गनुजादों और-और भी कितनी ही बेमिसाल चीजें देखी हैं। और आप मेरी बातपर विश्वास रक्खें, कि यदि ऐसे जंगलोंसे हमें यात्रा करनी हुई, तो हम जीवनकी अत्यन्त आवश्यक वस्तुओंको छोड़कर और कुछ नहीं साथ ले जा सकते।'

धनदास—'कितने ही आदमियोंके लिये धन भी अत्यावश्यक वस्तु है !'

धीरेन्द्र—'आप सोना खा नहीं सकते, और दुनियाके सभी रत्नों को इकट्ठा करके भी उनसे जंगलियोंके हमलोंको तितर-बितर नहीं कर सकते।'

धनदास कितनी ही देर चुप रहे, और जब बोले तो उनकी आवाज भारी और सूखी थी—

'मैं एक साहसी आदमी हूँ, मैं अपने समयको बरबाद करनेके लिये तैयार हूँ। हम सभी परिस्थितिके दास हैं। कोई भी आदमी—विशेषकर ऐसी परिस्थितिमें—यह नहीं कह सकता, कि कल क्या होगा।'

बात बिल्कुल सच थी। हमारी किस्मत कच्चे सूतपर लटक रही थी ! मुझे यह फजूल मालूम होता था, कि जब प्सारो शहरमें है, तो हम सलाह मशौरेमें अपने समयका भारी हिस्सा बर्बाद करें।

दूसरे दिन बहुत शामको अह्मसो मेरे पास आये और बोले कि महारानी तुरन्त आपको बुलाती हैं। मैं प्रधान पुरोहितके साथ तुरन्त राजमहलकी ओर चल पड़ा। जब हम नावपर जा रहे थे, तो मैंने अह्मसोसे बात करनी आरम्भ की ; वह मुझसे कितनी ही बार बात न करते थे, सिर्फ अपने मुँहको दोनों हाथोंपर रखकर आँसू बहाने लगते थे। उस बृद्ध पुरुषकी इस अवस्थाको देखकर मुझे बहुत कष्ट होने लगा; क्योंकि जबसे उनसे मेरी मुलाकात हुई उनका बर्ताव हमारे साथ बड़ा ही प्रेमपूर्ण रहा। मैंने समझ लिया, कोई भारी विपत्ति शिरपर आई है।

राज-प्रासादपर हमने सेरिसिस्को अकेले बिना किसी सखीके साथ पाया। उसने मुझे प्रणाम किया, और अभी मैं यह पूछने भी न पाया था, कि क्यों मुझे बुलवाया, उसने मेरा हाथ धरके कहा—

'मुझे आपकी सहायताकी अत्यन्त आवश्यकता है। कल जो कुछ मैंने आपसे कहा था, सब ठीक उतरा। प्सारो लौट आया और उसने

और नोहरीने मिलकर मेरे विरुद्ध षड्यंत्र रचा है। कल रातको नोहरीने मुझे धमकाया कि यदि तुम मेरी बात न मानोगी तो, मैं भारी क्रान्ति उठा खड़ा करूँगा।'

मैं—'वह क्या बात चाहता है, महारानी?'

महारानी—'जिसपर विचार करना भी असम्भव है।' तब अहा-सोकी ओर मुँह करके—'क्या मैंने और मेरे पूर्वजोंने देवताओंका सन्मान नहीं किया है? क्या मेरे राज्यमें एक भी ऐसा आदमी नहीं है, जो इस नराधमको नीचा दिखावे?'

मैंने फिर अपने प्रश्नको दुहराया—'क्या है, जिसे नोहरी चाहता है?'

महारानीने मेरी ओर मुँह करके कहा—'वह मुझसे परवाना चाहता है, कि मैंने उसे सेराफिसूकी कब्रको लूटनेका अधिकार दे दिया, और फिर वह बलपूर्वक रक्षक पुजारियोंको हटा सकता है।'

प्रधान पुरोहित—'यह कभी नहीं हो सकता। और यदि ऐसा हो, तो निसन्देह सारे राज्य पर देवताओंका भारी कोप पड़े बिना न रहेगा।'

महारानीने अपने आपको बहुत संभालकर बड़ी शान्ति के साथ मुझसे कहा—

'मैंने इसी लिये आपको बुलाया है, कि महान् देव होरस्, थात्, और अनुबिस्, जिन्होंने प्राचीन मिश्रकी रक्षा की, इस गाढ़े वक्तपर इस सेविकाकी सहायता करें।'

मैंने जोरके साथ कहा—'अवश्य वह करेंगे।'

मैं अब भी नहीं समझता, कि उस वक्त मुझपर क्या सवार हो गया था। तथापि मैं यह स्पष्ट देख रहा था, कि हमारी भलाई महा-रानीके अधिकारके सुरक्षित रहनेसे है, और यदि नोहरीका अधिकार आ गया, तो हमारे लिये चौबीस घंटा भी जीना कठिन है।

मेरी बातने महारानीकी चिन्ताको बहुत हटा दिया। एक बार

फिर उसके सुन्दर मुखपर हँसीकी रेखा दिखाई पड़ी, उसने अपने हाथोंको पीटकर कहा—

'इन शब्दोंके लिये मेरे मान्य थोथ्मस्, मैं आपकी चिरकृतज्ञ रहूँगी। मैं अच्छी तरह जानती हूँ, कि सिंहासनपर हाथ लगानेके लिये नोहरीका यह प्रथम कदम है।'

मैं—'यदि वह राज्यपर अधिकार करना चाहता है; तो क्यों वह पहिले खजानेको हाथमें लाना चाहता है?'

महारानी—'रुपयोंसे देशघातक मोल लिये जा सकते हैं।'

मैं—'ओः, यह बात।'

महारानी—'चाहे जो कुछ भी हो, खजानेकी पूरी रखवाली होनी चाहिये। नोहरी और प्सारो चाहे पुजारियोंको मार भी डालें किन्तु ओसिरिस्‌की कृपासे समाधि तब भी सुरक्षित रहेगी।'

मैं—'बल-पूर्वक कब्रको तोड़ नहीं सकते?'

रानीने मुस्कुरा दिया और शिर हिलाते हुए कहा—

'यह नहीं सम्भव है। हजारों वर्षों से खजानेको हिफाजतसे रक्खा गया है। यदि मुझे इसमें कुछ सन्देह है, तो प्सारोसे, क्योंकि वह भारी जादूगर है। मंत्र-तंत्र और गुप्त-रहस्योंका वह भारी ज्ञाता है। हो सकता है उसे कब्रके अन्दर जानेका कोई रास्ता मालूम हो।'

मुझे भी यही भय था, क्योंकि मैं जानता था, कि प्सारोका सभी जादू उसका आधुनिक जगत्‌का ज्ञान था। मैंने एक बार इस प्रश्नके सभी अंशोंपर पूरा विचार किया, तब मैंने रानीसे कहा—

'मैं थातसे इस विषयमें पूछूँगा, क्योंकि थातका ज्ञान महान् है।' और यह ठीक भी था, क्योंकि अपने सारे जीवनमें मैंने कभी भी थातसे बढ़कर किसी बुद्धिमान् आदमीको न देखा।

—१६—

भयंकर तूफान

मैं समझता हूँ, मैं अत्युक्ति नहीं करता, यदि कहूँ कि हम उस समय एक जाग्रत ज्वालामुखी के शिखरपर थे। किसी समय भी अन्तिम घड़ी आ सकती थी, और पृथ्वी मुँह फाड़कर हमें निगल जा सकती है। यदि हमें अपनी बुद्धिपर ही काम करना होता, तो मुझे नहीं मालूम हम उसका क्या रूप देते। मुझे अपने मित्रोंसे सलाह लेनेका मौका न मिला। उस दिन बहुत रातके बाद मैं रामन्दिरको लौटा, और मेरे वहाँ पहुँचनेके बाद ही तो तूफान फूट निकला।

हम चारों अपने उस छोटे कमरेमें बैठे हुए थे, जिसका बीचवाले बड़ी दालानसे सम्बन्ध था। मैंने अभी मुश्किलसे रानीके साथके सभी वार्त्तालापको सुना पाया था, कि दालानकी ओरसे एक भारी हल्ला सुनाई दिया। सुननेके साथ ही मैं उधर दौड़ा।

वहाँ जो भयंकर दृश्य मैंने देखा, उसे कहनेमें मेरा दिल काँपता है। मेरे जीवनमें यह प्रथम समय था जब कि मैंने मनुष्यके रक्तको अपने सामने बहते देखा। मैंने ऐसी बात पढ़ी थी, किन्तु मैंने पहिले कभी इस बातका ख्याल न किया था, कि सभ्य आदमी भी कितना राक्षस बन सकता है।

राका मन्दिर उस दिन खूब प्रदीपोंसे प्रकाशित किया गया था। वह सूर्यदेवके उत्सवका दिन था। मन्दिरके सामने बहुतसे पुजारी एकत्रित हुए थे, और उसी समय सरसे पैर तक हथियारमें डूबे बीस आदमी आ पहुँचे।

द्वारपाल पहिले ही मार गिराया गया, और यह उसीकी चिल्लाहट थी, जो मेरे कानोंमें पहुँची।

मैंने वहाँ नोहरीको देखा। उसकी सुनहरी कवच रोशनीमें चमक रही थी। उसकी बगलमें प्सारो था। उसके हाथमें एक प्रकांड धनुष

था, वैसा ही जैसा कि उस दिन मैंने उस रथीके हाथमें देखा था। इन दोनों आदमियोंके पास ही, कितने और सैनिक थे। एक बड़े हल्लेके साथ वह मन्दिरके निचले हालमें घुस आये और वहाँ बेचारे निरस्त्र पुजारियोंपर आ पड़े।

उनमेंसे बहुत थोड़े बच सके। और यह वही थे, जिन्होंने मन्दिर की छत को थामनेवाले प्रकांड स्तम्भोंका आड़ पा लिया और फिर वहाँ से द्वारपर पहुँच कर, रात्रिके अन्धकारमें गुम हो गये। बाकी बड़ी निर्दयता-पूर्वक वहीं वध कर दिये गये। उनके करुण क्रन्दनपर जरा भी ध्यान न दिया गया। मैंने देखा, कि नोहरी अपनी तलवारको ऊपर उठाकर चिल्ला रहा है—

'कब्रको! कब्रको!'

इसके बाद उसके साथी उसके पीछे चल पड़े और थोड़ी देरमें मैंने उनके हथियारोंकी खन-खनाहट तहखानेसे आती सुनी।

अब एक क्षण भी देर किये बिना मैं वहाँ से लौट पड़ा और जिस समय मैं अपने साथियोंके पास आया तो उन्हें अपने-अपने चेहरे पहिने हुए खड़ा पाया।

मैं चिल्ला उठा—'नोहरीने पुजारियोंको मार डाला! वह अब कब्रमें घुसनेका प्रयत्न कर रहा है। यदि उसने खजाना दखल कर लिया तो हमारा काम तमाम समझो।'

धीरेन्द्र—'रिवाल्वर और मेरे पीछे।'

यह कहकर वह कमरेसे निकल पड़े और चाङू और धनदास दोनों उनके पीछे थे। मैं उनके पीछे-पीछे चल रहा था। उस वक्त मेरे दिलमें यह विचित्र दृश्य बड़ा ही आश्चर्यकर मालूम होता था। प्राचीन मिश्री देवता, जिनकी पूजा आजसे ढाई हजार वर्ष पहिले ही संसारसे उठ गई, आज आधुनिक आग्नेय अस्त्रोंसे सुसज्जित आगे बढ़ रहे हैं।

जिस समय हम तहखानेमें घुसे, देखा, हम पिछड़कर आये, क्योंकि दोनों रक्षक पुजारियोंका शरीर खूनमें लथड़ा नीचे पड़ा हुआ था।

इसके बाद क्या हुआ, वह एक शब्दमें वर्णन नहीं किया जा सकता। यद्यपि वह सेकंडका काम था। जहाँ तक मुझे स्मरण है, मैंने इस जद्दोजहदमें भाग न लिया था। मैं बहुत ही घबरा गया था। यद्यपि मेरे हाथमें बारह गोलीका रिवाल्वर भरा हुआ तैयार था, लेकिन मुझे उसके प्रयोग करनेका स्मरण ही न रहा। मैं त्रस्त और काँपता हुआ उस भयानक दृश्यको देखता रहा, जो कमसे कम मेरे जीवनमें तो अद्वितीय था।

उस धीमी रोशनीमें मैंने तलवारोंको चमकते हुए देखा। मैंने वहाँ दौड़ती आगे बढ़ती, काँपती-लुढ़कती, और भागती मानव मूर्त्तियाँ देखीं। मैंने देखा, कैसे यह पशु-मुख मिश्री देवता अपने विरोधियोंपर जानवरों की भाँति ही झपट मार रहे हैं। होरसका चेहरा नोहरीको छोड़कर सभीसे ऊपर था। हथियारोंकी खटखटाहट, गिरते हुए आदमियोंके कवचोंकी झनझनाहट; और रिवाल्वरोंकी धड़धड़ाहटसे मेरे कान बहरे हो रहे थे।

इसके बाद यह कांड समाप्त हो गया। प्सारो, नोहरी और अवशिष्ट उनके साथी हटने लगे, और सीढ़ियोंपर चढ़ते हुए प्रधान मंडप में भाग गये। हम चारों अब वहाँ अकेले थे। हमारे आसपास हत पुजारियों और नोहरीके पाँचों सैनिकोंकी लाशें पड़ी हुई थीं।

धीरेन्द्र सीढ़ियोंके ऊपरकी ओर दौड़ गये, और हमने कुछ और फायर मन्दिरके द्वारपर होते सुने। यह अवश्य अन्तिम फैर थे। इसके बाद नोहरी और उसके आदमी नदीपर पहुँच गये और वहाँ से वह नावपर बैठकर लौट गये। इस प्रकार नोहरीका वार खाली गया।

एक मिनटके बाद ही धीरेन्द्र फिर हमारे पास पहुँच गये, मैंने देखा, उनके कन्धेपर रक्त लगा हुआ था।

मैंने भयभीत हो पूछा—'आपको ज्यादा चोट लगी है?'

धीरेन्द्र—'सिर्फ जरा-सा चमड़ा छिल गया है। वह सुनहरा राक्षस

बाल-बाल बचकर निकल गया। हमलोग इतने नजदीक थे, कि निशाना लगाना कठिन था।'

धनदास—'आपको यह ख्याल करना चाहिये, कि हम अब यहाँ जरा देर भी सुरक्षित होकर नहीं रह सकते। बहुत सम्भव है, कि सुबह होनेसे पहले ही नोहरी लौट आवे, और हमें उसकी अधिक संख्याके सामने विवश होना पड़े।'

मैं—'किन्तु यह भी ख्याल करना चाहिये, कि इन लोगोंमें बड़ा मिथ्या-विश्वास है। वह उनके सन्मुख हथियार उठानेमें बहुत हिच-किचायेंगे, जिन्हें वह देवता समझ रहे हैं।'

चाङ्—'ठीक पसारो जिसने बम्बई और कलकत्ता, पटना, और बनारस देखा है, वह अनुबिस्‌के रिवाल्वर चलानेके धोखेमें नहीं आ सकता। अब सारा तमाशा खतम समझो। मुश्किलसे अब हमारे पास आध घंटा होगा, इसी बीचमें जो निश्चय करना है, कर डालो।'

मैं—'हमें राजप्रासादमें चलना चाहिये, और किसी जगह भी हम सुरक्षित नहीं रह सकते।'

जिस समय हम यह बातचीत कर रहे थे, धनदास दर्वाजेके पासकी चित्र-लिपियोंको देखने लगे। अब उन्होंने मुझे बुलाया और घबड़ाये हुएकी तरह कहने लगे—'प्रोफेसर, बीजक आप ले आये हैं?'

मैं—'नहीं।'

धनदास—'तो जल्दी उसे ले आओ, मेरे दिलमें एक ख्याल आया है, मुझे इनमेंसे कितने ही अक्षर बीजकके अक्षरोंकी भाँति मालूम होते हैं। मुझे निश्चय जान पड़ता है कि यह घूमनेवाले चक्के उस बीजकसे कुछ सम्बन्ध रखते हैं।'

मैं ऊपर दौड़ गया, और थोड़ी देरमें बीजकको लिये नीचे आया। किन्तु मुझे चक्कों और बीजकमें कोई सम्बन्ध न मालूम हो सका। अन्तमें महाशय चाङ्—अथवा यह कहना चाहिये कि जादूके देवताने —असली रहस्यका पता लगा लिया।

उन्होंने कहा—'मुझे मालूम हो गया। यह और कुछ नहीं, अलीगढ़का अक्षरोंवाला ताला है। आओ प्रोफेसर, तुम्हारा काम है, हाथमें बीजकको रखकर पहिली पाँतीपर दृष्टि डालो। मैं चक्कर घुमाता हूँ, और जिस वक्त बीजककी पहिली पाँतीका पहिला अक्षर इसमें दिखाई दे, उस वक्त ठहर जानेके लिये कहना। इसी तरह आगे भी।'

बीजकपर सबसे पहिले खोपरीकी मूरत थी। जब चाङ्‌ ने चक्का घुमाना शुरू किया, तो उसमें बहुतसे चित्र-अक्षर और संकेत आने लगे। यकायक खोपरीकी मूर्त्ति आई, और मैंने चाङ्‌ की बातको स्मरण करके वहीं ठहरनेके लिये कहा।

अब उन्होंने दूसरे चक्केको घुमाना आरम्भ किया, और वहाँ भी जिस समय बीजकका दूसरा अक्षर आया मैंने रोक दिया। अब इस प्रकार तीसरा-चौथा, पाँचवाँ करते-करते अन्तमें हमने पहिली पंक्ति समाप्त की। अब इस पंक्तिमें वही अक्षर और वाक्य थे, जो कि बीजकमें।

जब यह काम समाप्त हो गया, तो हमने पीतलके डंडेको घुमा फिराकर देखा। मालूम हुआ अब वह आसानीसे सूर्य देवताकी मूर्त्तिके पीछेवाली, पत्थरकी दीवारमें ढकेला जा सकता है।

अब हमने यह भी देख लिया, कि दर्वाजेमें जितने पीतलके डंडे हैं उतनी ही बीजकमें पंक्तियाँ है, और जितने चक्के उतने ही अक्षर। अब हमने उसी प्रकार सारे ही चक्कोंको घुमाया एकके बाद एक डंडा दीवारमें ढकेल दिया गया। अब द्वारपर लगे हुए उन चक्कोंके सामने वाले अक्षरोंको मिलाकर पढ़नेसे होता था—

"उसपर गोबरैलेका शाप है, जो पहिले समाधिमें घुसनेका प्रयत्न करेगा। अनुबिस्‌ उसकी प्रतीक्षामें है। वह उसे नित्य छाया (नर्क) में ले जायगा।"

सेराफिस्‌ समाधिमें कई कमरे थे। उनकी दीवारोंपर अनेक प्रकार के रंगीन चित्र थे, जिनमें स्वर्गीय थेबिस्‌ राजकुमारकी जीवन-घटनायें

चित्रित की गई थीं। जिस कमरेमें स्वयं मम्मी रक्खी हुई थी, उसमें किसी प्रकारकी सजावट न थी। शवाधानी एक पत्थरके छोटेसे चबूतरे पर रक्खी थी। जिसके चारों ओर घड़े, डालियाँ, और भोजनकी सामग्री रक्खी थी। यह वही चीजें थीं, जो मिश्रसे शवके जलूसके साथ आई थीं। इनमेंसे भोजनकी वस्तुओंका तो कुछ पता ही नहीं लगता था, आखिर युधिष्ठिरका समय बहुत दूरका है, जहाँ तक मालूम है, सेराफिस् युधिष्ठिरका समसामयिक था। एक कमरेमें सेराफिस्की एक बड़ी मूर्त्ति थी, जिसमें वह एक सिंहासनपर बैठा दिखाया गया था। उसके पास उसकी आत्माकी मूर्त्ति थी। इसी कमरेमें खजाना रक्खा गया था। मैंने वहाँ अनेक पेटियाँ अनेक प्रकारके रत्नों-से भरी पाईं। इनका मूल्य करोड़ों रुपया होगा। इन सब पेटियोंकी संख्या चौदह थी। और फर्श सोनेकी ईंटोंसे ढँका हुआ था। यह सभी ईंटें एक ही आकार-प्रकारकी थीं और उनपर सेराफिस्के नामकी मुहर थी। वह थेबिस्के बारहवें राजवंशका एक प्रसिद्ध सम्राट् हो चुका है।

इस अतुल सम्पत्तिके दर्शनने धनदासपर भारी प्रभाव डाला। अपनी गर्दनको आगे झुकाकर वह बड़े जोरसे हँस पड़े, जान पड़ता था, वह अपने आपेमें न था। उसके ऊपर सनक सवार हो गई; उसकी दशा एक सन्निपात-ग्रस्त मनुष्यकी-सी थी। और तब उस स्वर्ण-राशिके बीचमें वह गिर पड़ा।

सौभाग्यसे, वह फूसवाला प्रकाश अब भी बुझा न था। जब हमने उसे ऊपर उठाया, तो देखा वह मूर्छित हो गया है, किन्तु जरा ही देर-में वह फिर होशमें आ गया। अब भी उसे और कुछ नहीं अच्छा मालूम होता था। वह उन पेटियोंके रत्नोंकी ओर देख रहा था। उनमें ताला भी नहीं बन्द था। इन रत्नोंके दर्शनने उसपर बहुत बड़ा प्रभाव डाला। मैं उस आदमीके चेहरेकी ओर देखने लगा। उसकी विचित्र दशा थी। आँखें निस्तेज और शून्य थीं। जान पड़ता था वह सिर्फ

खुली भर हैं। उसकी काली पुतलियोंके चारों ओर सफेदी दिखाई पड़ रही थी। उसका मुँह खुला हुआ था। निचला जबड़ा गिर गया था। मैं इस अवस्थाको देखकर बड़े आतंकमें आ गया। मैं नहीं समझता, धनदास वहाँसे अपने आपको हटा सकता, यदि धीरेन्द्रने हमें खतरेसे सजग न किया होता।

धीरेन्द्र—'समय हाथसे निकला जा रहा है, हम पाव घंटेसे यहाँ हैं। नोहरी किसी समय भी मन्दिरको लौट सकता है।'

चाङ्—'हाँ, यह बिल्कुल ठीक है, हमें चलना चाहिये।' धनदास अपने हाथोंको उन रत्नोंपर रखकर चिल्ला उठा—

'इन सबको छोड़कर!'

धीरेन्द्र—'मूर्ख! कैसे तुम कल्पना करते हो, कि हम इन्हें अपने साथ ले चल सकते हैं!'

मैं इतना विकल हो पड़ा था, कि मैंने धनदासका हाथ पकड़कर कहा—

'चलो, सारे संसारका खजाना भी कुछ नहीं, जब प्राण ही न रहे।'

हम उसे जबर्दस्ती खींचकर बाहर लाये, और वहाँसे पकड़े हुए चाङ् उसे सीढ़ीपरसे मन्दिरके प्रधान मंडपमें ले गये, वह उस समय शराबीकी तरह चल रहा था। मैं और धीरेन्द्र दोनों आदमी पीछे रह गये। हमने दर्वाजेको भेड़ दिया। अब भी दर्वाजेके चक्रोंपर गोअरैले-का शाप स्पष्ट दिखाई दे रहा था। हमने डंडोंको उनके छेदसे खींचकर चक्रोंमें पहिना दिया। और तब चक्रोंको जिधर-तिधर घुमा दिया। अब रहस्य हमें मालूम हो गया था। बात यह थी, कि प्रत्येक चक्रेमें भीतरकी ओर एक चौकोर खूँटी-सी थी, जो डंडेके गिर्दके गोल गड्ढे-पर बैठ जाती थी और फिर डंडा नहीं हिल सकता था। लेकिन डंडा और तरफ गोल होनेपर भी सागनेकी ओर इस सिरेसे उस सिरे तक, जान पड़ता था, किसी तेज हथियारसे काट लिया गया था, जिसके कारण जहाँ डंडेके और भागोंमें चक्के और डंडेके बीचमें बहुत जरा

सा फर्क था। वहाँ सामनेकी ओर वह एक अंगुल था। चक्के की खूँटी ठीक उस विशेष अक्षरके नीचे थी। इसलिये उसके सामने आनेपर खूँटी डंडेके घराड़से ऊपर आ जाती, और डंडाका हटाना आसान हो जाता था, किन्तु जब वह अक्षर हट जाता, तो खूँटी घराड़में घुस जाती, फिर डंडा वहीं फँस जाता था। चक्के सौसे भी अधिक थे, और उनमेंसे प्रत्येकको एक-एक बड़ा ताला समझना चाहिये।

जिस पहाड़पर मंदिर था, उसके नीचे नदीमें बहुत-सी नावें बँधी हुई थीं। यह राके पुजारियोंके व्यवहारके लिये थीं, वह उनपर चढ़कर शहरमें जाते-आते थे। मितनी-हर्पीमें नदी वैसे ही आने-जाने में सड़कका काम देती थी, जैसी कि आधुनिक वेनिसकी अनेक नहरें। सचमुच ही मितनी-हर्पी बहुतसी बातोंमें इटलीके इस सुन्दर शहरके समान है। रथों और सवारियोंके बदले वहाँ हलकी डोंगियाँ ही सब जगह आदमियोंको ले आती ले जाती हैं। नदीके किनारेके प्रत्येक मकानके द्वारसे घाट तक सीढ़ियाँ बनी हुई हैं।

हमने कुछ देरमें अपने सामान गोला-बारूद, सभीको ले जाकर एक नावपर रक्खा, और तब नाव नदीके भीतर ढकेल दी गई। यह बड़े खतरेका काम था, क्योंकि किसी समय भी अँधेरेसे नोहरी और म्सारो हमें आ दबा सकते थे।

हमारी ढुलाईके खतम होते ही, धीरेन्द्रने पतवार लिया, और हमने नदीके ऊपरकी ओर खेना शुरू किया। सौभाग्यसे रात बड़ी अँधेरी थी। यद्यपि आधी रातका समय होगा, किन्तु नदीके तटपर कितने ही आदमी थे। धीरेन्द्र दाँड़ चलानेमें बड़े उस्ताद थे। उन्होंने एक बार भी दाँड़को पानीके ऊपर आने ही न दिया, कि वह छपछप करे। इस प्रकार बिना किसीको कुछ मालूम कराये हम राज-प्रासादपर पहुँच गये।

मैंने दर्वाजेपर थपकी दी। और झट हमें भीतर ले लिया गया, क्योंकि द्वारपाल मुझे पहिचानता था। जान पड़ता था, वह मेरी प्रतीक्षा

कर रहा था, क्योंकि रानीका हुक्म था, कि जिसी समय मैं आऊँ, भीतर आने देना चाहिये। जिस समय मैं द्वारपालसे बातचीत कर रहा था, उसी समय नदीके उस पारसे ढोलकी आवाज सुनाई पड़ी। हम दोनोंने नोहरीके महलकी ओर दृष्टि डाली और देखा कि उसका सारा हाता सैकड़ों मशालोंकी रोशनीसे दिनकी तरह हो रहा है।

द्वारपाल घबराया-सा आया। उसने मेरी बाँह पकड़कर कहा—

'आप जानते हैं, इसका क्या अर्थ है? आप सुन रहे हैं न सिंहकी गर्जको?'

मैं—'नोहरी अपने सैनिकोंको एकत्रित कर रहा है?'

द्वारपाल—'हाँ, इसका मतलब है क्रान्ति, बगावत। इन पापियोंके ऊपर ओसिरिस् वज्रपात करे। कल सूर्यके उदय होनेसे पूर्व ही, मितनी-हर्पी रणाङ्गण बन जायेगी।'

इसी समय हमने ढोलकी आवाज़ सुनी और नदीपार उच्च घोष होते सुना। सेनापति स्वयं अपने आदमियोंको लिये राके मंदिरकी ओर कूचकर रहा था। वह दक्षिणकी ओर जा रहे थे। हम रास्तेमें पड़ने वाले मकानोंकी दीवारोंपर मशालोंकी हिलती हुई रोशनी देख रहे थे।

द्वारपाल—'हाय मितनी-हर्पी! हाय सेरिसिस्, मितनी-हर्पीकी महारानी! कैसे महारानी नोहरी और उसके सैनिकोंपर विजय पावेगी?'

यद्यपि मैं कोई बहादुर योद्धा नहीं हूँ, तो भी बातका बहादुर अवश्य हूँ।

मैं—'डरो मत, क्योंकि थात, अनुबिस् और स्वयं होरस् भी महारानी सेरिसिस् और उसके सिंहासनके लिए लड़नेको यहाँ आये हैं।'

द्वारपाल—'तो अवश्य वह अद्भुत समय आ पहुँचा। अब प्रलय करीब है, क्योंकि देवता लोग स्वयं मनुष्योंके साथ-साथ लड़नेके लिये पृथ्वीपर उतर आये, जैसा उन्होंने उस समय किया था जब मिश्रकी भूमि उत्पन्न हुई थी।'

मैंने अपने साथियोंको पुकारकर कहा—'बिना किसी भयके सीधे ऊपर चले आओ। और होरस्, थात तथा अनुबिस् महारानी सेरिसिस्के महलमें प्रविष्ट हुए। बगीचेको पारकर हम खास महलमें पहुँचे तो मैंने देखा, कि वह तीनों बृहत् मंडपके बीचमें खड़े हैं। वहाँ दीवारों और छतोंपर नानाप्रकारके चित्र अंकित हैं। मैंने समझ लिया, कि अब पासा फेंक दिया गया है, यदि रानी नष्ट होती है, तो हम भी उसके साथ नष्ट होते हैं। उस समय मैंने अपनी आँखें मूँद लीं और थोड़ी देर तक अपने ही आप बात करने लगा।

मुझे उस समय इसका ख्याल न था, कि मैं अपनी मातृभाषामें बात कर रहा हूँ। और जब मैंने बात समाप्त की, देखा अह्मसो मेरे पास खड़े हैं।

उन्होंने पूछा—'आप किस भाषामें बोल रहे हैं?'

उस समय मेरे हृदयमें साहस हो आया। वंचना मेरे हृदयसे हट गई थी। मैंने कहा—

'मैंने अपनी मातृभाषा हिन्दीमें बोल रहा था, अपने आप इस कठिनाईके बारेमें!'

उन्होंने मेरी बातको आश्चर्यसे सुना और तब हाथ पकड़कर कहा—

'महारानी प्रतीक्षा कर रही हैं, वह आज रातभर नहीं सोईं।'

—२०—

बक्नीका पहिला वार

अह्मसो मेरे तीनों अमर साथियोंको महलके एक छोटेसे मन्दिरमें ले गये। वहाँ इसिस् देवीकी एक अत्यन्त सुन्दर मूर्ति थी। उन्हें वहाँ छोड़कर मैं और अह्मसो रानीके निजी कमरेमें गये। यह इतनी

घबराई हुई थी, कि मुझे देखते ही उसकी आँखोंमें आँसू भर आये। उसने मुझे प्रणाम करके कहा—

'हे थोथ्मस्, आखीर तूफान उठ खड़ा हुआ। नोहरीने अपने सैनिकोंको एकत्रित कर लिया है। अब वह राजमहलपर कब्जा करनेके लिये आ रहा है।'

रानीकी बगलमें एक आदमी चुपचाप खड़ा था। उसे मैंने अब तक ख्याल न किया था। उसकी काली स्याह दाढ़ी सामने छातीकी कवचपर पड़ी हुई थी। उसके प्रभुतासूचक चेहरे, और शिरपर लाल-परवाली गोल खोदसे, मैंने अनुमान कर लिया, कि यह शरीर-रक्षकोंका कप्तान बक्नी है। उसके विषयमें अह्मसोने अनेक बार कहा था।

रानी अत्यन्त विकल थी। उसने दोनों हाथोंको मिलाकर प्रार्थना-की भाँति कहा—

'मेरे पिता, थेबिस्‌के सम्राटोंकी साक्षात् परम्परामेंसे थे। और अब मेरे कुलका नाश समीप है।'

इसपर बक्नी अपनी तलवारकी मूठपर जोर देकर चिल्ला उठा—

'कोई भी देशद्रोही, हे मेरी पूज्य महारानी, मेरे और मेरे सैनिकों-के मृत शरीरपर लात रखकर ही भीतर आ सकता है। हम एक-एक आदमी राजसिंहासनके लिये मरनेको तैयार हैं।'

महारानी—'मेरे बहादुर बक्नी, मैं इसे जानती हूँ, तो भी जरा इधर तो देखो। यद्यपि शरीररक्षक सारे राज्यमें सबसे मजबूत और दिलेर योद्धा हैं, तो भी बीस आदमियोंके सामने एक अकेला आदमी क्या है? नोहरीके पीछे सारी सेना है।'

मैं चुपचाप वहाँ खड़ा रहकर उस सुन्दर अल्पवयस्का देवीके इस सन्तापको देर तक न देख सकता था। मैंने सोचा, उसे आश्वासित करनेके लिये कुछ भी कहना युक्त है। इसके लिये मुझे अपने मित्रों—कप्तान धीरेन्द्र और चाड्पर बहुत विश्वास भी था। मैंने कहा—

'सेराफियोंकी महारानी, सेरिसिम्, जरा भी भय मत करो। केवल शाही शरीर-रक्षक ही तुम्हारे साथ नहीं हैं; बल्कि तुम्हारे बाप-दादोंके पूज्य महान् देवता भी—जिन्हें पहिले युगमें नील तटवर्ती प्राचीन नगरोंमें पूजा जाता था—तुम्हारे हक और तुम्हारे राज्यके लिये लड़नेको तैयार हैं। इस समय भी, वह तुम्हारे महलमें हैं, और तुम्हारे वास्ते हथियार उठानेके लिये मौजूद हैं।

रानी—'यहाँ हैं !'

मैं—'हाँ, राज-प्रासादमें।'

रानी—'थात और शक्तिशाली होरस्—'

मैं—'और अनुबिस्, मृत्युके देवता।'

यद्यपि मुझे उसके विश्वासको लेकर यह चाल चलनेमें कायरता मालूम होती थी; तो भी मैंने देखा, कि एक क्षणमें उसका सारा भय दूर हो गया। उसके ओठोंपर मुस्कुराहट थी जब कि उसने अह्मोसे कहा—

'तो मुझे डरनेकी आवश्यकता नहीं।'

एक ही क्षणपूर्व वह अथाह शोकसागरमें गोते खा रही थी, और अब वह एक बच्चेकी भाँति अत्यन्त प्रसन्न थी। मेरे हृदयमें उसके लिये बड़ा ही सन्मान, बड़ा ही प्रेम हो गया था। उस समय जब कि अपने मित्रों, धीरेन्द्र और चाङ्की बहादुरी और बुद्धिमत्ताका मैं ख्याल कर रहा था, तो मुझे नदी पारके मशालोंकी तेज़ रोशनी याद पड़ गई। प्सारो जरूर जान गया होगा, कि हम कहाँ हैं, और उसने हमारी नकलसे भी लोगोंको बहकाया होगा। यदि वह इसमें अकृत-कार्य भी हुआ तो भी नोहरी योद्धा है। वह भयंकर और मजबूत हृदयका है। अब जब कि उसने बगावतका झंडा खड़ा कर दिया है, तो फिर पीछे लौटना उसके लिये असम्भव है। उसके लिये असफलता मृत्यु और सफलता सिंहासनकी प्राप्ति होगी।

यह निश्चय हुआ, कि आज युद्धकी बैठक की जाय, क्योंकि हरवक्त हमलेकी आशंका थी।

देवताओंसे सलाह लेनेके लिये मैं वहाँ से पूछकर उस मन्दिरमें चला आया जहाँ मैंने अपने तीनों साथियोंको छोड़ा था। मुझे उनके पानेमें दिक्कत हुई, क्योंकि वह लोग मन्दिरके नीचेवाले तहखानेमें बैठे थे। मुझे यह देखकर बड़ी प्रसन्नता हुई, कि उन्होंने चेहरे अपने मुँह-से हटा दिये थे, और बैठकर मजेसे फल-मूल खा रहे थे। यह फल-मूल और साथ कुछ मिश्री अंगूरी शराब भी देवीके चढ़ानेके लिये मन्दिरमें रक्खे थे, किन्तु मेरे मित्रोंमें कोई शराब पीनेवाला न था, इसलिये फल ही फलका भोग लग रहा था।

चाङ्ने हँसते हुए कहा—'क्यों थोथ्मस्, तू तो बड़ा भूखा होगा, आ न देवताओंका प्रसाद कुछ ले ले।'

'हाँ, देवताओंकी सेवाके लिये तो यह शरीर हाजिर ही है।'

यह कहकर मैं भी बैठ गया, और खूब पेट भरकर सबने भोजन किया।

वहाँ से सब ठीक-ठाक हो और साथियोंको अभी आराम करते देख, मैं महारानीके कमरेकी ओर लौटा। वहाँ मैंने रानीको अहासो और बक्नीके साथ बात करते देखा। प्रधान पुरोहित उस समय कह रहे थे, कि कैसे मैंने नोहरीकी सेनाको नदी पार करके रा-मन्दिरकी ओर जाते देखा।

रानी—'वही हुआ, जो मैंने ख़्याल किया था। नोहरी रा-मंदिर-को लूटना चाहता है। सारे जीवन भर उसकी नजर सेराफिस्के खजानेपर रही है।'

बक्नीने बड़े गम्भीर स्वरमें कहा—'किन्तु यह महाअधर्म है।'

रानी—'किन्तु अधर्म ऐसे आदमीके लिये कोई चीज़ नहीं। वह हमेशा देवताओंकी निन्दा करता है। हे थोथ्मस्, इसपर विचार करो। वह खजानेपर अधिकार करेगा।'

मैं नहीं समझता कि उसने क्यों मुझे संबोधित करके कहा। उसे यह तो अनुभव हुआ नहीं होगा, कि कुछ घंटा पहिले हमने कब्रका रहस्य मालूम कर लिया है।

मैं—'वह भीतर नहीं घुस सका। यदि सारी गितनी-हर्पी भी इकट्ठा होकर भीतर घुसना चाहे तब भी उसमें इतनी ताकत नहीं है। किन्तु अब यहाँ एक भी पुजारी नहीं है।'

रानी—'एक भी नहीं!' क्योंकि मैंने अभी तक उससे सब हालत नहीं कह सुनाई थी।

मैं—'मार डाले गये। बड़ी निर्दयतासे मार डाले गये, और मारा भी स्वयं नोहरी और प्सारोने।'

रानी—'कैसी नीचता! कैसी नृशंसता!! यह ऐसा पाप है जिसे देवता क्षमा नहीं कर सकते।'

अह्मसोने मुझसे पूछा—'क्या खजानेपर अधिकार करनेका प्रयास किया?'

मैं—'हाँ, किन्तु उसे इसका अवसर न दिया गया। देव लोग बीचमें बाधक हो गये, और नोहरी और उसके साथियोंको भाग जाना पड़ा।'

अह्मसो—'देव लोग!' उन्होंने इस प्रकार इसे दुहराया, कि जान पड़ता है, इसका अर्थ ही उनको जान न पड़ा।

मैं—'होरस्, थात, अनुबिस्।'

अह्मसो—'और नोहरीने लड़नेकी हिम्मत की?'

मैंने 'हाँ' कहते हुए शिर झुका लिया।

रानी—'तो इसका मतलब यह है, कि वह महलपर भी हमला करनेसे बाज न आवेगा, चाहे उसे मालूम भी है, कि देवता लोग स्वयं उसकी हिफाजत पर हैं। इसी बीचमें तब तक वह चाहता है, कि खजाना हाथ में कर लें, क्योंकि वह इस बातकी अच्छी तरह जानता है, कि सोने और जवाहिरोंसे वह सारे नगरको खरीद सकता है।'

जिस वक्त उसने यह कहा, मैं देख रहा था, कि फिर उसकी सुदीर्घ आँखें आँसूसे डबडबा आईं।

रानी—'विश्वास-घातक! मेरे चारों ओर विश्वासघात है।'

इसपर शरीर-रक्षकोंका कप्तान बक्नी अपनी तलवार खींचकर, घुटनोंके बल रानीके सन्मुख बैठ गया, और बोला—

'सब नहीं, मेरी माननीया रानी, शरीर-रक्षक आपके भक्त हैं, और सदा रहेंगे।'

रानीने उसे उठानेके लिये हाथ बढ़ाया। बक्नीके इस उत्साह, इस सद्भावके लिये प्रशंसा की, और कहा कि मुझे तुमपर कभी भी अविश्वास न हुआ था। बक्नी एक महाशक्तिशाली मनुष्य, और शिर से पैर तक बहादुर सिपाही था। मुझे अब भी उसकी चमकती कवच, उसकी लम्बी काली दाढ़ी, और उसके भुजाओंकी मजबूत नसें याद आती हैं।

मीटिंग बर्खास्त करनेसे पहिले, हमने एक कार्रवाई करनेका निश्चय कर डाला। यह प्रस्ताव बक्नीकी ओरसे आया था, और जब मैंने चाङ् और धीरेन्द्रसे कहा, तो उन्होंने भी उसे बहुत पसन्द किया।

बक्नी इससे सन्तुष्ट न था, कि नोहरीके हमलेकी प्रतीक्षामें महल-पर चुपचाप बैठा रहा जाय। वह एक सैनिक था, इसीलिये स्वयं आक्रमण न करके, आक्रान्त होनेपर आक्रमणको रोकने अथवा निष्क्रिय रक्षापर उसका विश्वास न था। यद्यपि नोहरीके आदमी रक्षकोंकी अपेक्षा बहुत अधिक, एकपर छ थे, तो भी उसने हमला करनेका निश्चय किया। सेनापतिने राके मंदिरपर इस झूठी आशामें डेरा डाला था, कि सेराफिस्के खजानेको हथियायें। सूर्योदयसे एक घंटा पूर्व बक्नीने अपने सैनिकोंको राज-प्रासादके बृहत् प्रांगणमें जमा किया।

मैंने इसिस्के मंदिरमें जाकर अपने साथियोंसे कहा, कि अपने-अपने चेहरे लगा लो, और अपनी रिवाल्वरोंके साथ जितने कार्त्तूस ले

जा सको, ले आओ। एक छोटी-सी टोली महलकी रखवालीके लिये छोड़ दी गई। महारानी स्वयं बागमें आई, और उसने अपने सैनिकोंसे कुछ उत्साहवर्द्धक शब्द कहे।

मुझे उस प्रातःकालके सभी दृश्य सविस्तार अब भी याद आते हैं।

चन्द्रमा नीचेकी ओर ढल गये थे, और आकाश चमकते हुए तारोंसे जगमगा रहा था। उस चाँदनी में निश्चल और नीरव खड़े हुए इन प्राचीन सैनिकोंकी सूरत अच्छी तरह दिखाई पड़ती थी। इस प्रकारके ऊँचे और मजबूत जवानोंका वैसा समूह मैंने कभी न देखा। महारानीके साथ जब मैं उनके पाससे गुजर रहा था, तो मैंने देखा, कि उनमें एक भी ऐसा न था, जिसका कन्धा मेरे शिरके ऊपर न पहुँचता हो बल्कि मुझे उमीद है, उनकी सामनेको फैली हुई बाहोंके नीचेसे मैं खड़े-खड़े जा सकता था, और तारीफ यह कि मेरा एक बाल भी—यद्यपि मेरी चाँदको शायद दो-चार ही बाल रखनेका सौभाग्य होगा—न छू जाता। जिस समय महारानी बोल रही थी, उसकी आवाजमें एक अजब किसमका जोश भरा था। जब उसने अपने वक्तव्यको समाप्त किया, तो सैनिकोंने अपने-अपने भालोंको आकाशकी ओर उठाया, और ऐसी जोरका जयकार लगाया, कि जान पड़ता था भूमि और सारा महल थर्रा रहा है।

तब उस भिनसहरेके मन्द प्रकाशमें, हमने देखा, तीन व्यक्ति—जो यद्यपि मेरे ख्यालमें मनुष्य थे, किन्तु अधिक संख्याके लिये देवता थे—राज-प्रासादकी सीढ़ियोंसे नीचे उतर रहे हैं। यह वह देवता थे, जिन्होंने प्राचीन मिश्रमें बड़ी-बड़ी करामातें दिखलाई थीं। अर्थात् आकाशके देवता ओसिरिस्के पुत्र होरस, पुस्तक-रहस्य-जादूके देवता थात, कब्रस्तानके देवता अनुबिस्।

जब सैनिकोंने अपने बाप-दादोंके पूज्य देवताओंको आते देखा, तो सन्मान और आश्चर्यके वशीभूत होकर, एक बार फिर आस्मानको

अपने जयनादसे गुँजा दिया। थोड़ी देरके लिये नियम व्यवस्था टूट गई। और तब बक्नीका मेघनाद सुनाई दिया।

'हिम्मत करो, बहादुरो! मैं तुम्हें शके मन्दिरपर ले चल रहा हूँ; जहाँ सेनापति नोहरीने बगावतका झंडा खड़ा किया है। अपनी आँखोंसे देखो कि नीलके देवता जिन्होंने मरणधर्मा मनुष्योंके साथ-साथ सृष्टिकी आदिमें हथियार उठाया था—आज फिर मितनी-हर्पीमें आये हैं! भयको पास न आने दो! अवश्य विजय हमारे साथ होगी! कौन हैं, जो थात, अनुबिस् और महान् होरस्का मुकाबिला कर सके? देवताओंसे लड़नेकी शक्ति किसमें है?'

सैनिकोंने फिर जयघोष किया। तुरन्त ही बक्नीने कूचका हुक्म दिया, और एक क्षणके बाद सारे सैनिक महलसे बाहर निकल गये। महलकी सीढ़ियोंके नीचे घाटपर बहुत-सी नावें खड़ी थीं। एक-एक करके सारे सैनिक उनपर सवार हो गये। कमानने हुक्म दिया कि जरा भी आवाज़ न हो, स्वाँस बन्द करके चलना होगा।

बड़े-बड़े बलिष्ट गुलामोंने दाँड़ हाथमें लिया और नदीके बहावकी ओर दक्षिणकी तरफ नावको खेना शुरू किया। बीस मिनटसे अधिक न बीता होगा, और हम उस पहाड़की जड़में पहुँच गये, जिसके ऊपर रा-मन्दिर बना था।

मैं उसी नावपर था जिसपर तीनों देव-मूर्त्तियाँ। धीरेन्द्रने आस्तेसे कहा, कि उन्हें सब तरहसे विजयका विश्वास है। उनकी बातसे तो जान पड़ता था कि हमलोग हवाखोरीके लिये निकले हैं, जीवन-मरणका प्रश्न ही नहीं है। इस सारी यात्रामें चाङ् चुप रहे। धनदासने सिर्फ एक बात कही थी, और पिछली घटनासे और भी स्पष्ट हो गया, कि खजानेके सिवाय उसके दिलमें और कोई ख्याल न था।

उस अर्द्ध अन्धकारमें मैंने देखा, कि होरस्का बाजवाला चेहरा मेरे कानके पास आया, और उसने धीरेसे कहा—

'यह तो बताओ, सेरापिस्के खजानेका मूल्य क्या होगा?

मैं—'यह कयाससे बाहरकी बात है। उन पेटियोंमें हीरा, पद्मराग, नीलम, पन्ना, पुष्पराग, चुन्नी, लहसुनिया, मुक्ता आदि सभी प्रकारके महार्घ रत्न भरे हुए हैं। मै नहीं समझता, कि राष्ट्रीय बंक भी उसे खरीद सकेगा।'

इसपर उसने मेरी बाँह पकड़कर साँस रोके हुए कहा—

'प्रोफेसर, मै तब तक इस देशको नहीं छोड़ सकता, जब तक कि मुझे अपनी लूटका भाग न मिल जायगा।'

मैं—'लूट करनेकी यहाँ सम्भावना ही नहीं है, हम लुटेरे नहीं हैं, हम इज्जतदार, ईमानदार मनुष्य हैं।'

धनदास—'ईमानदार! इन आदमियोंके लिये यह अपार सम्पत्ति किस कामकी है? यही न, कि सहस्रों वर्षों से भूमिके गर्भमें बन्द है। हमें बस उन पेटियोंमंसे एक पेटी अपने साथ ले चलनी होगी, और फिर हम सारे संसारमें सबसे धनी आदमी हो जायँगे।'

इसी बीचमें नाव घाटके पास पहुँच गई, और हमारा वार्त्तालाप बीच हीमें कट गया। हमारे सन्मुख राका मन्दिर था। उसके चारों ओर अब भी नोहरीके सिपाहियोंकी धुनी जग रही थी।

हमलोग चुपचाप नदीके किनारे पहुँच गये। प्राची दिशामें उषाकी प्रथम रेखा दिखलाई देने लगी थी। चन्द्रमा अस्त हो गये थे। तारे टिमटिमा रहे थे। आकाशमें एक मन्द रक्त प्रकाश धीरे-धीरे अग्रसर हो रहा था। हम मितनी-हर्पी शहरके मीनार, शिखर, छत और किन्हीं-किन्हीं दीवारोंको जरा-जरा देखने लगे थे।

बक्नीने अपने सैनिकोंको तीन पंक्तिमें खड़ा किया। मैं अपने तीनों साथियोंके साथ सबसे अगली पंक्तिके बीचमें खड़ा था; और मैं स्वीकार करता हूँ, कि जिस समय आगे बढ़नेको कहा गया, तो मेरा प्राण मेरी चोटीपर पहुँच चुका था।

धनदास और मेरे विचारों में बड़ा भेद था। यदि उस समय मेरे पास सेरापिस्के खजानेका हजारवाँ हिस्सा भी होता, और मुझे कोई

उस भूमिसे भारतमें रख देनेके लिये कहता, तो मैं बड़ी खुशीसे उस खजानेको उसके हवाले कर देता। मैं इस कार्यमें उसी प्रकार धीरे-धीरे दूर खींच ले जाया गया था, जैसे एक सूखा तिनका नदीकी धारमें। मैं अब धीरेन्द्र और चाङ्के बीचमें था। मैंने अपनी पंक्तिमें खड़े उन बड़ी दाढ़ी वाले जवानोंको देखा, जिनकी कवचें उषाके रक्त प्रकाशमें चमक रही थीं। बक्नीका इरादा था, कि मन्दिरपर बगलकी ओरसे चढ़ा जाय। मैं देख रहा था, उसके सैनिक कितने उतावलेसे दिखाई दे रहे थे। उनकी आँखोंकी भयंकरता, तलवारों और भालों-की उनकी मजबूत पकड़, तनी हुई गर्दनें, मुझे लड़ाकू मेड़ोंका स्मरण दिला रही थीं। उस समय मालूम होता था, जैसे मर्दोंके बीचमें मैं बूढ़ी औरत हूँ, अथवा वीरोंके मध्यमें कायर। मैं यह सब अच्छी तरह समझ रहा था, किन्तु जो कुछ भी थोड़ी बहुत हिम्मत मेरेमें थी, उससे मैंने निश्चय कर लिया था कि चाहे इसके लिये प्राण भी देना पड़े, किन्तु इसे भलीभाँति देखना होगा।

तब एक आवाज सुनाई दी, जान पड़ा किसीने पिस्तौल दागी है। यह आवाज बक्नीकी थी, उसने अपने योद्धाओंको हल्ला बोल देनेका हुक्म दिया था। समुद्रकी तरंगकी भाँति एक साथ हमलोग आगे बढ़े और जरा देरमें मन्दिरके अगले प्रांगणमें पहुँच गये।

—२१—

रा-मंदिरका युद्ध

नोहरी के सैनिक एकदम घबरा गये। वह उस समय तक बिल्कुल गाफिल पड़े थे। उन्होंने अभी अपना हथियार भी अच्छी तरह न लेने पाया, कि बक्नीके सैनिक उनपर आ पड़े। वहाँ सैनिक नियम-व्यवस्थाका पता कहाँ था!

और मेरे लिये मत पूछिये। मेरे दिलमें कहाँ उतनी हिम्मत थी, जो आगे बढ़नेकी हिम्मत करता, किन्तु पीछे वालेकी भीड़में पड़कर मैं भी वहाँ तक ढकेल दिया गया, जहाँ कि खचाखच हो रही थी। लड़ाई के आरम्भमें ही मेरी जाँघ में भाले की जरा-सी चोट लग गई। और सच कहूँ, बिल्लीके भागों छींका टूट गया, इस बहाने मैं वहाँसे खिसककर बाहर निकल आया।

एक सुरक्षित स्थानपर मैंने एक प्रकांड स्त्रीमुखी सिंहकी मूर्त्ति देखी। उस मूर्त्तिके दोनों अगले पैरोंके बीचमें बैठकर मैंने पानीसे अपने ज़ख्मको धोया।

मन्दिरसे जो कोलाहल सुनाई दे रहा था, अवर्णनीय था—हथियारों की झनझनाहट, जयघोषकी गर्ज, घायलोंकी चीत्कार, अपने विरोधियोंको पीछेकी ओर हटानेके समय शाही रक्षकोंका विजय-नाद।

इतनी देरमें अब सूर्य भगवान् अच्छी तरह उदय हो गये थे। इस अक्षांशमें रात्रि और दिन, अन्धकार और प्रकाशके बीचमें कोई और उषा आदि नहीं होती। सूर्य पहाड़ोंकी आड़से निकल आया, और वह बड़ा मैदान जिसपर कि मितनी-इर्पी नगर है प्रकाशित हो गया।

मैं खड़ा हुआ, कि अपने मित्रोंके पास जाऊँ। किन्तु मारते-काटते बहुत आगे बढ़ गये थे। मैंने देखा, मेरा पैर इतना शून्य हो गया है, और घावमें इतनी पीड़ा है, कि जरा भी चलना मुश्किल है। मैंने अपने चारों ओर नजर डाली। वहाँ एक पतली पत्थरकी सीढ़ी दिखाई पड़ी, जो कि उस नारी-सिंहके ऊपर तक गई हुई थी। मैं इसके लिये बड़ा उत्सुक था, कि देखूँ लड़ाईमें क्या हो रहा है। मैं उस सीढ़ीके द्वारा धीरे-धीरे किन्तु बड़ी कठिनाईसे नारी-सिंहके ऊपर पहुँच गया और वहाँ एक स्थानपर चुपकेसे बैठकर रणक्षेत्रका तमाशा देखने लगा।

शत्रु, जिनकी घबराहट और बेतरतीबी अब भी ठीक न हुई थी, अंगुल-अंगुलपर मारे भगाये जा रहे थे। मैंने देखा, तोहरी स्वयं भी सुनहली कवच धारण किये अपने सैनिकोंके बीचसे लड़ रहा है। मेरे

तीनों मित्र मारकाटके बिल्कुल बीचमें थे, और वह अपनी रिवाल्वरोंको बड़ा साधकर इस्तेमाल कर रहे थे।

प्सारोको छोड़कर सारे देशमें भी कोई ऐसा आदमी न था, जो आग्नेय अस्त्रका प्रयोग करना जानता हो। प्रायः सारे ही सेराफीय धीरेन्द्र और धनदास द्वारा इतनी होशियारीके साथ प्रयोग किये जाते इन अस्त्रोंको दिव्यास्त्र या देवताओंका जादू मंतर समझते थे। नोहरीके सैनिकोंपर इस बातने भी बड़ा बुरा प्रभाव डाला था, क्योंकि वह उन देवताओंसे लड़ रहे हैं, जिन्हें उनके बाप-दादा प्राचीन मिश्र देशमें पूजा करते थे। धनदासका लम्बा शरीर, जहाँ भी घोर लड़ाई होती दीख पड़ती थी, वहीं दिखाई देता था। इबिस्मुख थातके क्रिया-कलापमें महाशय चाङ् की शान्त-मस्तिष्कता झलक रही थी। वह थम-थमकर गोली छोड़ते थे। किन्तु उनका एक भी वार खाली न जाता था। प्रति वार रिवाल्वरकी आवाजके होनेके साथ एक आदमी नीचे धड़ामसे गिरता था। कप्तान धीरेन्द्र तो सचमुच ही मृत्युके देवता अनुबिस् ही मालूम हो रहे थे। वह अभी यहाँ दिखाई पड़े, और एक मिनटके भीतर वहाँ। जहाँ देखते, वहीं उन्हें पहुँचे पाते। जिस जगह लड़ाई सबसे अधिक जमी हुई थी, वहीं धीरेन्द्रका हाथ फुर्तीसे दाहिने-बायें गोली चला रहा था।

यह निश्चय करना कुछ भी कठिन न था, कि यदि अन्तिम समयपर नोहरीके पास मदद न पहुँची, किसके पास विजयलक्ष्मी जायेगी। मैं न देख सका था, कि नदीके नीचेकी ओर, मन्दिरसे एक मील दूरीपर एक भारी छावनी पड़ी हुई है। उस छावनीमें, पीछे सुननेमें आया, कई सौ सैनिक प्सारोकी मातहतीमें रख दिये गये थे।

आप जानते हैं, प्सारो एक नम्बरका धूर्त था। और यह भी याद रखना चाहिये कि वह अपने देशवासियोंकी भाँति कूप-मंडूक न था। उसने अपने देशकी सीमा पार की थी, समुद्र पार किया था, और कितने ही देशोंकी हवा खाई थी। उसके सैनिक, और उसके देशवासी

चाहे कुछ भी ख्याल करते हों, किन्तु वह यह खूब जानता था कि जो यह देवता मितनी-हर्पीमें आये हैं नकली देवता हैं। मालूम होता था, उसने मनमें निश्चय कर लिया था, कि तीनों देवता होरस्, थात, और अनुबिस् क्रमशः धनदास, कप्तान धीरेन्द्र और मैं हूँ। चाङ् को तो बेचारा जानता ही न था।

जैसे ही प्सारोने खबर पाई कि मन्दिरपर हमला हुआ है, उसी वक्त उसने अपने सैनिकोंको एकत्रित किया। मुझे यह पीछे मालूम हुआ, कि उसने उनके सन्मुख एक संक्षिप्त वक्तृता दी। उसने उनके दिलपर इसे खूब नक्श कराना चाहा, कि उन्हें बिल्कुल नहीं डरना चाहिये, तीनों देवता बनावटी हैं, उनके हथियार एक मामूली ही मनुष्योंके हाथोंके बनाये हुए हथियार हैं, उनमें कोई दिव्यशक्ति नहीं है।

अब वह अपनी सेनाको लेकर सेनापतिकी मददके लिये मन्दिरकी ओर चला। किन्तु वह बड़ा भारी होशियार था, उसे बहुत-सी चालें मालूम थीं उसने अपनी सेनाकी दो टोली बनाई, छोटीको तो उसने सेनापतिकी सहायता के लिये भेजा, जो कि अब मन्दिरसे भगने-भगने हुआ था। और दूसरी टुकड़ीको अपने साथ लिये वह इस प्रकार घूमकर बढ़ने लगा, जिसमें कि बक्नी की सेनाको हरावल (पीठ) की ओरसे घेर ले।

मैंने यह चाल अपने आँखों देखी, और समझ लिया, कि हम-लोगोंके लिये बड़ा भारी खतरा है। मैं जल्दीसे सीढ़ियोंके नीचे उतर आया, और अपने मित्रोंको सजग करनेके लिये उधर दौड़ा। यह सच है, कि शरीरपर मनका काबू है। उस भयकी दशामें मैं अपनी सब चोट दर्दको भूल गया। अभी कुछ मिनटपूर्व मुझे हिलना भी कठिन मालूम होता था; किन्तु अब जब कि खतरा सरपर था तो मैं जोरसे चला ही नहीं, बल्कि दौड़ पड़ा।

उस समय लड़ाई मन्दिरके गर्भमें हो रही थी। नोहरी और उसके साथी, कब्रके द्वारकी ओर अपनी पीठ किये लड़ रहे थे। यह निश्चय ही था, कि यदि इस समय प्सारो अपने दलके साथ द्वारपर आ जाय, तो बक्नीको फिर बाहर निकलनेका कोई रास्ता न रह जाता और वहीं सबको मर जाना या गिरफ्तार हो जाना पड़ता।

मैंने धीरेन्द्रको भिड़न्तके बिल्कुल बीचमें पाया। मैंने जोरसे चिल्ला-कर उनसे खतरेको कहा।

धीरेन्द्रने कहा—'बक्नीसे कहो !' और उसी समय चाङ्की ओर वह घूम पड़े।

बड़ी कठिनाईसे उस भीड़में होकर मैं अपने कप्तानके पास जा सका। मैंने उसे आनेवाली आपत्तिकी सूचना दी।

उसने उसी समय पीछे हटनेका हुक्म दिया, और हम दर्वाजेपर ठीक उसी समय पहुँचे, जब कि प्सारो और उसके सैनिक बाहरके आँगन तक पहुँच आये थे। यदि मैंने जरा भी देरी की होती तो, हम सभी वहीं मारे जाते, और रानी सेरिसिस्का भी पतन होता।

मैं उस लड़ाईका वर्णन नहीं करने जा रहा हूँ, जो प्सारोके साथ बाहरवाले आँगनमें हुई। दूरसे तमाशा देखना अच्छा है; किन्तु जब आदमी मध्य युद्धमें पड़ जाता है, तो मत पूछिये। पहिले मैं ऊपरसे सब कुछ देख रहा था, मस्तिष्कको देखनेके लिये फुर्सत थी, किन्तु इस समय जब कि चारों ओरसे घिर गया था, तो कहाँका देखना ? मुझे याद है, अपनी ताकत भर चिल्लाते हुए, मैं रिवाल्वरको चला रहा था। मैं पागलोंकी भाँति एक स्थानसे दूसरे स्थानको दौड़ रहा था। उस समय मैं हिंसक पशुओंकी भाँति प्राण लेनेकी इच्छा ही नहीं करता था; बल्कि उसके लिये उतावला हो रहा था। और एक ही क्षणके बाद मैं एक बच्चेकी भाँति था, और मैं अपने चेहरेको हाथोंसे ढाँककर रोना चाहता था। उस लड़ाईमें सिर्फ एक चीज मैंने देखी और वह थी हद दर्जेकी मनुष्यकी क्रूरहृदयता।

कैसे भी हो, धनदास शाही संरक्षकोंसे पिछड़कर अलग हो गया। वह सबसे अन्तमें मन्दिरसे निकलने वाला था। मैं समझता हूँ उसके लिये यह बड़ा मुश्किल था, कि उस स्थानसे अपने आपको आसानीसे छुड़ा ले, जहाँ कि उतनी असंख्य धन-राशि रक्खी थी। जिस दिन पहिले-पहिल नालन्दामें वह मेरे मकानमें आया, उस दिनसे लेकर अन्तिम समय तक—जब कि मितनी-हर्पीके राज-प्रासादमें उसका अन्तिम दृश्य देखनेमें आया—उस आदमीके दिमागमें सिर्फ एक ख्याल था; उसकी सारी हर्कतोंकी तहमें सिर्फ एक मतलब था—सेरा-फिस्की कब्रके सारे सोने और रत्नका स्वामी बनना।

जिस समय प्सारो अपने आदमियोंके साथ आँगनमें पहुँचा तो सर्वप्रथम धनदाससे उसका साम्मुख्य हुआ। उसके सैनिकोंकी अधिक संख्या उसे नीलका श्येनमुख देवता होरस समझती थी।

यह स्पष्ट हो गया था, कि हमें अब हट जाना चाहिये। यद्यपि हमने शत्रुओंको बहुत हानि पहुँचाई थी, और हमारी हानि अपेक्षाकृत बहुत कम थी, तो भी अब दुश्मनोंकी संख्या हमसे बहुत अधिक थी, और हमारे लिये जल्दी हट चलना ही लाभदायक था। धनदासने शायद अब अनुमान कर लिया होगा, कि हमारी सफलताके दिन अब गए। मैंने प्सारोको उससे कुछ बोलते देखा। यद्यपि वह इतनी दूर थे, कि मैं पूरी तौरसे उसकी बातको सुन न सकता था, किन्तु इतना तो निश्चय था, कि कई वर्ष भारतमें रहकर वह हिन्दी जान गया था। इस प्रकार यह निश्चय मालूम होता है, कि उसने धनदाससे बात की और उसे प्रलोभन दिया। शायद 'कमल' पर रहते वक्त उसने धन-दासकी प्रकृतिका अच्छी तरह अध्ययन किया हो, और उस मनुष्यको उसने मेरी अपेक्षा अधिक अच्छी तरह पहिचान लिया हो।

यद्यपि मैंने उनकी बातचीतका एक शब्द भी न सुन पाया था, किन्तु उसका अनुमान करना कठिन नहीं है। प्सारोने धनदाससे पहिले कहा होगा, मुझे तुम्हारा सब स्वाँग, सब हकीकत मालूम है। एक

आदमी जिसने आधुनिक बम्बई, कलकत्ताको देखा हो, जिसमें बिहारके सूक्ष्मदर्शी जासूसी पुलिसकी आँखमें धूल डाली है, उसके सामने परोंको चमड़ेपर जमा, लकड़ीकी चोंच लगाकर बनाया हुआ चेहरा छिपा नहीं रह सकता। मैं यह कहनेके लिये तैयार हूँ, कि प्सारोने धनदासको केवल उसके प्राण छोड़ देनेका ही वचन न दिया, बल्कि सेराफिस्‌के खजानेका एक भाग भी, वह सिर्फ इस शर्तपर कि धनदास अपने साथियोंके साथ विश्वासघात करके नोहरीकी ओर दिलोजानसे हो जाय। उसी समय धनदासको यह भी विश्वास हो गया था, कि अब मेरे साथियोंके लिये कोई अवसर नहीं रहा। बस इसने उसे और भी जल्दी प्सारोकी शर्त माननेके लिये तय्यार कर दिया। मैं उसके विषयमें अच्छा ख़्याल करनेका विचार रखता था; किन्तु इन प्रमाणोंके कारण मैं वैसा नहीं कर सकता था। और उसके आगेके कृत्योंने तो और इस पर मोहर लगा दी।

बक्नीके पीछे हटनेके हुक्मके साथ ही सारे सैनिक बड़ी खूबीसे पीछे हट चले। नोहरीने हमारे दाहिने पक्षपर हमला करना चाहा, किन्तु कप्तान धीरेन्द्र और चाङ्की रिवाल्वरोंकी गोलियोंने उसे पीछे हटा दिया। बायाँ पक्ष पहिले ही नदीके किनारे पहुँच गया था, किन्तु वहाँ नावें न थीं, उन्हें शत्रुओंने हटा दिया था। किन्तु उससे कोई हर्ज नहीं हुआ; क्योंकि अगर वह होतीं भी तो भी उस दशामें उनपर चढ़कर लौटना मुश्किल था। अब हमारे लिये इसके अतिरिक्त कोई रास्ता न था, कि नदीके दाहिनें किनारेसे शहरकी ओर लौटें।

युद्धमें लौटते वक्त अपनी हरावलकी रक्षा सबसे कठिन और आवश्यक काम है। इस कठिनाईमें न धीरेन्द्र हीने और न चाङ्ने इस बातकी ओर ध्यान दिया, कि धनदास मन्दिरमें ही छूट गया। अब हमलोग मन्दिरसे बहुत दूर एक सुरक्षित स्थानपर पहुँच गये थे। नोहरीने भी पीछा करना छोड़ दिया था। यही समय था, जब कि धीरेन्द्र मेरे पास आये।

धीरेन्द्र—'धनदास ! क्या हुआ ? क्या वह घायल हो गया ?'

मैं—'वह विश्वासघाती है।'

धीरेन्द्र—'विश्वासघाती !'

मैं—'उसकी प्सारोसे कुछ बात हुई, मैं जानता हूँ, प्सारो हिन्दी बोल सकता है। हाय धन, हाय धन छोड़कर उसके दिलमें कोई ख्याल न था।'

धीरेन्द्रने धीरेसे कहा—'जितना आप समझ रहे हैं, उससे भी भयंकर प्रश्न है। धनदासको समाधिका रहस्य मालूम है।'

मैं—'वह बड़ा काम ले सकेगा ! रहस्यज्ञान व्यर्थ है, जब तक, बीजक पास न हो।'

धीरेन्द्र—'वह भी है।'

मैं उसी वक्त साँस लेना भूल गया। जान पड़ा कोई बड़ा भारी आघात मेरी अन्तरात्मापर हुआ। पहिले-पहिल मैं अपनी विपत्तिको दूर तक न देख सका।

मैंने चिल्लाकर कहा—'धनदासके पास बीजक है !' मैंने इस वाक्यको कई बार दुहराया, तब जाकर मुझे इसका अर्थ समझमें आया। मैंने समझा था, धीरेन्द्र गलतीपर हैं, किन्तु मेरे ऐसा समझने की जड़ भी कट गई, जब कि धीरेन्द्रने कहा—

'जब उसे मालूम हुआ कि हम रा-मन्दिरको जा रहे हैं, तो उसने कहा, यदि नोहरीको हटानेमें हमलोग समर्थ हुए, तो हमें काफी मौका मिलेगा, और हम खजानेको अपने अख्तयारमें करके राज-प्रासादमें लावेंगे वहाँ वह सुरक्षित रह सकेगा। यह उसका करना ही इसके लिये काफी प्रमाण है, कि वह बीजकको अपने साथ लाया था।'

अब और सुननेकी मुझमें शक्ति न थी। मेरे हृदयकी उस वक्तकी अवस्था अवर्णनीय थी।

मैं चिल्ला उठा—'आः नरपिशाच ! आः विश्वासघातक ! वह पागल था। सोनेके सिवाय उसे कुछ न सूझता था। ओफ़, मैंने पहिले

क्यों न इसपर ख्याल किया ! प्रथम दिन हीसे उसका यह भाव मालूम हो गया था, किन्तु अफसोस ! मैंने यह न समझा था, कि सोनेके लोभ में वह इतनी दूर-तक चला जायगा। अब वह तहखानेमें घुसेगा, और वह, नोहरी और प्सारो सारे धनको आपसमें बाँट लेंगे। इतना ही नहीं, इस प्रकार वह इस देशके मनुष्योंको भी खरीदनेमें समर्थ होंगे। सारा देश इस प्रकार उस मासूम रानीके विरुद्ध उठ खड़ा होगा।

धीरेन्द्र—'और अब इन बेवकूफोंके मिथ्याविश्वासके सहारे हम और अधिक देर तक न खेल सकेंगे। यदि अब भी उनका विश्वास न डिगे, तो भी उन्हें थात और अनुबिस्‌के विरुद्ध हथियार उठाना आसान होगा, क्योंकि होरस्‌ उनकी तरफ है।'

उस मनुष्यकी शैतानीपर अब मैं कुछ और न कह सकता था। मैं आतंकसे व्याकुल हो गया। कोई चीज मेरे कंठमें काँटेकी भाँति गड़ रही थी। मैं उस समय भी ख्याल करने लगा, कि उस नृशंसके साथ अकेले ही, धीरेन्द्र और चाङ्को बिना लिये यदि मैं आया होता, तब भी तो यही मेरे ऊपर पड़ता। उस समय जो मेरी अवस्था होती, उसका ख्याल करते ही मेरा हृदय पिस-सा गया। किन्तु एक क्षणके बाद ही मेरा ख्याल उस अल्पवयस्का, सुन्दरी, और सहृदया रानीकी ओर गया, जिसने आनेके दिन हीसे हमारे साथ अत्यन्त सौहार्द प्रदर्शित किया था।

उस कच्ची सड़कसे हमलोग, दोपहरकी तेज धूपमें शहरमें पहुँचे, और वहाँ कतार बाँधकर राज-प्रासादमें प्रविष्ट हुए। जब चक्नीने अपने सिपाहियोंको डिस्मिस कर दिया, और वह बड़ी-बड़ी दाढ़ीवाले सैनिक अपनी अपनी कोठरियोंमें थोड़ी देर विश्राम लेनेके लिये गये; तो मैंने देखा कि कितनों हीके मुख उदास थे, क्योंकि उनके कितने ही साथी और सम्बन्धी युद्धमें हताहत रह गये थे। साथ ही मैंने यह भी देखा कि वह पराजित न हुए थे, उनका जोश और बढ़ गया था, वह ठीक चक्नीके कथनानुसार एक-एक करके मरनेके लिये तय्यार थे। अपनी

रानीके ऊपर अपने आपको न्योछावर करने के लिये वह बिल्कुल तय्यार थे।

सीढ़ीके ऊपर ही मुझे प्रधान पुरोहित अह्मसो मिले।

अह्मसो—'सब कुशलपूर्वक तो बीता ?'

मैं—'हमारे साथ विश्वासघात किया गया !'

अह्मसो—'विश्वासघात ! किसके द्वारा।'

अब सच्चाईको एक क्षण भी छिपा रखना मेरे लिये कठिन था।

मैंने कहा—'होरस् के द्वारा।'

मैं आशा कर रहा था, कि इस बातको सुननेके साथ वह घबरा उठेंगे, किन्तु इससे बिल्कुल उलटा, मैंने उन्हें मुस्कुराते देखा।

अह्मसो—'आपका मतलब है थोथ्मस, उस आदमीसे, जिसे आपने हमारे सामने, ओसिरिस देवता, और नीलकी प्राचीन रानी इसिस्का पुत्र बनाकर उपस्थित किया था।'

मैंने बड़े आश्चर्यके साथ पूछा—'आपको कैसे मालूम ?'

अह्मसो—'भूल गये, कल रातको तुम एक अज्ञात भाषामें कुछ कह रहे थे। उसीने मेरे हृदयमें सन्देह उत्पन्न कर दिया। मैं दबे पाँव इसिस्के मन्दिरमें गया, और द्वारपर कान लगाकर सुनने लगा, वहाँ थात अपने साथीके साथ बात कर रहा था।'

मैं—'तो आप जान गये हैं, कि हम छलिया हैं ?'

अह्मसो—'लेकिन साथ ही मैं यह भी जानता हूँ, कि तुम महारानीके शुभचिन्तक हो, और यही हमारे लिये सबसे बड़ी बात है।'

मैं वृद्धके हृदय को देखकर मुग्ध हो गया, मैंने उसके कन्धेपर हाथ रखकर कहा—'आप मेरे मित्र हैं।'

अह्मसो—'जो भी महारानीके लिये स्वार्थत्याग करनेके लिये तैयार हैं, वह हमारे मित्र हैं। चलो चलें, हम उससे सच्ची-सच्ची बात कह सुनायेंगे। यहाँ डरनेकी कोई ज़रूरत नहीं। चाहे तुम्हारे मित्र देवता हों या मनुष्य, वह राष्ट्रके वास्ते लड़े हैं। हमारा कर्त्तव्य बिल्कुल सीधा

है—इस क्रान्ति, इस बगावतको दबा देना, या आदमीकी तरह प्राण दे देना।'

मैं—'अह्मसो, तुम और हम दोनों ही बूढ़े आदमी हैं, ऐसे भी हम मौत के मुँहमें पैर लटकाये ही बैठे हैं, इसलिये हमारे लिये मृत्यु कोई उतनी डरकी बात नहीं। चलो हम, उन दोनोंके साथ, जिन्हें तुम थात और अनुबिस् कहते थे, रानीके पास चलें। जैसा कि तुम कह रहे हो, वह मनुष्य हैं, किन्तु तो भी बड़े बुद्धिमान् और बड़े अनुभवी हैं।'

—२२—

चाङ्का अद्भुत साहस

अह्मसो बड़े चतुर पुरुष थे, बाल्य हीसे वह रानीके पथ-प्रदर्शक और अभिभावक सुहृद थे। उसने इन्हींसे अपनी प्रजापर शासन करनेकी विधि सीखी थी। इन्होंने ही उसे प्राचीन मिश्रकी धार्मिक रीति-रस्म सिखलाई थी। अपने सारे राज्यकालमें एक बार भी उसने अपने चतुर और शुभचिन्तक मन्त्रीकी रायको अमान्य न किया था।

रानी सेरिसिस्को मेरे मित्रोंपर अत्यन्त विश्वास था। वह जानती थी, किवह उस प्राचीन मिश्रके वास्तविक देवता होरस्, थात और अनुबिस् हैं; जिसकी सभ्यताके चिन्ह नीलप्रान्तवर्ती रेगिस्तानके बालूके नीचे दूर-दूर तक ढँके पाये जाते हैं। वह नीलके शक्तिशाली देवता दूसरी बार पृथ्वीपर उतर आये हैं। यह विश्वास उतना मूर्खतापूर्ण और मिथ्या-विश्वासपूर्ण नहीं है, जितना कि देखनेमें मालूम होता है। प्राचीन मिश्रके देवताओंमें अनेक मानुषिक गुण थे। स्वयं फरऊन भी देवता समझे जाते थे। मिश्रमें भी, प्राचीन भारत, रोम और यवन देशोंके समान ही, मनुष्य वीर हो जाते थे, और वीर देवता, इस प्रकार नर और अमरका भेद बहुत भारी न था।

हमारा स्वाँग नगरमें प्रवेश करने हीके दिन, रानी सेरिसिस् और हजारों सर्वसाधारण उपस्थित पुरुषोंके साथ बड़ा सफल हुआ था। महारानी सेरिसिस्के लिये यह कोई असम्भव नहीं मालूम होता था, कि होरस, थात और अनुबिस् अवतीर्ण होकर, सेराफीय देशमें, जहाँ थेब्रीय राजाओंके समय हीसे उनके मन्दिर, उनकी पूजा चली आती है, आवेंगे।

सचमुच गोबरैलेकी भविष्यद्वाणी ठीक उतरी **'जब रक्षक मार डाले जायँगे, तो देवता स्वर्गके चारों कोनोंसे उतरेंगे।'**

मैं नहीं जान सका, कि वह इस खबरको किस प्रकार ग्रहण करेंगी ? कोई भी आदमी नहीं चाहता, कि दूसरा उसे बेवकूफ बनावे, इसीलिये मैं समझता था, कि वह हमपर अत्यन्त रुष्ट होगी। जैसा कि पहिले कह चुका हूँ, मैं सदा छलको नापसन्द करता रहा हूँ, किन्तु यहाँ वैसा करनेके लिये हमें मजबूर होना पड़ा था।

अब्बसीने सारी ही बातको बड़ी चतुरतासे उसे कह सुनाया। उन्होंने कहा, यह एक बहुत दूरसे आये हुए विदेशी आदमी थे। इनकी इच्छा हुई कि इस देशमें चलें, और अपनी सुरक्षाके लिये इन्होंने यह व्यवस्था की उन्होंने हमारी ओरसे महारानीसे क्षमा माँगी और कहा,' हमने विपत्के समय अपने आपको उसका सच्चा सहायक सिद्ध किया।

मुझे उसका गुण भूल नहीं सकता, रानीने जरा भी अप्रसन्नता न प्रकटकर, मुझे बुलाकर पूछा—

'और क्यों थोथ्मस्, तुम भी कोई और हो ?'

मैं—'हे महारानी, मैं जो कुछ हूँ वैसा तुम देख रही हो, एक बूढ़ा आदमी जो योद्धा होनेकी अपेक्षा विद्याव्यसनी अधिक है। किन्तु इतना मैं स्पष्ट कहूँगा, कि मैं यहाँ किसीको हानि पहुँचानेकी नीयतसे नहीं आया, विशेषकर एक महारानीको जो कि जैसी ही सुन्दर है, वैसी ही शुभगुणवती भी।'

महारानी—'शायद तुम विद्याव्यसनीकी अपेक्षा भी अधिक दर्बारी मुसाहिब हो। किन्तु, यह तो बताओ, यह तुम हमारी भाषा बोलनी कैसे सीख गये?'

मैंने उत्तर दिया—'जिस देशसे मैं आया हूँ, वहाँ बहुतसे ऐसे पुरुष हैं, जो प्राचीन सभ्यताओंके अध्ययनमें अपना जीवन व्यतीत करते हैं। इसी प्रकार मैं भी इस योग्य हुआ, कि मितनी-हर्पाके बाशिन्दोंसे बात-चीतकर सकूँ, प्राचीन मिश्रके धर्म, राजनीति और वेषभूषाको जान सकूँ, और चित्र-लिपिको पढ़ सकूँ।'

मैंने फिर महारानीसे कहा—'वह आदमी जिसने होरमूका रूप लिया था, हम सभीके साथ विश्वासघात करके, दुश्मनकी ओर मिल गया।' जब मैंने बतलाया, कि खजाने तक पहुँचनेका रहस्य हमें मालूम है, और अब उसका स्वामी नोहरी है। उस समय रानी और ब्रह्मभो दोनोंमेंसे कोई भी अपने मानसिक भावको गोपन न कर सका।

प्रधान पुरोहितने छाती पीटकर कहा—'ओफ, तब तो सब काम मिट्टी हो गया। मेरे पास अनेक गुप्तचर हैं। उनके द्वारा मैं यह जाननेमें समर्थ हूँ, कि राज-प्रासादकी चहारदीवारीके बाहर क्या हो रहा है। अब तक लोग इस बातपर पक्के हैं, कि इस झगड़ेमें किसी तरफ भाग न लें। यदि उन्हें नोहरीके रणकौशलका भय न होता, तो वह खुल्लम-खुल्ला महारानीका पक्ष ग्रहण करते। किन्तु वह सेनापतिसे डरते हैं, वह जानते हैं कि उसके पास बड़ी भारी सेना है। सेनाका अधिक भाग हमारे विरुद्ध है, यदि साधारण लोग और दास भी बागियोंका साथ दिये, तो फिर उन्हें हटाना शाही शरीररक्षकोंकी सामर्थ्यसे बाहरकी बात है।'

मैंने देखा, रानीके पतले ओठ काँप रहे थे। किन्तु उसने वीरता-पूर्ण शब्द कहे—

'बक्नीको बुलाओ। अब एक ओर मेरे पास दो चतुर पुरुष हैं,

और दूसरी ओर एक वीर। मैं क्यों डरूँ ? राजसिंहासनपर मेरा हक है। फरऊनोंका खून मेरी नसोंमें है।'

मैंने रानीसे अपने दोनों साथियोंको ले आनेकी आज्ञा माँगी, क्योंकि वह दोनों पुरुष जितने ही युद्धक्षेत्रमें लाभदायक थे, सलाह देनेमें उससे भी कम लाभदायक न थे। सेरिसिस् उन्हें देखनेके लिये उत्सुक थी। मैं जब इसिस्के मन्दिरमें लौटा, तो कप्तान धीरेन्द्रको पालथी मारकर बैठे देखा। उनका शृगाल-मुख चेहरा उनकी जाँघपर था और मुँहमें बीड़ी सुलग रही थी, जिसका बुरा धुआँ चारों ओर फैल रहा था।

मैं—'क्या तुम इस बुखार लानेवाले धुयेंको बन्द न करोगे ? तुम तो नीरो मालूम होते हो, रोम जल रहा है, और तुम मौज उड़ा रहे हो।'

धीरेन्द्र—'अनुबिस्को धूप देनेके लिये, बस यही एक तो मेरे पास साधन है।'

मैं—'यह सब तमाशा हो चुका। अब तुम देवता नहीं हो। महारानीको सचाईका पता लग गया।'

मैंने दोनोंसे जल्दी तैयार होकर साथ चलनेके लिये कहा, और दो मिनटके बाद हम रानीके सामने थे।

अगले सारे वार्त्तालापमें मैंने दुभाषियाका काम किया। रानीने हमारे देश, आग्नेय-अस्त्रके प्रयोग आदि अनेक विषयोंपर हमसे प्रश्न किया। सबसे बढ़कर उसे आश्चर्य हुआ धीरेन्द्रकी काँचकी आँखोंको देखकर।

यद्यपि उस दिन कोई भी बात कामके विषयमें न तै पाई, किन्तु यह सबसे अच्छी बात हुई, कि हम अपने असली रूपमें प्रगट हो गये। हमारे दिलका एक बड़ा भारी बोझ हल्का हो गया। रानी और बकनी दोनोंने हमें अपना सुहृद् समझा। कोई कामका रास्ता निश्चय करना

मुश्किल था। हम अब बाहर जाकर कुछ नहीं कर सकते थे, अतः राज-प्रासाद हीपर धावा होनेकी प्रतीक्षा करने लगे।

उस रातको मैंने सभी विषयोंपर कप्तान धीरेन्द्र और चाङ्के साथ परामर्श किया। धीरेन्द्रने कई सम्मतियाँ दीं। मैंने सारे जीवनमें ऐसा चलता-पूर्जा आदमी न देखा, उनका मस्तिष्क उतना ही कार्यतत्पर था, जितना कि उनका शरीर। किन्तु चाङ् उस रात बिल्कुल चुप थे, मालूम होता था, जैसे आलथी-पालथी मारकर समाधि लगाये हुए हों। मैंने समझा, वह किसी विचारमें डूबे हैं, उनकी विचार-शक्तिके अद्भुत चमत्कारोंसे वाकिफ़ होनेके कारण, मैंने उन्हें कुछ बोलनेके लिये दिक न किया। बहुत सबेरे भिनसारको जब कि शहरपर प्रभात हो रहा था, उन्होंने मुझे और धीरेन्द्रको कई घंटोंकी नींद ले लेनेके बाद जगाया।

मैंने पूछा—'क्या है?'

चाङ्—'मुझे एक युक्ति सूझी है। यह एक भयंकर काम उससे भी भयंकर जितना कि मैं पसन्द करता हूँ। किन्तु उसके अतिरिक्त मुझे कोई रास्ता नहीं मालूम होता। मुझे जाना होगा।'

मैं—'जाना? कहाँ जाना?'

चाङ्—'यह मैं तुम्हें पीछे बतलाऊँगा, अच्छा तो विदा।'

यह कहकर वह लेट गये। और कुछ ही मिनटके बाद खर्राटे मारने लगे। सचमुच वह बड़े ही विचित्र पुरुष थे!

अब मेरे लिये फिर सोना असम्भव था; इसलिये थोड़ी देरके बाद मैं उठकर बागमें गया। वहाँसे टहलते हुए मैंने प्राची दिशामें पर्वतोंके शिखरपर सूर्यके जादूको फैलते देखा। जिस समय, देवी-देवोंकी नीरव मूर्त्तियों और नारी-सिंहोंके बीचसे, उस समतल मार्गपर मैं टहल रहा था, तो मेरा ख्याल एक बार अपनी इस अद्भुत यात्राकी ओर गया। मालूम होता था, मेरा शरीर एक ग्रहसे दूसरे ग्रहमें भेज दिया गया है। मैंने उस सभ्यताको अपनी सभ्यतासे तुलना करना शुरू किया। और समझने लगा कि यह सब स्वप्न है, मैं सोया हुआ हूँ। स्वप्न

मुझे हजारों वर्ष पीछे उस विस्मृत अतीतमें खींच ले गया है, जिसका गौरव हमें बहुत कम मालूम है। मेरा दिमाग तरह-तरहके ख्यालोंसे भरा था। मेरे चारों ओर एक ऐसा अद्भुत सुन्दर उद्यान था, जैसा कि मैंने और कभी न देखा था। उस वक्त यह सोचना मुश्किल था, कि हमलोग फिर कभी अपनी जन्मभूमिमें लौट सकेंगे।

जिस वक्त मैं इस प्रकार टहल रहा था, उसी समय प्रधान पुरोहित अह्यसोको मैंने अपनी ओर आते देखा। उनका शिर झुका हुआ था, और आँखें जमीनपर गड़ी थीं। वह जब बिल्कुल मेरे पास पहुँच गये, तब उन्होंने मुझे देखा। उन्होंने मुझे प्रणाम किया, और पूछा—'आप रात सोये या नहीं।'

मैं—'मध्यरात्रिमें थोड़ासा सोया था, और ऐसे भी मुझे नींद कम ही आती है।'

अह्यसो—'मैंने जरा भी नहीं सोया। मैंने आपसे कहा था, कि नगरमें मेरे चर घूमते रहते हैं, वह सब अन्धकारमें छिपकर महलमें पहुँचते हैं। इधर तीन घंटेसे मैं बराबर उनसे खबर पा रहा हूँ।'

मैं—'क्या खबर है, अच्छी या बुरी?'

अह्यसो—'कोई भी अच्छी खबर नहीं है, सारा महल बागियोंसे घिरा हुआ है। बहुत मुश्किलसे मेरे चर छिपकर भीतर आ सके हैं। इस समय नोहरी और पसारोके अनुयायी शहरमें बहुत हैं।'

मैं—'नागरिकोंमें?'

अह्यसो—'हद् हो गई। नगरके गरीब लोगोंमें यह खबर आम तौरसे फैली हुई है, कि नोहरीने खजाना पा लिया। नोहरीने वचन दिया है, कि जो उसकी सेनामें भर्ती होगा, सोनेमेंसे उसे भी एक भाग मिलेगा। तीन दिनके भीतर यह सोना बाँटा जायगा। अब तो निश्चय नोहरी कब्रमें घुस सकेगा?'

मैं—'इसमें जरा भी सन्देह नहीं है। वह आदमी, जिसे आप होरस् जानते रहे हैं, उस रहस्य को जानता है।'

अह्मसो—'इस देशमें न ईमान है, और न देवताओंमें श्रद्धा। सेराफिस्‌का खजाना लूट लिया जायगा। मितनी-हर्पीमें रुपयेसे शक्ति खरीदी जा सकती है, नोहरी भी इस बातको भली प्रकार जानता है।'

वह धीरेसे, उस बाल सूर्यकी प्रभामें आगे चले गये। मैंने देखा, वृद्धका मुखमंडल अत्यन्त उदास है। मुझे यह देखकर बड़ा दुःख हुआ, क्योंकि वह पुरुष बड़ा ही सहृदय और अपनी रानीका अत्यन्त शुभचिन्तक था।

मैं जब अपने साथियोंके पास आया तो देखा कि दोनों जागे हुए हैं। मुझे देखते ही चाङ् कानो तक मुँह फाड़कर हँसते हुए बोले—

'ओ हो, प्रोफेसर महाशय बस आप हीकी तो जरूरत थी। आप सब जानते हैं, शायद आप बतला सकेंगे, हमारी गठरी-मुटरी कहाँ है।'

मैं—'दूसरे कमरेमें।'

चाङ्—'सब कुछ?'

मैं—'सब कुछ। आप चाहते क्या हैं?'

चाङ्—'सिर्फ भानमतीकी पेटी।'

मैंने स्वयं दूसरे कमरेसे पेटी ला दी।

मैं—'यह क्या है? क्या करनेकी इच्छा है?'

चाङ्—'मैंने एक युक्ति सोची है। लेकिन कुछ कहनेसे पहिले मुझे तुमसे दो एक बात जाननी है। मैं इसको सब बात से अधिक जरूरी समझता हूँ, कि प्सारो और नोहरी कब्रमें न घुसने पावें।'

मैं—'यह ठीक है, किन्तु दुर्भाग्यसे यह काम हो गया होगा; यदि न भी हुआ हो, तो भी मैं नहीं समझता कि हम कैसे रोक सकते हैं?'

चाङ्—'यदि कब्र अब तक खोल दी गई है, तब तो कोई बात नहीं, लेकिन उस समय भी घबड़ानेकी आवश्यकता नहीं, जब तक जीवन है, तब तक आशा है। यह काम मुझपर छोड़िये।'

इसके बाद आध घंटे तक, एक बड़ी ही दिलचस्प कार्रवाई होती रही। महाशय चाङ्की एक बड़ी आश्चर्यकर नकल देखनेका मुझे सौभाग्य हुआ। उस असाधारण बक्सके विषयमें जिसे कि रेगिस्तानमें भी ढोकर लाया गया था, मैं बहुत थोड़ा कह सकता हूं। उसमें शीशियों और डिबियोंमें तरह-तरहके रंग भरे हुए थे।

उन्होंने मुझसे कहा—'कप्तान बक्नीसे कहो, कि एक अत्यन्त गरीब सेराफीय भिखमंगेकी पोशाक जल्द मंगवा दें।' बक्नीने बहुत जल्द चाङ्की इस फर्माइशकी तामील की। कपड़े बहुत ही फटे और मैले थे। सबसे बढ़कर कमाल चाङ्ने अपने रूपके बदलनेमें किया। उन्होंने जगह-जगर शरीर और चेहरेपर झुर्रियोंके निशान बना डाले। वस्तुतः उन्होंने अपने रंग-रूपको इतना बदल डाला था, कि हमलोगों-के लिये भी उनका पहिचानना मुश्किल था।

उन्होंने अपनी पलकोंको इस तरह आधा बन्द कर लिया, कि आँखकी सफेदी सिर्फ दिखलाई पड़ती थी। उसे देखते ही भय लगने लगता था। वह बिल्कुल अन्धे मालूम होते थे; यद्यपि मुझे उन्होंने विश्वास दिलाया, कि वह सब कुछ देख सकते हैं वह उठ खड़े हुए, और लम्बी वैशाखी लेकर कमरेमें उसी तरह चलने लगे, जैसे कोई अन्धा।

कप्तान धीरेन्द्र—'बहुत ठीक! मैंने बहुतसे बहुरूपिये देखे हैं, किन्तु ऐसा कमाल कहीं नहीं देखा।'

चाङ्ने बड़ी शान्तिपूर्वक कहा—'मैं रा-मंदिरको जा रहा हूँ।'

मैं—'रा-मंदिर को!'

चाङ्—'सेराफिस्की कब्रको।'

मैं चिल्ला उठा—'तुम कालके गालमें पड़ना चाहते हो!'

चाङ् ठठाकर हँस पड़े—'लेकिन मैं वहीं पड़ा रहना नहीं चाहता।'

मुझे तो जान पड़ता था, वह मृत्युका आवाहन कर रहे हैं, मेरा

दिल कहने लगा, कि न जाने दूँ। वह दर्वाजेपर पहुँच गये थे, मैंने दौड़कर उनका हाथ पकड़ा—

'यह पागलपन है।'

चाङ्—'जब मैं मर जाऊँ, तो खुशीसे मुझे पागल कहना। होश-हवासवाला वही आदमी कहा जाता है, जो करनेसे पहिले उसपर खूब विचार कर लेता है। और मैंने भी ऐसा ही किया है, इसलिये मैं होश-हवासमें हूँ, पागल नहीं।'

मैं चिल्लाकर बोला—'लेकिन तुम राज-प्रासादको छोड़ रहे हो, किन्तु यहाँके आदमियोंसे बोल तो नहीं सकते! तुम्हें यहाँकी भाषाका एक शब्द भी नहीं मालूम है!'

चाङ्—'मुझे उसकी आवश्यकता नहीं, मैं गूँगा हूँ।'

मुझे जान पड़ा, कि उन्होंने सभी बातोंका उत्तर पहिले हीसे ठीक-कर रक्खा है। मैंने बकनी को बुलाया और हम तीनों एक साथ, बागके पच्छिमकी ओर एक खिड़कीपर गये। बकनीने उसे बड़ी साव-धानीसे खोला, और चाङ् अपनी लाठीके सहारे गिरते-पड़ते; बायें हाथको आगे पसारे बाहर निकल गये।

तब दर्वाजा बन्द करके ताला लगा दिया गया। मैं बड़ा ही व्यथित-हृदय हो महलकी ओर लौटा। मैं सोच रहा था, कि अब मैं फिर अपने अकारण बन्धुके उस मुस्कुराते हुए गोल चेहरेको न देख सकूँगा।

—२३—

शाबाश चाङ्

जिस भयंकर काममें चाङ् इन तीनों दिनों लगे रहे, उसका संक्षिप्त विवरण मैं यहाँ दे देना चाहता हूँ। यह बातें स्वयं चाङ्ने मुझसे कही थीं। यह कहनेकी तो आवश्यकता ही नहीं कि, चाङ् अपने

कामको पूरा करके जीवित लौट आये थे, अन्यथा मुझे इस यात्रा-विवरणके लिखनेका भी सौभाग्य न मिलता।

वह प्रासादकी दीवारसे कुछ आगे चले गये, फिर तंग सड़कके एक कोनेमें बैठ गये। बहुत कम आदमी उनके पास निकलते थे, और जहाँ पैरोंकी आहट उनके कानोंमें पहुँचती, वह हाथ बढ़ाकर भीख माँगने लगते थे। वहाँ वह कई घंटे बैठे माँगा करते रहे। उनका मतलब यह था, कि आसपासकी भूमिको अच्छी तरह देख लें, और यह भी निश्चय हो जाय, कि किसीने उन्हें महलसे आते देखा तो नहीं।

दोपहरको वह उस पर्वतसे—जिसपर कि राज-प्रासाद बना था—नीचे उतरते हुए नदीके बायें किनारेपर पहुँचे। शहरकी जन-संकीर्ण सड़कोंको पार करते हुए, वह सूर्यास्तसे थोड़ी देर बाद रा मन्दिर पहुँचे।

रात्रिमें चारों ओर सिपाहियोंके डेरे-डेरेमें आग बल रही थी। प्सारोने अपने सैनिकोंको मन्दिरके और समीप कर दिया, इसी अभिप्रायसे कि कहीं फिर आकस्मिक चढ़ाई न हो जाय।

सिपाहियोंने चाङ्को समझा, कि कोई गरीब अन्धा और गूँगा भिखमंगा है। उन्होंने उनके साथ बड़ा अच्छा व्यवहार किया, और उन्हें खाने-पीनेके लिये दिया। सैनिक चाहे किसी भी देश या जातिके क्यों न हों, वह हमेशा बड़े मृदु-हृदय होते हैं। और यह बड़ी प्रसन्नताकी बात थी, कि सेराफीय सैनिक भी, जो एक प्राचीन सभ्यताके प्रतिनिधि थे, इस नियमके अपवाद न थे।

चाङ् उनके बीचमें ही लेट गये, और थोड़ी देरमें सो गये। मुझे उनकी इस प्रकृतिपर बड़ा आश्चर्य होता है। कैसे वह पट्ठा नींदको अपनी मुट्ठीमें किये हुआ था, और खासकर इस तरह चारों ओर खतरेसे घिरा होनेपर। वास्तवमें वह एक ऐसे मनुष्य थे, जिसके जीवनमें खतरा, प्राण-संकट रोजकी बात थी।

दूसरे दिन सबेरे ही वह उठ खड़े हुए, और सिपाहियोंमें इधर-उधर घूमने लगे। जब कोई उनसे बोलता तो मानो वह उसे सुनते ही न थे। जब कोई हाथसे छूता तो 'गाँ' 'गाँ' करते और हाथसे आँखों और मुँहकी ओर इशारा करते। वह उन सिपाहियोंका एक शब्द भी न समझ सकते थे न उनकी बोलीका एक शब्द बोल ही सकते थे। लोग समझ रहे थे, कि वह जरा भी देख नहीं सकते। तथापि उन्होंने कई मित्र बना लिये! उन्होंने अपने पार्टको इतनी खूबीसे अदा किया, कि मजाल क्या कि जरा भी कोई सन्देह कर सके। उसी दिन सन्ध्या समय चाङ् मन्दिरमें पहुँच गये, जहाँ कि प्सारो और नोहरीने अपने अफसरोंको एकत्रित किया था।

पहिले-पहिल उसके आनेसे कुछ लोगोंके कान खड़े हो गये, किन्तु जब उन्होंने देखा कि आगन्तुक अन्धा और गूँगा दोनों है, तो सबने उपेक्षाकर दी। महाशय चाङ्की चालें भी एक दो न थीं। उनका चलने-फिरनेका ढङ्ग बड़ा हास्यजनक था, किन्तु चीजोंके भाप लेनेका ढङ्ग तो निराला ही था। वह मन्दिरके एक अँधेरे कोनेमें बैठ गये, उनका मुँह बन्द था और देखनेमें आँखें भी बन्द थीं। किन्तु, अपने आसपास क्या हो रहा है, वह बराबर देख रहे थे।

दूसरे दिन दिन भर वह मन्दिरमें ही इधरसे उधर घूमते रहे। कितने ही आदमियोंने उनसे बातचीत करना चाहा, किन्तु उन्होंने उसका कुछ ख्याल न किया, आखिर करते क्यों, जब कि गूँगे ही ठहरे। उन्होंने मुझे पीछे बतलाया, कि उनका मतलब वहाँ रहनेसे यही था, कि जिसमें उन्हें सब पहिचान लें। चौबीस घंटेके बाद वह सारा ही स्थान उनसे खूब परिचित हो गया। अब उन्होंने एक कदम और आगे बढ़ाया, और धीरे-धीरे घूमते-घूमते उसी कमरेमें जा पहुँचे, जहाँ प्सारो, नोहरी और धनदास थे।

तीनों उन्हें पहिले ही मन्दिरके प्रधान-मंडपमें देख चुके थे। प्सारोने उसके आनेको नापसन्द किया, और निकल जानेका हुक्म

दिया, किन्तु चाङ्ने राई मात्र भी अपने सुननेका चिह्न प्रकाशित न किया। वह निश्चिन्तसे पालथी मारकर जमीन पर बैठ गये।

प्सारोने गर्दनमें हाथ लगाया, किन्तु तब भी चाङ् वहाँ से न उठे। प्सारोने देखा, कि भिखारीका हटाना आसान नहीं है। इसी बीचमें नोहरीने यह कहकर मना कर दिया, जाने दो बेचारे बहरे-गूँगे-अंधे-बूढ़ेको। वह क्या नुकसान करेगा, जहाँ है वहाँ चुपचाप बैठा रहने दो। और इस प्रकार तीसरी रात्रिको चाङ् ठीक नोहरीके मंत्रणागारमें जाकर सोये।

उन्होंने देखा, कि धनदास अब भी चेहरा लगाये होरसूके भेषमें इधर-उधर निकलता है। चाङ् प्सारोकी गति-विधिपर बड़ी नजर डाल रहे थे, क्योंकि यही आदमी था, जिससे उन्होंने स्वेजमें बीजक छीना था, और यही था जिसने दानापुरमें शिवनाथको मारा था।

और अब भतीजा अपने चाचाके उसी हत्यारेसे मिलकर षड्यंत्र रच रहा था। धनदास जब कमरेमें अपने तीनों साथियों मात्रके सामने होता था, तो चेहरा मुँहपरसे उतार लेता था। उस समय चाङ्ने उस आदमीके चेहरेको देखा तो जान पड़ा कि आदमी बिल्कुल पागल हो गया है। हो सकता है, कि पहले भी वह आधा पागल ही रहा हो। बहुत कुछ सम्भव है, कि सोनेके प्रलोभनने उसे पागल बना दिया हो। चाङ् ने नाना जातियोंके अनेक अपराधियोंका अध्ययन करके जाना था, कि ऐसा होना बिल्कुल सम्भव है।

अब, जैसा कि हमें मालूम है, धनदास मिश्री भाषामें तो नोहरीसे बातचीत कर न सकता था; अतः उसे जो कुछ कहना होता था प्सारोसे हिन्दीमें कहता था, और फिर प्सारो उसे नोहरीको समझाता था। अर्थात् प्सारो दोनोंके बीचमें दुभाषियाका काम करता था। और यदि कभी कुछ नोहरीसे बोलता भी था, तो हाथ मुँहके द्वारा तरह-तरहके सङ्केत करके।

चाङ् नोहरीकी अपेक्षा कहीं जल्दी धनदासके संकेतको समझ सकते थे, और प्सारोंकी अपेक्षा कहीं अधिक हिन्दी जानते थे। उन्होंने अपना एक क्षण भी वहाँ व्यर्थ न जाने दिया। वह कान लगाकर सारी बातें सुनते रहते, किंतु चेहरेपर हर्ष विस्मयका चिह्न भी न आने देते थे। उन्होंने वहाँ बैठे कितनी ही बातोंका पता लगाया, जो हमारे लिये अनमोल थीं।

उन्होंने मालूम कर लिया, कि शहरके अधिकांश निवासी बागियोंसे मिल गये हैं। नोहरीने अगले दिन सबेरे उनमें सोना बाँटनेका वचन दिया था, और यह भी कहा था, कि जब राज-प्रासादपर कब्जा हो जायगा, और मैं सिंहासनपर बैठ जाऊँगा, तो और भी धन बाँटा जायगा। उसी समय चाङ्ने खजानेके विषयमें भी उन तीनोंके वार्त्तालापको सुना।

धनदासने कहा, कि मैं तब तक तहखानेको न खोलूँगा, जब तक कि तुम लोग मुझे रत्नोंका तृतीयांश देनेकी प्रतिज्ञा न कर लो। वह इसपर इतना तुला हुआ था, कि उसने तब तक दम न लिया; जब तक दोनोंसे दुहरा, तिहरा कर इसका वचन न ले लिया, कि वह अपनी इस प्रतिज्ञाको न तोड़ेंगे। तब उसने उनसे इस बातके लिये पक्का किया, कि उसे देशसे रत्नपेटिकाके साथ सुरक्षित निकल जानेके लिये गुलाम और कुछ सशस्त्र सैनिक मिलें। नोहरीने उसकी दोनों बातोंको स्वीकार किया। उसी समय चाङ्को यह भी मालूम हुआ, कि पहाड़ोंके उसपार एक भारी जङ्गल है, जिसके बाद एक नदी है, जोकि, प्सारो के कथनानुसार अद्भुत बाह्य संसारमें ले जाती है।

अब यह साफ मालूम हो रहा था, कि अभी तक कब्र न खोली गई थी, और न प्सारो या नोहरी ही भीतर घुसे थे। दोनों ही उस स्वर्ण-रत्न-राशिके देखनेके लिये अत्यन्त उत्सुक हो रहे थे; जिसके विषयमें धनदासने बहुत कुछ कहा था। जब सब कौल-करार पक्की हो गई तो, धनदास उसी रातको उन्हें तहखानेके अंदर ले जाने पर राजी हुआ।

तो भी अभी वह रहस्य उन्हें बतानेपर राजी न था। उसने कहा—"मैं पहिले जाकर समाधि घरको खोल आऊँगा, तब तुम्हें ले चलूँगा। वह उठकर वहाँ मंदिरके एक कोनेमें गया, जहाँ पुजारियोंके बिछौनोंका बहुत-सा पुआल रक्खा था।

धनदासने अपनी पीठको नोहरी और प्सारोकी ओर किये, वहाँ जाकर अपने चेहरेको उतार कर रख दिया, फिर अपने हाथोंको इस प्रकार पुआलमें डाला कि वह दोनों उसका ख्याल न करें। उन दोनों ने उसकी ओर विशेष ध्यान न दिया, किंतु चाङ् अपने स्थानपर बैठे-बैठे बड़े ध्यानसे सब कुछ देख रहे थे। उन्होंने देखा कि धनदासने उसके नीचेसे सेराफिस्के समाधि-गृहकी कुञ्जी—गोबरैला-बीजक-को निकाला।

धनदास अब कमरेसे बाहर हो गया। तहखानेकी सीढ़ी पास ही थी वह उससे नीचे उतरा। वह करीब आध घंटे तक वहाँसे नहीं लौटा, इसका कारण स्पष्ट ही था। उसे चित्र-लिपि मालूम न थी, अतः अक्षरोंके मिलानेमें अधिक देरी हुई। इसके बाद तहखानेके भीतर हीसे उसने नोहरी और प्सारो दोनोंको भीतर बुलाया।

धनदासकी अनुपस्थितिमें चाङ्का ध्यान नोहरी और प्सारोकी ओर था, वह यह पता लगा रहे थे, कि इनका इरादा उसके साथ विश्वास-घात करनेका तो नहीं है। मालूम हुआ कि वह ऐसा कुछ इरादा नहीं रखते, क्योंकि यदि उनका ऐसा कुछ ख्याल होता, तो आड़में जरूर कुछ बोलते। जब तक धनदास अनुपस्थित रहा, वह चुपचाप बैठे उसकी प्रतीक्षा कर रहे थे। तो भी वह उस अपरिमित धन-राशिके देखने के लिये बड़े उत्सुक थे; जो नील-उपत्यकासे आया था; जहाँ एक समय हजारों वर्ष पहिले एक सभ्य, और उर्वर महान् देश था।

जैसे ही धनदासने उन्हें बुलाया, वह बड़ी जल्दी से उधरको दौड़ गये। चाङ् चुपचाप आसन मारे वैसे ही बैठे रहे। उन्होंने जरासा

मुस्कुराया भी नहीं, उनकी आँखें वैसी ही अधमुँदी और ओठ बन्द थे।

तीनों आदमी तहखानेमें करीब एक घंटे तक रहे। एक मशाल उस कमरेमें जल रहा था, जहाँ कि अब चाङ् अकेले रह गये थे। वह बड़ी उत्सुकतासे उनकी आहट ले रहे थे, तो भी वह एक अँगुल भी अपने स्थानसे न हिले। दीवारकी ओरसे एक चूहा आया, उसने पहिले चाङ्की अचल मूर्त्तिकी ओर देखा और फिर अपनी मोछोंको अगले पैरोंसे झाड़ने लगा। चूहा बिचारा भोला-भाला था, उसने समझा, चाङ् निरीह हैं किन्तु पैरोंकी आहट पाते ही वह वहाँसे भाग गया।

नोहरी अपनी सुनहली कवच पहिने भीतर आया। उसकी आखें चमक रही थीं, उसके चेहरेपर खून उछल आया था। जिस वक्त उसने अपनी पेटीसे तलवारको अलग किया, तो चाङ्ने देखा, कि उसका हाथ काँप रहा था।

प्सारो दौड़ा हुआ सेनापतिके पास गया। उसने उसका कन्धा पकड़कर खूब हिलाया। जान पड़ता था, जैसे पागल हो गया है। फिर बड़े उतावलेपनसे वे अपनी भाषामें कुछ बात करते रहे। तब धनदास भीतर आया, और बिना दोनोंमेंसे किसीको भी दिखाई दिये वह उस पुआलराशिकी ओर गया, और उसने वहाँ बीजकको छिपा दिया।

तब वह अपने साथियोंके पास गया। उसका ढङ्ग तो और भी पहले दर्जेके पागल-सा था। दोनों हाथोंको ऊपर उठाये वह एकदम नाचने लगा। उसके लम्बे हाथ-पैर और विकट बाजके चेहरेपर यह उसका अकांड-ताण्डव और भी बीभत्स और पागलपनसे भरा था।

वह चिल्ला कर बोला—'सोना हीरा! हीरा मोती! ओ हो! अकूत धन! मैंने हीरा जवाहरमें हाथ डाला था! ओ हो! वह मेरी अँगुलियोंमेंसे बालूकी भाँति निकल जाते थे! घुटने भर सोनेकी ईंटें चारों ओर बिछी हैं।'

उस वक्त उसने प्सारोके दोनों हाथोंको पकड़कर उसके मुखकी ओर देखते हुए कहा—

'क्यों, अपनी प्रतिज्ञापर दृढ़ हो न? तुम मुझपर विश्वास करो, मैं तुमपर।'

प्सारो—'बिल्कुल निश्चिंत रहो। लोगोंके लिये सोना छोड़ दो, क्योंकि इससे नोहरीका काम होगा। और जवाहिरातमें हम तीनोंका हिस्सा बराबर है।'

धनदास—'और मुझे हिफ़ाजतके साथ यहाँसे जानेका भी प्रबन्ध करना होगा।'

प्सारो—'नोहरीने इसके लिये पहिले ही वचन दे दिया है।'

धनदास—'मैं होरस् देवता होकर तुम्हारी मदद करूँगा।'

प्सारोने हँसकर कहा—'यहाँ के लोग बड़े निर्बुद्धि हैं, उनके साथ जो ही हम चाहेंगे, वही कर सकते हैं।'

चाङ् जो अब तक सोये ही हुये थे, अब जोर-जोरसे खर्राटा लेने लगे। एक ज़रा जोरके खर्राटेने प्सारोके ध्यानको इधर आकृष्ट किया।

प्सारो—'यह बूढ़ा भिखमंगा अब भी यहीं है, क्या इसे बाहर निकाल दूँ?'

धनदास जान पड़ता था, इसपर कुछ विचार कर रहा है। अन्तमें उसे भी प्सारोका विचार पसन्द आया। उसने कहा—

'हाँ! यह बहुत अच्छा होगा, काहे वास्ते किसी कठिनाईमें पड़ा जाय?'

प्सारोने फिर आकर चाङ्की गर्दन पकड़ी। महाशय चाङ् निद्रासे अकचकाकर उठे और अंधोंकी भाँति उसे नींदके झोंके हीमें ऐसा हाथ जमाया, कि प्सारो कमरेके बीचमें जाकर गिरा। चाङ् तब लुढ़कते-पुढ़कते दो कदम आगे उठे। यह देखकर नोहरीको क्रोध आ गया, और वह चाङ्के ऊपर दौड़ा।

या तो नोहरी अच्छी तरह पकड़ने न पाया था, या बूढ़े भिखमंगेके पैरोंमें उसको थामनेकी ताकत न थी, जिसके कारण पैर डगमगाया और चाङ् मुँहके बल जमीन पर आ गिरे। सौभाग्यसे उन्हें चोट न आई, क्योंकि वह पुआलकी ढेरीके बीचमें गिरे थे।

तीनों आदमी अब कुत्तोंकी भाँति उस गरीब अन्धेके ऊपर चढ़ बैठे। उन्होंने पैर और शिर पकड़कर चाङ्को वहाँसे उठाया, और मन्दिरके पत्थरवाले फर्शपर फेंक दिया। गूँगे बेचारेमें बोलनेकी ताकत न थी कि रोता-चिल्लाता, वह सिर्फ काँखने लगा। उसके दोनों हाथ छातीमें चिपके हुए थे, और उनके नीचे था गोबरैला बीजक-सेराफिस्के कब्रकी कुंजी।

—२४—

प्रासादपर चढ़ाई

चाङ् सँभलकर खड़े हो गये, और उन्होंने धीरेसे अपने चारों ओर देखा मालूम हुआ, प्यारो, नोहरी और धनदास भीतरवाले कमरेमें चले गये हैं। वहाँ और कोई आसपास न था। कुछ थोड़ेसे अफसर एक कोनेमें पाशा खेलकर दिल-बहलाव कर रहे थे। उन्होंने देखा कि किसीने उनकी ओर नजर न डाली, और वह यह भी जानते थे, कि एक मिनट खोना अच्छा नहीं है, क्योंकि किसी समय भी धनदासको मालूम हो सकता है, कि बीजक निकल गया। उन्होंने डगमगाती चालको चार कदम आगे बढ़ाया, और एक ही मिनटमें तहखानेके अन्दर पहुँच गये। उनका इससे सिर्फ यही अभिप्राय था, कि देख लें कब्रका द्वार बन्द है या नहीं। उन्होंने दर्वाजेको बन्द देखा, और भी सन्तोषके लिये, बहुतसे पहियोंको फिरा दिया।

एक ही सेकण्डके बाद वह फिर मंडपमें पहुँच गये, और साथ ही

अन्धे भी। फिर लाठी टेकते-टेकते अब वह आगे बढ़े, और सिपाहियों-के पाससे होते वह थोड़ी देरमें खुली हवामें चले आये।

सारी बागी फौज निद्रामें मग्न थी। प्रत्येक सिपाही भूमिपर मुर्देकी भांति निश्चल पड़ा हुआ था। चाङ् डेरोंके बीचसे लाठी टेकते लड़-खड़ाते हुए बहुत झुके आगे बढ़े। सन्तरीने उन्हें देख आवाज दी, किन्तु गूँगेके पास उत्तर कहाँ सिपाहीको ख्याल हो गया, अरे यह तो वही अन्धा भिखमङ्गा है, जो तीन दिनसे बिना रोक टोक मन्दिरमें इधर-उधर घूम रहा था।

जैसे ही वह बाहरी चौकीसे कुछ दूर पहुँचे, तैसे उन्होंने अपने जोर भर दौड़ना शुरू किया। किन्तु वह एक सौ गज भी अभी दौड़ न सके होंगे, कि सेनामें पगली हुई। धनदासको मालूम हो गया, कि बीजक चला गया।

सौभाग्यसे किसीको यह सन्देह न हुआ, कि बूढ़े भिखारीने सीधा रास्ता लिया होगा। वह उसे मन्दिरके आसपास ही खोजने लगे, और जब तक बाहरी चौकीके सन्तरीसे उनके बाहर जानेकी खबर मिले, तब तक वह बहुत दूर निकल गये थे।

वह रातके तीन बजे शहरमें पहुँच गये। राजमहलमें पहिले ही हमने प्रबन्ध कर रक्खा था, कि यदि इस प्रकारका संकेत मिले, तब तुरन्त आदमीको भीतर ले लेना चाहिये। इस प्रकार उन्हें खिड़कीके रास्ते भीतर पहुँचनेमें देर न लगी।

वह सीधे उस जगह आये जहाँ, मैं और कप्तान धीरेन्द्र थे। हमारे आश्चर्य और आनन्दकी सीमा न रही, जब कि हमने सुना कि बीजक-को चाङ् फिर उड़ा लाये। मुझे जरा भी विश्वास न था, कि मैं फिर अपने प्यारे मित्रसे मिल सकूँगा। मैं निश्चय कर चुका था, कि अब तक वह खतम भी हो चुके होंगे। उन्होंने ऐसी सफलता प्राप्त की थी, जिसका मुझे स्वप्नमें भी ख्याल न था। खजाना अब भी सुरक्षित था। बिना डाइनामाइट लगाये उसको कोई खोल न सकता था, और हमें

यह निश्चय ही हो चुका था, कि वहाँ यारूदको कोई जानता ही नहीं। अब नोहरी सोनेके बलपर नागरिकोंको नहीं खरीद सकता। अब उसे और अधिक सैनिक लड़नेके लिये नहीं मिल सकते। हमारी स्थिति अब पहिलेसे बहुत अच्छी थी।

प्रातःकाल हमने फिर युद्ध-समितिकी बैठक की। उसमें स्वयं महारानीने सभापतिका आसन अलंकृत किया, और बक्नी, अहसो, कप्तान धीरेन्द्र, मैं और चाङ् सभ्य थे। स्थितिपर हर पहलूसे विचार किया गया। हमलोगोंने निश्चय किया, कि महलकी रक्षा करनी चाहिये। क्योंकि यह निस्सन्देह था, कि नोहरी जल्द हमला करेगा। विशेषकर धनदास—जोकि खजानेके लिये पागल हो गया था—कभी भी दम नहीं ले सकता, और खासकर तब जब कि बीजक हमारे पास पहुँच गया था।

हमलोग पाँच दिन तक प्रतीक्षा करते रहे। आखिर चढ़ाई शुरू हुई। हमें पीछे मालूम हुआ, कि इस देरीका कारण यह था, कि न नोहरी और न धनदास ही यह विश्वास करनेके लिये प्रस्तुत थे, कि अन्धा भिखारी वस्तुतः गुप्तचर था। बहुत कुछ सम्भव है, कि धनदास अन्त तक इस बातसे अँधेरे हीमें रह गया हो कि यह चाङ् थे, जिन्होंने उसे इस तरह छकाया।

इन पाँचों दिनोंमें बक्नी और उसके सैनिक एक घड़ी भी चुपचाप न बैठे। महलकी बनावट, वस्तुतः हमला रोकनेके लायक न थी, यद्यपि दीवारें बहुत मज़बूत थीं। हमने बाहरवाली दीवारोंमें छोटे सूराख निशाना लगाने लायक बनाये। और खास महारानीके निवासस्थानको भी खूब दृढ़ कर दिया। दर्वाजोंको बन्दकर दिया गया खिड़कियोंपर ईंटें चुन दी गईं। बागमें आरपार एक खन्दक खोद दी गई और जगह-जगह हमने काँटे-झाड़ियाँ और अन्य तरह-तरहकी रुकावटें तैयार कर दीं।

इन सारे ही दिनोंमें शहरमें कोई नई बात न हुई। सभी निरुत्साह थे। किसीको एक या दूसरे पक्षकी ओर जानेकी हिम्मत न होती थी।

सभी तटस्थ थे, और विजयीकी ओर अपने आपको उद्घोषित करनेके लिये तैयार थे। यद्यपि उनके हृदयमें महारानीका प्रेम था, किन्तु नोहरीकी शक्तिको देखकर वह कुछ भी सहायता देनेमें असमर्थ थे। उन्हें हर्गिज विश्वास न होता था, कि इतने अल्प-संख्यक शाही शरीर-रक्षक इतनी बड़ी सेनाका मुकाबला कर सकेंगे।

छठवें दिन सूर्योदयके समय महलके छतपरसे हमें नोहरी और प्मारोके नेतृत्वमें एक भारी सेना नदीके पारसे आगेको बढ़ती दिखाई दी। बक्नीने अपने सैनिकोंको हुक्म दिया, कि अपने-अपने स्थानपर डट जायँ।

हम्लोग अब चुपचाप आक्रमणकी प्रतीक्षा कर रहे थे। यह बड़ी ही उत्सुकता और विकलताका समय था। हमलोग अच्छी तरह इस बातको जान रहे थे, कि यह बाजी है जीवनकी, साथ ही मितनी-हर्पीके सिंहासनकी बाजी भी। स्वयं महारानीका प्राण भी खतरेमें था।

उस सारे ही दिन सेना नावोंसे नदी पारकर एक सुरक्षित स्थानपर उतरती रही। कप्तान धीरेन्द्रने एक बार प्रस्ताव किया कि हमें भी प्रत्याक्रमण करना चाहिये, किन्तु चाड्ड और बक्नीने इसका विरोध किया, क्योंकि वैसा करनेके लिये हमें खुले मैदानमें जाना पड़ता, जहाँ हमारी अल्पसंख्यक सेना, अपनी प्रतिपक्षी बहुसंख्यक सेनासे बहुत क्षति-ग्रस्त होती। अन्ततः हमने अपनी ही जगहसे आक्रमणकी प्रतीक्षा करनी शुरू की।

मैंने देखा, कि धनदास, होरसूके रूपमें नोहरीकी सेनामें इधर-उधर घूम रहा था। मैं समझता हूँ, यह धनदासका उतावलापन ही था, जिसके कारण दो-तिहाई ही सेनाके पार उतरते ही आक्रमण आरम्भ हो गया। धनदास स्वयं बहुतसे सैनिकोंको लिये, महलके द्वार-पर आ पहुँचे।

इसके बाद जो कुछ हुआ, वह एक छोटा-सा हत्याकांड था। मैं अपनेको सौभाग्यवान् समझता हूँ, कि मैं वहाँ देखनेके लिये न था।

वह लोग अपने साथ बड़ी-बड़ी सीढ़ियाँ लाये थे, किन्तु जैसे ही वह दीवारपर लगाई गई, वैसे ही ऊपरसे लोहके डंडोंके सहारे ढकेल दिया गया, और ऊपर चढ़नेका साहस करनेवाले गिरकर वहीं मर गये। रक्षक सैनिक पर्वतकी भाँति अपनी जगहपर स्थिर थे, समुद्रतटकी चट्टानकी भाँति शत्रुतरंग टकराकर पीछे हट जाती थी। हमारे सैनिकों-मेंसे प्रत्येकके पास एक-एक प्रकांड धनुष और तर्कश थे, वह उनके द्वारा शत्रुदलपर भीषण प्रहार कर रहे थे। जहाँ एक आदमी गिरता था, वहाँ ही पीछेकी पंक्तिसे दूसरा आदमी आकर उसकी जगह खड़ा हो जाता था। सारे ही नोहरीके सैनिक निर्भीक, बे-पर्वाह थे।

रात्रिके होते ही लड़ाई बन्द हो गई। शत्रु वहाँसे पीछे दूर एक सुरक्षित स्थानपर हट गया। राज-प्रासादके दक्षिण तथा पश्चिम दोनों दिशाओंमें अच्छा मैदान था· और वहाँ हजारों धूनियाँ सिपाहियोंके पड़ावोंमें जल रही थीं। हमें यह भी पता लगा, कि शहरके पूर्ववाले घरोंमें नोहरीके सिपाहियोंका कब्जा है। दूसरी बगलमें स्वयं नदी थी, अतः इस प्रकार चारों ओरसे राजमहल घिर गया था; और हमें किसी तरफसे भागनेकी गुंजाइश न थी। हमारे लिये सिवाय इसके कोई रास्ता न था, कि अपने अन्तिम स्वाँस तक लड़ें।

सूर्योदयके साथ ही आक्रमण फिर शुरू हुआ। जैसे ही लड़ाई शुरू हुई, वैसे ही हमने देखा कि मुकाबिला और भी भयानक है, क्योंकि रातमें ही नोहरी एक बृहत् दुर्गभेदक यंत्र लाया है। यह वही यंत्र था, जिसने निनवे, बाबुल और यरोशिलम्के विजय करनेमें सहायता दी थी। इसमें एक लोहेकी बहुत मोटी जाठ थी, जो इतने जोरसे आदमियोंके द्वारा दीवारपर टकराती थी, कि दो-चार बार हीमें मोटीसे मोटी दीवार जमीनपर आ पड़ती थी।

धीरेन्द्र और चाङ् घमासान लड़ाईमें संलग्न थे; और मैं उस रक्षित सेनाके साथ था, जिसे कि अक्नीने अभी जरूरतके वास्ते अलग रक्खा था। मैंने उस दिन सुना कि कप्तान धीरेन्द्रने युद्धमें बड़ी वीरता

प्रदर्शित की है, वह अपने साथियोंके साथ प्रधान दर्वाजेपर तब तक डटे रहे, जब तक कि उनके साथी एक-एक करके मर न गये और दुर्गभेदक यंत्रने दर्वाजेको टुकड़े-टुकड़े न कर दिया। उसी समय होरम् भीतर आ गया। उसे दुश्मनकी सेनामें अब भी देवता समझा जाता था। इधर पश्चिमके दर्वाजेकी यह अवस्था हुई और उधर पूर्ववाले द्वारपर भी, जिसपर कि चाङ् लड़ रहे थे, वैसा ही प्रहार हो रहा था। बक्नीने देखा कि इस प्रकार दोनों ओरसे खतरा है, इसलिये सबको महलकी ओर हटनेका हुक्म दिया।

यह हटना भी बड़े कायदेके साथ हुआ था। घायल सभी महलमें लाये गये। वहाँ महारानी स्वयं अपनी सखियोंके साथ उनकी मर्हम-पट्टी कर रही थी। तीसरे पहर जब कि युद्धमें साँस लेनेकी गुंजाइश न थी, मुझे धीरेन्द्रके साथ मिलनेका मौका मिला।

मैं—'अवस्था बड़ी गम्भीर है, यदि उनके पास यह दुर्गभेदक यंत्र न होता, तो वह कभी फाटकके भीतर न आ सकते थे। बाहरकी दीवारें खास-महलकी दीवारोंसे मजबूत हैं। मुझे नहीं मालूम होता, कि कैसे हम मुकाबिला कर सकेंगे।'

धीरेन्द्र—'मैं इससे कुछ भी नहीं घबराता। अब भी उन्हें खन्दक पार करना होगा और यह कोई आसान काम नहीं है।'

यह मालूम होने लगा, कि नोहरी और उसके साथी, जरा भी मौकेको हाथसे जाने देना नहीं चाहते। एक दुर्गभेदक फाटकके रास्तेसे भीतर लाया गया, और लड़ाई फिर आरम्भ हुई, यद्यपि कुछ देरसे। हमारी संख्या बहुत घट गई थी, और अब रिजर्व सेनाके साथ मुझे भी लड़ाईमें उतरना पड़ा। मेरा काम महलको सामनेसे बचानेमें कप्तान धीरेन्द्रकी मदद करना था।

मैंने कभी स्वप्नमें भी ख्याल न किया था, कि मनुष्य हृदय इतना क्रूर हो सकता है। बार-बार शत्रुओंने आगे बढ़नेका प्रयत्न किया, और बार-बार वह पीछेको हटाये गये। मैंने देखा कि धनदास एक

हाथमें रिवाल्वर और एक हाथमें बन्दूक लिये अपने साथियोंको उत्साहित कर रहा है, और नोहरी इधरसे उधर दौड़कर अपने आदमियोंको हुक्म दे रहा है। उसकी आज्ञाका पालन भी अच्छी तरह हो रहा था।

धीरेन्द्र शृगालमुख अनुबिस्के रूपमें लड़ रहे थे। उनकी बगलमें कातूसोंका झोरा लटक रहा था। जब-जब शत्रु दुर्गभेदकको खन्दकके पास लाना चाहते थे, तब-तब वह इतनी फुर्ती और निशानेके साथ गोली चलाते थे, कि हर बार उसके आदमी मारे जाते थे। ऐसा बार होनेपर अब नोहरीको ऐसे आदमी मिलने मुश्किल हो गये, जो कि खुशीसे अपने आपको दुर्गभेदकपर जानेके लिये तय्यार हों।

जब रात्रि आई, तो लड़ाई और तेज हो गई। नोहरीने समझा कि रात्रि के अन्धकारमें हमें और अच्छा मौका लड़नेका मिलेगा, उसने ताजा फौज लड़नेके लिये भेजी। हमलोग बराबर लड़ते रहे और अब हमारी संख्या इतनी कम रह गई, कि महलकी रक्षाके लिये भी पर्याप्त आदमी न रह गये। हम लोगोंकी दशा मारे थकावटके शराबियोंकी-सी हो गई थी। दस बजे रातका समय था, जब कि धनदास एक दुर्गभेदकको महलकी दीवार तक लानेमें सफल हुआ।

कप्तान धीरेन्द्र और बक्नी दोनों ही उधर दौड़े, किन्तु वह बहुत पीछे पहुँचे। एक ही धक्केमें दीवार भीतरकी ओर आ पड़ी और ऊपरका कोठा धड़ामसे जमीनपर आ पड़ा। एक घंटेके प्रयत्नके बाद उन्होंने रास्तेको कुछ और चौड़ा कर पाया। बक्नी और उसके सैनिकोंने बड़ी वीरताके साथ मुकाबिला किया, किन्तु अब जान पड़ने लगा, कि यह सब व्यर्थ है।

मध्य रात्रिको लड़ाई बन्द हो गई। थकावट, भूख और प्यासने दोनों ही दलमें एक प्रकारकी बीमारी फैला दी, जिसके मारे बिना हुक्म हीके दोनों ओर के सैनिक विश्रामके लिये लौट पड़े। नोहरी और बक्नी दोनोंने अपने-अपने भग्न स्थानपर अपने-अपने सन्तरी नियुक्त कर दिये।

अब्बासीने आकर मुझसे कहा—'महारानी तुम्हें और तुम्हारे साथियोंसे बात करना चाहती है।' जब मैं अपने साथियोंके साथ दर्बार घरमें गया तो, देखा बक्नी वहाँ मौजूद है। इस बैठकमें मैंने दुभाषियाका काम किया।

धीरेन्द्र—'हमारे लिये बड़ा अच्छा मौका मिले, यदि महलसे बाहर होनेका कोई रास्ता हो, मैं एक टुकड़ीको लेकर स्वयं शत्रुके पीछेकी ओरसे हमला करूँगा, और मुझे उम्मेद है, कि ऐसे आकस्मिक हमलेसे शत्रुदलमें गड़बड़ी फैलाकर दुर्गभेदक यंत्रोंको अपने काबूमें लानेमें हम समर्थ होंगे।'

चाङ्—'यहाँ कहाँ वैसा कोई रास्ता हो सकता है ?'

जिस समय मैंने इस बातको अनुवाद करके सुनाया, तो बक्नीने ऐसा हाथ मेरे कन्धेपर मारा, कि मैं तो दर्दके मारे व्याकुल हो गया। उसने कहा—

'ऐसा रास्ता है। मैंने बड़ी मूर्खता की, जो पहिले उसका ख्याल न किया।' जमीनके भीतर-भीतर एक सुरंग है, जो महलसे जाकर शहर के बीचमें ऊपर हुई है।' फिर उसने धीरेन्द्रकी ओर मुँह करके कहा, जिसका मैंने तर्जुमा करके सुनाया—'यदि आप मेरे साथ आवें तो मैं स्वयंसेवक दूँगा, और इन स्वयंसेवकोंमेंसे जिन्हें मैं जानता हूँ, उन्हें चुन लूँगा। उन्हें मैं शहर तक ले चलूँगा, और फिर हमलोग नोहरीके ऊपर हरावलकी ओर चढ़ दौड़ेंगे, और उसकी सेनाको चीरते-फाड़ते महलमें घुसकर दुर्गभेदकोंको अपने हाथमें कर लेंगे। यदि एक बार हमने उनपर कब्जा कर लिया, तो हमें आशा है कि हम इन नर-पिशाचोंको नदी पार भगानेमें सफल होंगे।'

उसी समय एक आदमी दौड़ा हुआ आया, और उसने कहा—'नोहरीने एक दूत भेजा है, जो महारानीसे मिलना चाहता है।' जरा ही देरमें वह आदमी रानीके सम्मुख बुलाया गया, और उसने घुटने टेककर रानीको सलाम किया और फिर खड़ा होकर बोला—

'महारानी, सेनापतिने आपको सलाम भेजा है, और कहा है कि मैं राजा हूँ। उसने कहा है कि आपके लिये सिर्फ एक अवसर है, अपने आपको हमारे हाथमें दे दो, और हम तुम्हें देश निकाला दे देंगे। यदि विरोध करोगी, तो तुम्हारी मृत्यु निश्चय है।'

रानी जो अब तक बैठी थी, उठ खड़ी हुई। उसकी आँखें चमक उठीं, चेहरे पर खून उछल आया, और उसके ओठ फड़फड़ाने लगे।

उसने बड़े गम्भीर स्वरसे कहा—'जा और अपने मालिकसे कह, कि मितनी-हर्पीकी रानी न तो सेरिसिस्‌के विश्वासघातियोंके हाथ मरनेसे डरती है और न उनके साथी ही के।'

आदमीने झुककर सलाम किया, और वहाँसे अपना रास्ता लिया। मैंने बक्नीकी ओर देखा। उसका हाथ तलवारके कब्जेपर था, आँखें लाल हो आई थीं, ओठ काँप रहे थे।

—२५—

भीषण स्थिति

उन भयंकर दिनोंमें हमलोग इतने व्यस्त थे, कि हमें अपने शरीर या किसी कामकी कोई खबर न थी। जब भूख लगती तब खाते, जब थकावट और नींदसे मजबूर हो जाते तो लेट रहते।

अभी भी बहुत रात बाकी थी, जबकि बक्नीने अपने सभी सैनिकोंको एकत्रित किया; सिवाय उन सैनिकोंके जो महलके पहरेमें जगह-जगह नियुक्त किये गये थे। उसने अपने सिपाहियोंसे खूब खोलकर कहा, मैं एक बड़े ही भयानक कार्यमें हाथ डालने जा रहा हूँ। यद्यपि उसने विस्तारपूर्वक न कहा, किन्तु इस बातको खूब स्पष्ट कर दिया; कि यह भी सम्भव है, कि जानेवालोंमें से एक भी जीवित न बचे। यह सब कहनेके बाद जब उसने स्वयंसेवक माँगे, तो वहाँ एक भी न था, जिसने अपने आपको सामने न किया हो।

इस पर बक्नीने मुझसे और अह्मसोसे कहा—'यह वही बात हुई, जिसकी मैंने आशा की थी। वास्तवमें महारानीका नसीब बड़ा अच्छा है, जो उसके सिंहासनकी रक्षाके लिये ऐसे वीर योद्धा मिले हैं।'

बक्नी अपने कामके लिये सिर्फ पचास आदमी चाहता था। इसलिये वह स्वयं सैनिकोंकी पंक्तिकी ओर बढ़ा। वह बीचमें जिस किसी सैनिककी छातीपर हाथ रखता, वह झटसे अलग होकर अपने साथियोंकी ओर मुँह करके खड़ा हो जाता था।

इस टोलीने अब दर्बार हालकी ओर कूच किया, जहाँ कि रानी थात और अनुबिस्के साथ मौजूद थी। अब भी मेरे साथी शाही शरीर-रक्षकोंकी दृष्टिमें प्राचीन मिश्री देवता ही थे। मैंने कई बार प्रधान पुरोहितसे कहा भी, कि उनका यह धोखा मिटा देना चाहिये; किन्तु रानी और अह्मसो दोनोंने मुझसे कहा—ऐसा करना हमारे लिये हानिकारक होगा; अभी धोखेको कुछ दिन और रहने दो।

दोनों ही ओरके सैनिक समझ रहे थे, कि उनके पूर्वजोंके देवता पृथ्वीपर उतरे हैं; और मनुष्योंके साथ कन्धेसे कन्धे भिड़ाकर लड़ रहे हैं। इन मिथ्याविश्वासी लोगोंके लिये, इसमें कुछ भी असंभव न मालूम होता था। वहाँ ट्रोजन युद्धका वह दृश्य याद आता था, जब ओलम्पस-के देवता, ट्रॉयके विजयके समय, यवन या ट्रोजनकी ओर होकर लड़ रहे थे। इसी प्रकारकी कथा मिश्रके इतिहासमें भी पाई जाती है। वस्तुतः इस भयंकर युद्धमें योद्धा इसका उतना ख्याल न करते थे, कि वह रानी सेरिसिस्की ओर लड़ रहे हैं, या सेनापति नोहरीकी ओर, जितना कि यह ख्याल करते थे कि वह अनुबिस् और थात्, या होरस्की ओरसे लड़ रहे हैं।

इसीलिये इन चुने हुए आदमियोंको जिस समय जान पड़ा, कि अनुबिस् स्वयं हमारा नेतृत्व करेंगे, तो उनका हृदय असीम उत्साहसे भर गया। मृत्युके देवतासे बढ़कर दूसरा कौन है, जो उनकी प्राणोंकी रक्षा कर सके।

मैं स्वयं इस टोलीके साथ सुरंगके द्वार तक गया, उसे देखकर मुझे मेरि-झील-तटके पुराने मिश्री तहखाने याद आने लगे, जिनमें कि तीन हजार कमरे हैं, और जिन्हें मैंने अपनी आँखोंसे जाकर देखा था। हमारे आगे-आगे महलका एक गुलाम मशाल लिये चल रहा था। हम एक कमरेसे दूसरेमें जाते-जाते थक गये। दीवारें देखकर मुझे और आश्चर्य होता था। वह चार हाथसे अधिक मोटी थीं। राज-प्रासाद बड़ी मजबूत नींवपर बनाया गया था।

अन्तमें हम एक बड़े भारी कमरेमें पहुँचे। उसका क्षेत्रफल साढ़े पाँच सौ वर्ग गजसे कम न होगा। इसकी छत इतनी नीची थी कि किसी लम्बे आदमीको उसे छूनेके लिये पंजोंपर खड़े होनेकी आवश्यकता न थी। मैं इंजीनियर नहीं हूँ; किन्तु यह बड़ा विचित्र मालूम होता था, कि इस विशाल छतके थामनेके लिये बीचमें एक भी खम्भा न था। मशालची मशाल लिये एक बैठी हुई मूर्त्तिके सामनेसे आगे बढ़ा। मैंने देखा, यह मूर्त्ति भी उन्हीं उपविष्ट लेखकों जैसी थी, जिन्हें कि मितनी-हर्पीकी सड़कपर देखी थीं।

बक्नी स्वयं आगे बढ़ा। मैं समझता हूँ, उसने किसी कलको घुमाया, फिर वह मूर्त्ति सीधी घूमने लगी, और हमारे सामने दीवारमें एक सूराख दिखाई पड़ा। उसमें कुछ पौड़ियाँ आगेको जाती दिखाई पड़ रही थीं।

यहाँ बक्नीने प्रणामके साथ मुझसे विदाई ली। बिना एक शब्द बोले वह नीचे उतरा और चन्द ही कदम आगे बढ़नेपर नज़रसे गायब हो गया। उसके सैनिक एक पाँतीमें चल रहे थे। उस समय वह मेरे पाससे गुजर रहे थे। मैंने उनके चेहरोंको मशाल के प्रकाशमें देखा। उनपर भय, आतंकाका जरा भी चिन्ह न था। वह नहीं जानते थे, कि हम कहाँ जा रहे हैं। सिर्फ इतना उन्हें मालूम था, कि उनका पैर बड़े खतरेमें पड़ रहा है। उन्होंने कोई प्रश्न भी इस विषयमें न किया। वह अपने उस कप्तानके पीछे चल रहे थे, जिसपर वह विश्वास

ही न करते थे, बल्कि जिसकी पूजा करते थे। यह दृश्य मेरे लिये बड़ा प्रभावशाली था। यह वीर अपने कर्त्तव्यके लिये अपने प्राणोंकी बलि देने जा रहे थे।

जब अन्तिम आदमी तक चला गया, तो अब मशालचीके साथ मेरे सामने कप्तान धीरेन्द्र थे। धीरेन्द्र जल्दीसे मेरे कन्धेपर हाथ रखकर आगेको झुके, और उनका शृगालमुख मेरे मुँहपर आ लगा। धीरेन्द्रने धीरेसे कहा—

'अलविदा, प्रोफेसर, यदि इस कामसे हम दोनों ही जीवित न लौटें, तो कोई पर्वाह नहीं। हम दोनों हीके आगे-पीछे कोई नहीं है, न स्त्री ही न बाल-बच्चे ही, जिनका एकाबार मुझे ख्याल भी होता। एक समय प्रयागमें रहता था। वहाँ शामके वक्त रेवड़ियाँ झोरेमें भर-कर खुसरो बाग जाया करता और वहाँ छोटे-छोटे बच्चोंमें उसे बाँटा करता था।'

मैं मुस्कुरा उठा—'मेरे साथ भी कभी वैसा ही बीता है।'

धीरेन्द्र ठठाकर हँस पड़े। मशालचीने उनके चेहरेकी ओर बड़ी तीक्ष्ण दृष्टिसे देखा। अनुबिस्की हँसी उसके लिये और भी आश्चर्य-कर चीज थी।

कप्तान धीरेन्द्र—'हम सभी उसी एक ही झोलेके चट्टे-बट्टे हैं। सभी बूढ़े-कवाँरे एकसे ही होते हैं।'

इसके बाद बिना कुछ कहे ही उन्होंने भी उसी अन्धकारमें डुबकी मार दी। और मैं उनके पैरोंसे जल्दी-जल्दी आगे दौड़नेकी आहट सुनता रहा।

तब मैंने मशालचीसे उसकी ही भाषामें कहा—

'अभी तुम यहाँ रहोगे न?'

उस आदमीने शिर हिलाते हुए कहा—'हाँ, क्योंकि यह दर्वाजा बराबर खुला रहेगा और सैनिकोंकी एक टोली इसकी रक्षाके लिये आ रही है।'

सुरंगके अँधियारेसे मेरी तबियत ऐसी बिगड़ रही थी, कि मैंने डरके मारे उससे पूछा—'तो फिर मैं कैसे यहाँसे लौटूँ ?'

मशालची—'आप मेरे मशालको ले जाइये, मैं अँधेरेमें डरता नहीं, मैं कोई लड़का नहीं हूँ। मुझे रास्तेकी रखवाली भी करनी है। मशालको हाथमें लिये और भूमिकी ओर देखते चले जाइये। आपको धूलीपर हमारे पैर उगे हुए मिलेंगे।'

मैंने देखा, वह मेरी भीरुताकी चुटकी ले रहा है, लेकिन कुछ भी क्यों न हो, मुझे उस अन्ध-कूप पातालपुरीका रहना पसन्द नहीं था। मैंने वहाँ से किसी तरह भागकर प्रासादमें आना चाहा, चाहे वहाँ भी चमकते हुए हथियारोंके बीच हीमें क्यों न पड़ना हो।

मैंने उससे मशाल ले लिया, और देखा कि उसका कहना बिल्कुल दुरुस्त है। हजारों वर्षकी पुरानी सूखी धूलि वहाँ फर्शपर पड़ी हुई थी, और उसपर हमारे पैर स्पष्ट अंकित थे, उस बड़े हालको पार कर मैंने एकके बाद एक उन छोटे-छोटे कमरोंको तै किया। रातमें मेरे शरीरका रोआँ गनगना उठा। पीछे मैंने जाना, कि यह सैनिकोंकी एक टुकड़ी थी। जो सुरंगवाले रास्तेका भार लेने जा रही थी। उनके नायकने झट मेरी गर्दन पकड़ली, उसने समझा, मैं शत्रुका आदमी हूँ। मैं तो बदहवास हो चला था, किन्तु खैर किसी तरह करके मैंने अपना परिचय दिया। तब तो सैनिकोंने बड़ी ही माफी माँगनी शुरू की, क्योंकि उन्हें मालूम था, कि महारानी मेरी बात बहुत मानती है।

जब मैं निकलकर राजमहलमें आया, तो मुझे देखकर बड़ा आश्चर्य हुआ। वहाँ चारों ओर दिनका-सा प्रकाश दिखाई देता था। मुझे समयका कुछ ज्ञान ही न रहा। और यह देखकर मुझे और भी आश्चर्य हुआ कि महलमें चारों ओर पूर्ण नीरवता छाई हुई है। मैंने समझा था, लड़ाई फिर आरम्भ हो गई होगी। मैं तुरन्त महारानीके कमरेमें गया, और वहाँ चाडू और अक्षासो भी मौजूद थे।

मैंने पूछा—'क्या अभी उन्होंने आक्रमण नहीं किया ?'

प्रधान पुरोहितने कहा—'अभी तक नहीं, किन्तु किसी समय भी आरम्भ हो सकता है। नोहरी अपने सारे सिपाहियोंको महलके बाहरवाले मैदानमें खड़ा किये हुए है। जान पड़ता है, एक ही साथ उसने चारों ओरसे महलपर हमला करनेका इरादा किया है। किन्तु इसमें सन्देह नहीं, कि प्रधान आक्रमण, भग्नांशकी ओर हीसे होगा।'

बकनीने सेना सञ्चालन अपने एक योग्य सहायकके हाथमें सौंपा था। अब बाकी बचे हुए सैनिकोंकी चार टोलियाँ बनाकर, महलके भिन्न-भिन्न भागोंकी रक्षाके लिये भेजी गईं। इस अन्तिम लड़ाईकी कैफियत बतलानेसे पहिले, यह बतला देना अच्छा मालूम होता है, कि रानी सेरिसिस्का महल किस तरहसे बना हुआ था।

राज-प्रासाद नदीके दाहिने किनारेपर था। मुख्य द्वार और नदीके बीच में पत्थरकी चौड़ी सीढ़ियाँ काशीके पंचगंगाघाटकी तरह बनी हुई थीं। इन्हीं सीढ़ियोंपर खड़ी होकर रानीने, हमारे आनेके समय देवताओंके लिये दण्ड-प्रणाम किये थे। फाटकके भीतर और खास राजभवनके उत्तर, पच्छिम और पूर्व ओर बाग था। दक्षिणकी ओर बाहरी चहारदीवारीसे लगा हुआ राज-भवन था।

यह दक्षिणी भाग बहुत मजबूत था, क्योंकि राजभवन एक पहाड़ीपर बना हुआ था। इधर पास-पास दोनों बाहरी दीवार भी इतनी ऊँची थीं, कि उनके ऊपर तक सीढ़ी नहीं पहुँचाई जा सकती थी।

बागियोंने प्रधान फाटकको पार करके बागपर भी अब तक कब्जा कर लिया था। राजभवनके सामने दर्बार-भवनके द्वारसे जरा-सा बायें हटकर दीवार तोड़ी गई थी। जिस जगह दीवार टूटी थी, उसके अगल-बगलमें बहुतसे छोटे-छोटे कमरे थे।

दर्बार-भवनके अन्तमें सङ्गमर्मरकी सीढ़ियाँ थीं, जो दीवान-खासमें पहुँचती थीं। यहीं पर महारानीका शयनागार और गद्दीघर था। सङ्गमर्मरकी सीढ़ियोंके अतिरिक्त ऊपरके तलपर पहुँचनेका दूसरा कोई रास्ता न था।

हमने यह समझ लिया था, कि टूटा रास्ता और बढ़ाया जायगा, और हमारे योद्धा पीछे हटाये जायँगे, इसी लिये पहिले हीसे ख्यालकर हमने सीढ़ीके मुँहकी खूब नाकाबन्दी की थी। यह नाकाबन्दी या मोर्चाबन्दी हमने मलमल की थैलियोंमें बगीचेका बालू भर नीचे-ऊपर रखकर किया था। सीढ़ी इतनी चौड़ी थी, कि उसपर पन्द्रह आदमी पाँतीसे खड़े होकर एक साथ लड़ सकते थे। वहाँ अगल-बगलसे हमला होनेका डर न था। और महलमें आग लगानेका भी डर न था, क्योंकि सारी इमारत पत्थरकी थी। इस तरह, पाठकोंको स्पष्ट मालूम हो गया होगा, कि यदि बड़ा हाल भी हमारे हाथसे निकल जाय, तो भी हम एक और सुरक्षित स्थानपर हट सकते हैं। और वहाँ हमसे लड़नेके लिये नोहरीकी बहुसंख्यक सेना निरर्थक थी, क्योंकि सबके एक साथ आक्रमण करनेके लिये वहाँ गुंजाइस न थी।

कितने ही घंटों तक हम आक्रमणकी प्रतीक्षा करते रहे। पहिले दिनकी मेहनत हीसे मैं तो चूर हो गया था। महारानीने कुछ खानेके लिये मुझसे बहुत आग्रह किया। खानेके बाद मुझे नींद मालूम होने लगी। यद्यपि गर्मी बहुत तेज थी, तो भी ऊपरके कमरोंमेंसे एकको मैंने ठंडा पाया, और उसीमें एक चटाईपर लेट गया। थोड़ी देरमें खूब सो गया।

मैं बहुत देर तक न सो पाया था, कि अचानक जाग उठा। जब मैं उठ बैठा तो देखा कि महारानी सेरिसिस् स्वयं खिड़कीके पास खड़ी है। मैं खड़ा हो गया। उसने मुझे पास आनेके लिये कहा, और तब मुझसे बोली—

'मुझे बड़ा अफसोस है, कि मैंने तुम्हें जगाया। इसके लिये, आशा है, तुम मुझे क्षमा करोगी। थोथ्मस्, मैं तुमसे सच्ची बात कहना चाहती हूँ। तुम बहुत-सी भाषायें जानते हो और बुद्धिमान् हो। जहाँ तक मैं देखती हूँ, मुझे जान पड़ता है, मेरे दिन अब इने-गिने रह गये हैं।'

वह खिड़कीकी ओर देख रही थी। उसकी दृष्टि कहाँ थी, मैंने उधर देखा। हमारे नीचे मितनी-हर्पीका बड़ा शहर था। उसके मकानों के गुम्बद और छतें धूपमें चमक रही थीं। राड़कोंपर आदमी चींटियों-की भाँति हमें रेंगते मालूम देते थे। मंडियाँ आदमियोंसे भरी थीं। किसान अपनी-अपनी चीजें बेंच रहे थे। मुझे देखकर आश्चर्य होता था, कि इस भयंकर क्रान्तिके समयमें भी लोगोंकी दिनचर्यामें कोई अन्तर नहीं पड़ा था। वास्तवमें था भी ऐसा ही, क्योंकि क्रान्ति सिंहासनके लिये थी, जिसकी फिक्र नोहरी और महारानीको थी।

महारानी—'थोथ्मस्, मैं सोच रही हूँ कि राजा, रानी उतनी महत्वकी चीज नहीं, जितना कि मुझसे कहा जाता था। हजारों वर्षों से मेरे बाप-दादा इन लोगोंपर राज करते आ रहे हैं। इन पीढ़ियोंमेंसे कितने ही ऐसे बड़े-बड़े सम्राट् हो गये हैं, जिन्होंने अपनी प्रजाको पुत्रवत् पालन किया। मितनी-हर्पीका सारा गौरव, प्राचीन मिश्रका सारा आश्चर्य यहाँ तुम्हारे सन्मुख दिखाई दे रहा है। यह सभी कुछ थेबीय राजाओंके कारण ही। तथापि यह लोग क्या रत्ती भर उस राजवंशकी पर्वाह करते हैं ? जब वह इस तरह बेंच-खरीद कर रहे हैं, तो उनके लिये हमारी विपत्ति क्या है ?

मैंने देखा, कि उस अल्पवयस्का रानीका हृदय दुःखसे सन्तप्त था, तो भी उसे ठंढा करनेके लिये मेरे पास कोई शब्द न था।

मैं—'महारानी, भाग्यकी बात है, यदि हमने पहिले जन्मोंमें सुकृत किया होगा, तो अवश्य हमें उसका अच्छा फल मिलेगा और नहीं तो जो कुछ होगा, वह हमारे पापोंका प्रायश्चित्त मात्र होगा। हमें घबरानेकी आवश्यकता नहीं।'

इसी समय बागमेंसे बड़े जोरकी तालीकी आवाज आई। उसने एक बार पर्वत, महल, बाग सभीको गुंजा दिया।

—२६—

अन्तिम मोर्चा, विजय

आरम्भ हीसे मालूम होने लगा था, कि नोहरीने आज निश्चय कर लिया है, चाहे कुछ भी हो, उसे महलमें घुस चलना है। आक्रमण इतना सोच-विचारकर, इतनी हिम्मतके साथ किया गया, कि उसे देखकर मेरा हृदय सूख गया। बार-बार बागी सैनिक बड़े जोरसे आगे बढ़ रहे थे, किन्तु शरीर-रक्षक भी कमर बाँधकर तैयार थे।

एक ही समय महलके पूर्व और पश्चिम दिशासे भी आक्रमण शुरू हुआ था, किन्तु उनके रोकनेमें कोई अधिक कठिनाई नहीं उठानी पड़ी। प्रधान आक्रमण उसी तरफसे हो रहा था, जिधर दीवार टूटी थी। नोहरीसे महलके अन्दरकी कोई बात छिपी न थी। वह समझता था, कि यदि वह दीवान-आम या बड़े हालको अपने काबूमें ला सके, तभी नीचेकी सारी ही भूमि उसके अख्तियारमें हो जायगी, और उस समय प्रतिपक्षियोंको या तो आत्मसमर्पण करना पड़ेगा, अथवा, सङ्गमर्मरकी सीढ़ी द्वारा ऊपरके तलपर भागना होगा।

चाङ् शरीर-रक्षक दलके साथ भग्नांशकी रक्षाके लिये अपनी रिवाल्वर लिये तैयार थे। एक पाँती के बाद शत्रुओंकी दूसरी पाँती भीतर बढ़ना चाहती थी। धनदास स्वयं भी आगे आनेकी बड़ी कोशिश कर रहा था। महाशय चाङ्की रिवाल्वर शायद ही क्षण भर चुप रहती हो। धनदास जिस प्रकार पागलकी तरह चेष्टा कर रहा था, उसपर भी अब तक न मारा गया, यह बड़े आश्चर्यकी बात थी। वस्तुतः होरस और थात दोनों हीका बच रहना आश्चर्यकर था। क्या सचमुच दोनोंमें अमरत्वका कुछ अंश आ गया था? यद्यपि शरीर-रक्षकोंको भी नुकसान उठाना पड़ा था, किन्तु शत्रुकी हानि बहुत अधिक थी, क्योंकि वह पागलकी भाँति अरक्षित दशामें आगे बढ़ना चाहते थे। और जहाँ कोई भग्नांशसे आगे

बढ़ना चाहता, वही महाशय चाङ्की रिवाल्वर और बन्कीके सैनिकोंके तीर उन्हें मौतके घाट उतार देते थे। कभी-कभी शत्रु भग्न स्थानपर दखल कर लेते और उस समय दोनों ओरसे सीने-ब-सीने भिड़न्त हो पड़ती थी। उस समयका दृश्य बड़ा भयानक होता था। अच्छा हुआ जो मैं वहाँ न जा सका; नहीं तो इस हाथा-पाईकी लड़ाईमें, मेरा चूहे-सा शरीर वहाँ क्या क्षण भर भी ठहर सकता?

इस सारे समय मैं महारानीके पास गद्दीघरमें था। बीच-बीचमें खबर लेनेके लिये हालमें भी चला जाता था।

अन्तमें हवाका रुख बदला। धनदासने रिवाल्वरके बलसे अपने लिये रास्ता साफ कर लिया। उसके आगे बढ़ते ही उसके पीछे और भी बागी सिपाही आगे बढ़ आये। शायद उन्हें फिर पीछे हटा दिया गया होता, किन्तु इसी समय नोहरी और प्सारो अपने रिजर्व (संरक्षित) सैनिकोंके साथ आ पहुँचे। एक बड़े जोरके जयघोष और करतल-ध्वनि के साथ वह बागको पार करते मोर्चे तक आ पहुँचे।

चाङ् और उनके साथी दालानके मध्यमें लौट आये। और एक बार फिर लोहा गर्म हुआ। सहायक कप्तानने उस समय अच्छा किया, जो अन्य स्थानोंपर नियुक्त सैनिकोंको भी ठीक समयपर लौट आनेका हुक्म दे दिया; क्योंकि यदि वह वहाँ रहते, तो फिर ऊपरके तलपर न आ सकते क्योंकि वही एक सीढ़ी ऊपर आनेकी थी, और फिर अन्तमें सभी मारे जाते। कोई पाँच मिनट तक उस वृहत् हालमें यह रण-नाटक अभिनीत होता रहा। नोहरी, प्सारो, धनदास तीनों ही जी-जानसे इसमें भाग ले रहे थे। नोहरीको बीच-बीचमें हँसते देखकर मैंने समझा, कि अब उसको अपनी विजयका पूरा विश्वास हो गया है।

अब शरीर-रक्षकोंको अपने अन्तिम स्थानपर लौट आना पड़ा। चाङ्की रिवाल्वरने, इस पीछे हटनेको बड़ी सफलतासे पूरा किया, अन्यथा निश्चय ही नोहरीके आदमी उनपर आ पड़ते। महाशय चाङ् सबसे पिछले आदमी थे, जिन्होंने मोर्चेके पीछे अपनी जगह ली। अब

यह अन्तिम घड़ी थी। जीवन और मृत्युकी बाजी लगी हुई थी। पन्द्रह आदमियोंने मोर्चेके पीछेसे शत्रुओंको आगे बढ़नेसे रोकनेके लिये अपना शस्त्र सम्भाला; और बाकी ऊपरवाले कमरे में एकत्रित हो गये। जहाँ कोई जगह खाली होती, वहाँ दूसरा पहुँच जाता। सारा हाल शत्रुदलसे खचाखच भर गया था एक बाण भी वहाँ व्यर्थ जानेवाला न था। जहाँ कोई आगे सीढ़ीकी ओर बढ़ना चाहता, वहीं बाण या गोलीका निशाना बन भूमिपर गिर पड़ता।

प्सारो सबसे पहिला आदमी था, जो सीढ़ीके ऊपर बढ़ा। पाँछ-छे पौड़ियों तक उसे आगे बढ़ने दिया गया, और इसी समय महाशय चाङ्की रिवाल्वरने आवाज की। एक चीत्कारके साथ प्सारो वहीं सीढ़ियोंपर मुँहके बल गिरा, और एक ही क्षणमें उसका मृतशरीर लुढ़ककर नीचे जा पड़ा। उसके बाद दूसरे आदमी आगेको बढ़े और उनके साथ भी यही बात हुई। इसके बाद इकट्ठे ही आदमियोंने हल्ला बोल दिया, अगले आदमी गिरते जाते थे और पिछले उनकी लाशोंके ऊपरसे आगे बढ़ रहे थे। इसी समय चाङ् अपने स्थनसे मेरी ओर दौड़े।

मैं—'घायल ?'

चाङ्—'घायल ! इससे बढ़कर। मेरे पास मसाला नहीं रहा।'

कैसे दुर्भाग्यकी बात ! मैं देख रहा था, कि धनदास भी अपनी रिवाल्वरको नहीं चला रहा है। जान पड़ा, उसका भी मसाला खतम हो चुका। महाशय चाङ् अपनी रिवाल्वर हीके जोरपर अबतक मोर्चेको थामे हुए थे।

मैंने पूछा—'और कितनी देर तक रोक सकेंगे ?'

चाङ्—'चन्द मिनट और। अपनी संख्याके बलपर वह किसी समय भी आगे बढ़ सकते हैं।'

अभी वह मुझसे बात ही कर रहे थे, उसी समय अपने हाथमें दुधारी तलवार लिये धनदास कितने ही साथियोंके साथ आगे बढ़ आया। वह बेतहाशा, आँख मूँदकर दाहिने-बायें अपनी तलवार चला रहा

था। मैं समझता हूँ, उसके दिलमें सिर्फ एक ख्याल था, कि कब बीजक हाथमें आवे और खजानेपर हाथ सफा करनेका मौका हाथ लगे। उसके आगे बढ़ते ही मोर्चावाले आदमियोंको पीछे हटना पड़ा। मोर्चेकी बोरियाँ नीचे जा पड़ीं। महारानीने स्वयं भागकर गद्दीघरमें शरण ली।

गद्दीघरसे बाहरका कमरा बागियोंकी जय-ध्वनिसे गूँज रहा था। वहाँ अब चाङ्, मैं, अह्रासो और मुश्किलसे चालीस सैनिक बाकी बचे थे। महारानीका मुख सफेद हो गया था। वह एकदम चुप थी। बड़ी शान्ति गम्भीरतासे, बिना किसी जल्दीके वह राज-सिंहासनपर जाकर बैठ गई। उसका शिर उन्नत था। उसके ललाटपर वही रत्नजटित सर्प था, जिसे अत्यन्त प्राचीन कालसे फरऊन (मिश्री) सम्राट्, पहिनते आये थे; जिसे कि तल्योपत्रा रानीने धारण किया था। मैंने उसके मुखकी ओर देखा, वस्तुतः अब भी उसकी सुन्दरता, उसकी मधुरता, उसके तेजमें कोई फर्क न आया था। उसने निश्चय कर लिया, कि जो कुछ पड़ना है उसे मुझे एक प्रतिष्ठित रानीकी भाँति अपने सिंहासनपर बैठे स्वीकार करना चाहिये।

सेनापति, होरस्के साथ आगे बढ़ा, किन्तु शरीररक्षक उन्हें गद्दी-घर के भीतर सहजमें आने देनेवाले न थे। नोहरीने वहाँसे चिल्लाकर कहा—

'सेरिसिस्, मितनी-हर्पाके सिंहासनको उस आदमीके लिये छोड़ दो जिसकी भुजाओंमें उसके लेने और रखनेकी शक्ति है।'

अभी पूरी तरहसे नोहरीके मुखसे यह वाक्य समाप्त भी न होने पाया था, कि उसी समय हालमेंसे चिल्लाहट और भयसूचक कोलाहल सुनाई पड़ा। तब मैंने लगातार कई आवाजें होती सुनीं। फिर एक प्रकारसे नीरवता छा गई, और उसी नीरवतामें मैंने सुना—

'ओः! ठीक, चलो, नोहरीको सिंहासनपर बैठायें!' मैंने खूब पहिचाना, कि आवाज कप्तान धीरेन्द्रकी थी।

कप्तान धीरेन्द्र, महाशय चाङ् जैसे शान्त और शीतल मस्तिष्कके

न थे। उस जोशमें वह सब कुछ भूल गये, और उन्होंने बड़े जोरसे यह शब्द हिन्दीमें कहा था।

धीरेन्द्र और बक्नी अपने चुने हुए आदमियोंके साथ अकस्मात् ऐसे पहुँच गये, कि नोहरी और उसके आदमी भौचक्केसे रह गये। उन्हें यह भी पता न लग सका कि वह कितने आदमी हैं। अधिकांश बागी सैनिक जहाँ-तहाँ भागकर छिप गये। धीरेन्द्र और बक्नी सीधे संगमर्मरकी सीढ़ीपर बढ़े, और इसी समय ऊपरके बचे हुए शरीररक्षक भी, गद्दी-घरसे बाहर निकल पड़े। नोहरी और धनदास सीढ़ीकी ओर दौड़े, किन्तु वहाँ बक्नी अपने आदमियोंके साथ खड़ा था। जरा ही देरमें वह ऊपर दोनों ओरसे घिर गये। धनदास उस समय अपनी तलवारको ऐसा आँखें मूँदकर इस्तेमाल कर रहा था, कि जितनी उससे दूसरोंकी हानि न होती थी, उतने उसके अपने ही आदमी आहत हो रहे थे।

नोहरीने सब तरहसे अपनेको असमर्थ देखा, और वह सीढ़ीके ऊपरकी ओर दौड़ा। उसकी कवचने सैनिकोंके वारसे उसकी रक्षा की, और वह चीरता-फाड़ता गद्दीघरमें पहुँच गया। वहीं ही महारानीके सामने कई आदमियोंने पछाड़कर उसे निःशस्त्र किया।

धनदासने अब अपने आपको सीढ़ीपर अकेला पाया। उसने अपनी जान बचानेके लिये नीचेका रास्ता लिया, और ठीक धीरेन्द्रके ऊपर आ पहुँचा। धनदास धीरेन्द्रसे मज़बूत था। धीरेन्द्र किसी ख्यालसे उसपर गोली न चला सके, और उसने धीरेन्द्रको दोनो हाथोंसे हटाकर आगे बढ़ना चाहा। उस समय अच्छा मल्लयुद्धका तमाशा देखनेमें आया। कुछ देरके प्रयत्नसे धीरेन्द्रका पैर भूमिपर टिकने पाया। इसके बाद दोनों एक दूसरेसे लिपट पड़े। कभी धीरेन्द्र नीचे होते और कभी धनदास। इसी गड़बड़में उनके चेहरे टूटकर अलग गिर गये, और अब पहले-पहल दोनों असली रूपमें लोगोंके सामने आये।

सम्भव था, धनदास, धीरेन्द्रको मार डालता, किन्तु इसी समय बागियों ही मेंसे किसीने एक भाला ऐसा जोरका मारा जो उसके सीनेमें

घुस गया। धनदासके हाथ-पाँव ढीले हो गये। उसने उठनेका प्रयत्न किया, किंतु उसकी शक्ति क्षीण हो चली, और थोड़ी ही देरमें उसकी गर्दन लटक गई। इस प्रकार धनदास जैसे विश्वासघाती धनलोलुप, और देशबन्धुद्रोहीकी मृत्यु उस अपरिचित देशमें उन्हींके हाथसे हुई, जिनके लिये उसने यह सब कुछ किया था। महामना वीरेन्द्रने अपने एक गुमराह देशभाईपर अपने जानके खतरेके समय भी, रिवाल्वर बिल्कुल तय्यार रहनेपर भी, हाथ चलाना उचित न समझा।

देवताओंकी कलई खुलते ही सैनिकोंकी त्योरी बदल गई। करीब था, कि वीरेन्द्रकी, धनदासकी दशा होती; किंतु उसी समय चतुर चारू ने लगातार पाँच-छः आस्मानी फैर किये, और इतनेमें वीरेन्द्र सीढ़ीके ऊपर पहुँच गये।

प्सारो और होरस् मारे जा चुके थे, नोहरी बन्दी था, ऐसी अवस्थामें बागियोंकी हालत क्या हुई होगी, यह विचारने हीसे मालूम हो सकती है। जरा देर बाद बक्नीने अपने आदमियोंको हुक्म दिया और उन्होंने थोड़ी ही देरमें उन्हें काट-मारकर महलसे बाहर भगा दिया।

सारी रात मैं अपने औषध-बक्सके साथ बैठा घायलोंकी मरहम-पट्टीमें लगा रहा। मेरी दवा बहुत जल्द ही खतम हो गई, किंतु मुझे मम्मीके मसाला बनानेवालोंसे—जो कि रणक्षेत्रमें मरे दोनों तरफके मुर्दोंको समाधिस्थ करनेके, लिये, मम्मी तैयार करनेके लिये एकत्रित हुए थे—मुझे वैसी दवा मिल गई। यद्यपि मुझे शल्यचिकित्सा न मालूम थी, किंतु शरीर-विज्ञानसे मेरा अच्छा परिचय था, और बहुतेरे घायलोंके लिये तो प्रथम सहायता की ही आवश्यकता थी।

उस समय सारा शहर और देश शोक मना रहा था। अक्षसोने घोषणा निकाली, कि बागी परास्त किये गये और उन लोगोंके लिये जिन्होंने महारानी के विरुद्ध हथियार उठाया था, महारानी अब भी

कृपा प्रदर्शित करनेके लिये तय्यार है, यदि लोग खून-खराबीसे बाज आवें।

हजारों आदमियोंने प्राण गँवाये थे। इस शोकमें सारे नागरिकोंने हजामत बनवानी छोड़ दी, शराब और मांस त्याग दिया। औरतोंने, बाल झाड़ना-बाँधना, आँखों और चेहरेका रंजित करना, और हाथमें मेंहदी लगाना छोड़ दिया। जिस समय मम्मी तैयार करनेवाले सारे देशके कारीगर अपने काममें लगे थे, दिन भरमें दो बार शहरके लोग, महलके बाहरवाले मैदानमें आकर मृत पुरुषोंके लिये शोक और विलाप करते थे।

नदीके दाहिने किनारेपर एक भारी कब्र पत्थरोंकी बनाई गई और इसीमें सारे बागी मृतकोंकी मम्मियाँ दफनाई गईं। शाही संरक्षक मृतकोंकी मम्मियोंके दफनानेके लिए राजमहलके उद्यानमें ही एक भारी कब्र तैयार की गई, और उसके ऊपर देवराज ओसरिस्का मन्दिर बनाया गया।

इस सारे दिनोंमें मुझे और मेरे साथियोंको महलसे जानेका मौका न था, क्योंकि सारी ही प्रजा हमारे जानकी दुश्मन थी। शताब्दियोंसे कोई विदेशी इस विस्मृत देशमें न आ सका था। पहिले आदमी शिवनाथ जौहरी थे, और दूसरे हम। यद्यपि महारानी, बक्नी अमसो तीनों ही हमारी रक्षाके लिये बिल्कुल तैयार थे, किन्तु इनके अतिरिक्त वहाँ हमारा कोई शुभचिन्तक न था।

दो सप्ताह बीतते-बीतते फिर दर्बारकी अवस्था साबिक़दस्तूर हो गई। इस सारे समयमें मैं अधिकांश रानीके पास ही रहा। उसने बहुत-सी बातें पूछीं। मैंने उसे बाह्य संसारकी बहुत-सी बातें बतलाईं। वह उन्हें सुनकर कहती थी—'मुझे यह सब बातें स्वप्न-सी मालूम होती हैं।' मैंने कहा—'यही ख्याल मेरा यहाँ के बारेमें भी है।'

अन्तमें एक दिन रानीने कहा—'थोम्मस्, मैं तुमको पिताकी भाँति समझती हूँ। मेरी हार्दिक इच्छा नहीं कि तुम यहाँसे जाओ।'

मैं—'रानी, मैं भी तुम्हारे शुभ गुणोंको देखकर कुछ कम स्नेहपाश-बद्ध नहीं हूँ। किन्तु जब देशवासियोंकी अवस्था यह है, तो ऐसी अवस्थामें अधिक दिन यहाँ रहना अच्छा नहीं। हमें आज्ञा दीजिये।'

रानी—'इसके लिये मुझे बड़ा अफसोस है। अहासो भी कहते हैं, कि देर करना खतरनाक होगा। और आपके साथी भी यात्राकी तैयारीमें हैं। ऐसी अवस्थामें रोकनेकी भी मेरी हिम्मत नहीं होती, यद्यपि इससे मेरा हृदय विचलित होता है। तुम्हारे ही प्रसादसे मेरा प्राण, मेरा राजसिंहासन बचा। मैं और फरऊनका यह सिंहासन तुम्हारा चिरऋणी रहेगा।'

मैं—'तो हमारी यात्रा कैसे होगी?'

रानी—'सो बकनी खूब जानता है, वह जंगलके रास्तेसे होगी।'

—२७—

उपसंहार

हमारे प्रस्थान करनेसे दो दिन पूर्व ही नोहरीको प्राणदंड हो चुका था। मैंने चलनेसे पहिले ही सेराफिस्‌के कब्रके बीजकको अहासोको दे दिया। मैंने कब्रके खोलनेका सारा रहस्य भी उन्हें बतला दिया। मैं बिल्कुल नहीं चाहता था, कि खजानेको हाथसे भी छूऊँ, और यही इच्छा मेरे मित्रोंकी भी थी। किन्तु मेरे इस प्रेममय बर्त्ताव और उपकारके बदलेमें अहासोने मुझे एक गोबरैलामूर्त्ति, कुछ तावीज, और एक मिश्री लोटा दिया, जो अब भी मेरे पास मौजूद हैं।

विदा होनेके समय रानी सेरिसिस्‌के नेत्रोंमें आँसू भर आये। मेरी अवस्था भी बड़ी करुणाजनक थी। इतने दिनोंसे रहते-रहते मुझे उसके साथ अपत्य-स्नेहसा हो गया था। मेरे दोनों साथी भी प्रभावित

हुए बिना न रहे। वृद्ध अह्मसोने बार-बार प्रणाम और क्षमा-प्रार्थना की। हमलोग रातके समय सुरंगके रास्ते बाहर निकले। जिस समय हम शहरकी सड़कोंपर पहुँचे, उस समय आधी रात थी। चारों ओर सुनसान था। खिड़कियोंसे भी प्रकाश नहीं आ रहा था। बीच-बीचमें कोई-कोई सन्तरी आवाज देता था, किन्तु अक्नीकी आवाज सुनते ही वह सलाम करके खड़ा हो जाता था। शहरकी चहारदीवारीको पारकर हम आगे बढ़े। नदीके किनारे हमें दो नावें मिलीं।

हम उनपर चढ़कर आगे चले। थोड़ी देरमें हम मंदिरके नीचे पहुँच गये। उसे देखते ही मुझे पटना हाईकोर्टके वकील धनदास जौहरीका ख्याल फिर ताजा हो गया। उन्हें सोनेके लोभने खींचकर यहाँ पहुँचाया, और अन्तमें उनकी मम्मीको यहीं दफ़न होना पड़ा।

सूर्योदयसे एक या दो घंटा पूर्व, नावसे हमें उतर जाना पड़ा। अबसे हमारा रास्ता पहाड़से होकर था। जैसे-जैसे हम ऊपर चढ़ रहे थे, हवा ठंडी होती जा रही थी। जिस समय हम शिखरपर पहुँचे, उस समय दिनका प्रकाश चारों ओर खूब फैला हुआ था। मैंने वहाँसे एक बार पीछे फिरकर देखा, और दूरसे रा मंदिर और वह अदभुत नगरी मितनी-हर्पी अन्तिम बार दिखाई पड़ी। वहाँ हमने पानीमें जाकर आज बहुत दिनपर खूब मल-मलकर शरीरको धोया। न्याङ्का लगाया रंग अब भी बहुत मुश्किलसे हमारे शरीरसे छूटा। फिर हमने जलपान किया।

इसके बाद शाम तक बराबर हमारा रुख नीचेकी ओर रहा। सूर्यास्तके वक्त हम एक जंगलके किनारेपर पहुँचे और रात्रिको वहीं विश्राम करना निश्चित हुआ।

दूसरे दिन हम छोटी-छोटी झाड़ियों और दरख्तोंके इस जंगलमेंसे चलने लगे। दोपहरका समय था, और हम भोजन करनेके लिये एक छोटी टेकरीके किनारे बैठे थे। टेकरीपर चढ़कर उसी दिन अक्नीने

क्षितिजपर एक काली रेखाकी ओर इशारा करके कहा—यही घोर जंगल है, जिसने तीन तरफसे हमारे देशको सीमाबद्ध किया है। कहा जाता है, उसमें भूतों और जिन्नोंका बसेरा है। वहाँ खानेके लिए कोई वस्तु नहीं। वहाँ शिकारके लिये कोई जानवर नहीं। उसे पार करनेमें तीन मास लगता है।

मुझे मालूम हो गया, वह कांगोका जंगल होगा। दो दिन चलनेके बाद हम जंगलके किनारेपर पहुँच गये। यहाँ हमें वीर बक्नी और उसके साथी सैनिकोंसे विदाई लेनी थी। सचमुच यहाँ 'बिछुरत एक प्राण हरि लेहीं' की बात थी। बक्नीने कप्तान धीरेन्द्रको अपनी तलवार चिह्नके तौरपर दी, और धीरेन्द्रने अपनी कांचवाली आँखोंकी पट्टी। बड़े ही खिन्न हृदय, और अश्रुपूर्ण नेत्रोंसे हमने एक दूसरेसे बिदाई ली।

अब हमारे पास चार हब्शी गुलाम बोझा ढोनेके लिये थे। एक पथप्रदर्शक हब्शी था, जो प्सारोके साथ जंगलसे आया था। हमने समझा था, कि रास्ता आसान होगा; किन्तु वहाँके ऊँचे-ऊँचे पेड़ोंके नीचेकी लम्बी वृक्षों-घासोंमें हमारे कपड़े टुकड़े-टुकड़े हो गये। बड़ी-बड़ी जोकों और कीड़ोंने रात-दिन हमारा खून चूस डाला और विषसे शरीर सुजा दिया। मैं समझता हूँ, यह यात्रा मरुभूमिकी यात्रासे कम भयानक न थी। अन्तमें राम-राम करके हम उस जंगलसे बाहर निकले। उस विपत्तिमें हमें यह भी ख्याल न रहा, कि हमें कितने दिन लगे।

अब हम एक छोटी नदीके किनारे पहुँचे। यहाँ ही एक वृक्ष काटकर हमने एक छोटी डेंगी बनाई। जब हमारी नाव तैयार हो गई, तो हमारे पाँचों हब्शी बन्धुओंने बिदाई ली, और अब हम तीनों आदमी उस डोंगी द्वारा उस छोटी नदीमें आगे बढ़े। कुछ दिनोंके बाद हम इरंगाके जंगलोंमें पहुँचे। पहिले-पहिल यहीं मनुष्योंकी बस्ती मिली। यद्यपि वह हब्शी जंगली थे, तो भी धीरेन्द्रकी चतुराईसे हमें उनसे बहुत कुछ खाने-पीनेके चीजें मिलीं।

हमलोगोंने अब और आगेकी ओर यात्रा की और कुछ दिनोंके बाद कोबुआ नदीमें पहुँच गये। और तब इस नदीके द्वारा अन्तमें हम रुदाल्फ झीलमें पहुँच गये; इस प्रकार अब हम उगांडा और केनियाकी सरहदपर पहुँच गये। अब हमारे दिलसे रास्तेका भय निकल गया। हमें आशा हो गई, कि बहुत जल्द अपने किसी देश-बन्धुसे भेंट होगी। हम वहाँसे किसुमो पहुँचे, और वहीं हमें कपड़ा-लत्ता मिला। अब हम सभ्य आदमी बने।

नेरोबी और मुम्बासा दोनों जगहोंपर हमने अपनी यात्रा वर्णन की। कई जगह और भी हमें इसपर लेक्चर देना पड़ा, किन्तु मुझे विश्वास है, किसीने भी हमारी बातोंको सत्य न माना होगा, यद्यपि लोगोंने बड़ी दिलचस्पीसे सुना। मेरा लेक्चर क्या एक प्रकारका प्रहसन था। मैंने इस विषयपर वैज्ञानिक ढंगसे एक पुस्तक भी लिखी, किन्तु उसका कोई छापनेवाला न मिला। वास्तवमें लोग इस सम्बन्धमें मुझे खब्ती समझते हैं।

॥ इति ॥